满目青山夕照明

周云昇先生八十華誕紀念文集

赵卫东　主编

齊魯書社

八十寿辰合影

周立昇教授从教 50 周年暨《周立昇文集》首发座谈会现场

周立昇教授简介

周立昇，男，汉族，1936年12月生，山东省庆云县人。1950年冬考入乐陵中学（原渤海一中）读初中，1953年秋考入济南三中读高中。1956年秋考入中国人民大学哲学系，1961年大学毕业后留校执教，在哲学系伦理学教研室任助教。

1963年10月奉调至山东大学，历任政治系助教、哲学系讲师、副教授、教授、中国哲学史教研室主任、中国哲学与东方哲学教研室主任、哲学系主任、山东大学校学术委员会委员、山东大学校学位委员会委员。兼任安徽大学道家文化研究所教授、山东理工大学齐文化研究院研究员、山东行政学院教授。曾任山东社科联委员、山东哲学学会副会长、山东周易研究会副会长、中国墨子学会常务理事、中国哲学史学会理事、中国实学研究会理事、山东孔子学会常务理事。曾是《道家文化研究》《文史哲》《周易研究》《管子学刊》等杂志的编委。现任山东哲学学会顾问、山东周易研究会荣誉会长、国际易学联合会顾问、中国墨子学会顾问、中国孔子基金会学术委员。个人传略被收入《世界名人录》《中国当代历史学学者辞典》《中国高等教育专家名典》等。享受国务院特殊津贴。

周先生主要从事中国哲学，特别是儒学、道学和易学的教学和研究工作。自二十世纪八十年代初至九十年代末，着重致力于先秦道家的研究，尤其是在老庄哲学方面浸润多年，后来则转向对早期全真道资料的整理和研究。在研究老庄哲学的同时，八十年代中期开始关注和从事稷下学与齐文化的研究，与王德敏教授联名发表了一系列有关稷下学的论文，揭开了国内齐文化和稷下学研究的帷幕。二十世纪九十年代初，周先生学术研究的重心开始转移到易学领域，尤其对汉代象数易学以及易、道关系用力颇多，并从哲学视野来理解和体悟易道。

周先生是山东大学中国哲学学科的奠基人，在山东大学哲学系的发展过程中起了承前启后的作用。周先生不拘一格提拔人才的魄力、强调专业基础的作用、敬业奉献的精神、严谨治学的态度和所取得的学术成就以及他的人格魅力，深得山大哲学与社会发展学院广大师生的爱戴和尊敬。

主要著作

一、专著

《老子的智慧》，河北人民出版社 1997 年 12 月第 1 版。

《两汉易学与道家思想》，上海文化出版社 2001 年 11 月第 1 版。

《周立昇文集》3 册（上册《困学录》、中册《谈道录》、下册《谈易录》），山东大学出版社 2011 年 10 月第 1 版。

《周立昇文集 · 诗词录》，山东大学出版社 2015 年 1 月第 1 版。

二、编著

《春秋哲学》（主编），山东大学出版社 1989 年 11 月第 1 版。

《中华魂丛书·哲理卷》(该卷主编),山东人民出版社 1992 年 7 月第 1 版。

《现代新儒家学案·牟宗三学案》(与颜炳罡合作编撰),中国社会科学出版社 1995 年 9 月第 1 版。

《儒家文化与当代社会》(与颜炳罡合作主编),山东大学出版社 2002 年 5 月第 1 版。

《齐鲁文化通论》(全 2 册)(与蔡德贵合作主编),山东人民出版社 2015 年 4 月第 1 版。

三、译注、点校

《商子译注》(合作),齐鲁书社 1982 年 10 月第 1 版。

《周易说略》(点校),收入《周易说略　老子说略》,齐鲁书社 1993 年 12 月第 1 版。

《稷下七子捃逸》,收入《齐文化丛书·文献集成》第 7 册,齐鲁书社 1997 年 6 月第 1 版。

“全真道文化丛书”(包括《王重阳集》《马钰集》《丘处机集》《谭处端·刘处玄·王处一·郝大通·孙不二集》4 册),齐鲁书社 2005 年 6 月第 1 版。

《〈易经集注〉导读》(点校),齐鲁书社 2009 年 10 月第 1 版。

《易说》(点校),收入《郝懿行集》第 1 册,齐鲁书社 2010 年 4 月第 1 版。

《商子汇校汇注》(全 2 册)(与钱曾怡、董治安、葛懋春、徐鸿休、赵呈元合作),凤凰出版社 2017 年 10 月第 1 版。

周立昇教授从教50周年暨《周立昇文集》首发座谈会纪要

2011年12月25日，“周立昇教授从教50周年暨《周立昇文集》首发座谈会”在山东大学中心校区知新楼举行。山东大学党委副书记方宏建出席座谈会并讲话。

方宏建代表学校对本次座谈会的召开表示祝贺，对周立昇教授的治学和育人成绩给予高度评价，并希望哲社学院紧紧抓住国家大力繁荣哲学社会科学的有利契机，做好学院事业的发展规划，全面提升学院的教学科研水平。

座谈会由哲社学院院长刘杰主持。座谈会上，与会人员充分肯定了周立昇教授的学术成就以及对哲学系学科建设的贡献，一致认为周立昇教授是山东大学中国哲学学科的奠基人。其中，哲社学院党委书记吕波赞扬了周立昇教授严谨的治学态度和谦和的长者风范，对周立昇教授不拘一格提拔人才的魄力表达了敬佩之情。因故不能参会的易学与中国古代哲学研究中心主任刘大钧教授为周立昇教授赠送了墨宝“松瘁何曾老，梅寒始放香”。《文史哲》编辑部主编王学典教授肯定了周立昇教授在山东大学哲学系发展过程中承前启后的重要作用。山东大学出版社编审尹凤桐介绍了《周立昇文集》出版的详细过程。哲社学院退休教师谭鑫田教授肯定了周立昇教授在哲学系建设方面的贡献。周立昇教授的第一届弟子、哲社学院丁原明教授回忆了受业于周立昇教授的经历和周立昇教授严谨治学、敬业奉献的事迹。山东社会科学院刘宗贤研究员回忆了自己早年报考周立昇教授研究生的经历。周立昇教授另一弟子、《文史哲》编辑部陈绍燕教授讲述了周立昇教授在学术研究和道德人品上对自己的影响,以及经由周立昇教授的教诲成长为大学教授的过程。哲社学院刘陆鹏教授回忆了周立昇教授讲授中国哲学史的风采,并肯定了周立昇教授的人格魅力和对自己的影响。犹太教与跨宗教研究中心主任傅有德教授回忆了周立昇教授对自己专业学习的教诲、工作上的关心和精神上的鼓励。儒学高等研究院副院长颜炳罡教授回忆了周立昇教授对自己留校工作以及留校后专业选择上的帮助。文史哲研究院院长傅永军教授回忆了自己与周立昇教授多年的交往,对周立昇教授强调专业基础和自由学术研究的做法深表敬意。哲社学院何中华教授回忆了自己被周立昇教授破格录用的经过。哲社学院苗润田教授以“学高为师”“身正为范”概括了周立昇教授的学术和人格魅力。易学与中国古代哲学研究中心副主任林忠军教授从周立昇教授指导自己的本科论文谈起,回忆了周立昇教授对自己从事学术研究的指引以及工作、生活上的帮助。哲社学院副院长王新春教授回忆了周立昇教授的治学、敬业精神和对其本人的关爱。山东师范大学赵卫东教授讲述了周立昇教授对自己学术的教诲,指出周立昇教授强调史料搜集对自己的学术研究产生了重要影响。

山东大学有关单位以及山东社会科学院、山东师范大学、山东省委党校、山东财经大学等单位的学者和教师三十余人参加了座谈会。

目　录

八十初度

情谊如山

书评选辑

论文集萃

·八十初度·

八十初度

周立昇

平水韵上平

一东

耄耋生涯回首空，教鞭捆缚白头翁。
寄心明月游方外，养性三田气息通。
幸有三生莲叶绿，欣逢四季牡丹红。
功名过眼云烟逝，尽付东流海运中①。

二冬

微风轻拂醉芙蓉，芳步凌波忆旧踪。
遥望桃源何处觅，凭栏葱郁岭千重。
时光渐老情思淡，月色常新幻化浓。
无分今生擦肩过，有缘来世总相逢。

---

① 海运，《庄子·逍遥游》“是鸟也，海运则将徙于南冥”，林希逸《南华真经口义》云，“海运者，海动也”。

三江

夜静忽闻天籁响，蜗居幽室望天窗。
自由思想垂千古，独立精神协万邦。
烟雨空蒙碧落涸，疮痍秽迹挂脸庞。
环球万里同凉热，好借扁舟过大江。

四支

夜深总有梦相期，揖礼玄门拜大师。
冰雪纷飞风助力，月光遍洒雾常欺。
虔诚静笃传薪火，恭敬空灵摒曼痴。
万类逢春思广袤，盈虚自此任由之。

五微

云淡风轻徐步立，持竿垂钓挽斜晖。
黄河水下投鱼饵，青草沙滩卧石矶。
纶射涛中随浪走，竿悬碧落鲤鱼飞。
长空皓月凭几钓，钓得江山月已归。

六鱼

千秋一梦到华胥，安乐和谐适意居。
生死夭殇皆不识，亲疏爱恶尽多余。
身躯水火不能害，魂魄风云难以沮。
暑往寒来忘岁月，怡然自得窃心舒。

七虞

欲与老聃谭道枢，道之奥妙在虚无。
嘴开齿落舌仍在，皮硬身全骨已酥。
名可名时名亦有，道常道处道还无。
百家往而不能返，全靠天尊道德炉。

八齐

月出星移紫气聚，风吹雾散昊天低。
此时唯有机心闭，方可深思万物齐。
垂暮飘零多困惑，弱冠愚笨少灵犀。
黄昏日落松鼯闹，静处聆听杜宇啼。

九佳

上界诸侯座次排，众卿朝觐跪天街。
交头接耳嘘寒后，藏匿心机亮照牌。
各路神仙颂伟绩，魍魉魑魅被擒埋。
幕僚权贵皆筹措，中饱私囊鬼使差。

十灰

极顶太空飞绮梦，神州大地响惊雷。
始知博爱诚为贵，缺失自由更可哀。
惯看风华无限意，饱经忧患虑人灾。
江山代有英才出，何惧妖魔作怪来。

十一真

至圣终生倡爱人，行藏总要索原因。
兴诗立礼崇忠恕，据德依仁重孝亲。
礼乐所传非粹美，诗书可贵是精神。
师承难尽高贤意，历代独尊尽乱真。

十二文

形神终究要离分，不死长生充耳闻。
入静安般需数息，气机勃发靠殷勤。
阴阳大化沧桑变，万物息几葬墓坟。
雨雪炎寒添豪气，晚晖余热念忧殷。

十三元

长天日落入黄昏，缱绻老翁留足痕。
寂寞空庭春已去，落英流水祭英魂。
韶光易逝苍颜老，岁序轮回宿命跟。
莫道人生如梦幻，浩然正气义长存。

十四寒

水起风生涌巨澜，弄潮观海善心宽。
茫茫云际朦胧月，渺渺洋流郁郁峦。
天地玄黄龙战野，阴阳斗法虎狼曾。
时机不遇难谋略，手到擒来乃心安。

十五删

鬓霜几度叹容颜，窃取春华岁月闲。
壮志豪情乘凤去，横秋老气驾鸾还。
游魂夜念生涯苦，灵魄晨思处世艰。
回首夕阳添落意，秋光晚照慢归山。

平水韵下平

一先

刀笔随身六十年，是非非是写不全。
一朝失足千秋恨，半世功名百岁愆。
紫绶金章今已矣，狱门锡杖徒枉然。
有人问我蓬莱路，心在瑶台路在天。

二萧

离愁泪液湿垂髫，别绪嗔恨胸内烧。
公道世间唯白发，贵人头上不曾饶。①
近水亭台好望月，远山玉岫喜听韶。
黄夜幽幽听雨落，晨霜奄奄叹花凋。

① 此两句引自杜牧的《送隐者一绝》。

三肴

身置红尘雾里包，云烟裹月挂梅梢。
皆因不解禅机趣，贪恋残生难舍抛。
漫步莲池过寺院，落英着水物我淆。
色空好似池中月，空色犹如肥皂泡。

四豪

此身原本不辞劳，万壑千岩手稳操。
玄月柔阳胸坦荡，悬崖峭壁足登牢。
感恩不厌声名小，报李何须地位高。
人生不作污流叹，涓涓入海起波涛。

五歌

秉承正气出银河，引领瀛寰万里波。
切记等闲凭大略，担当祸福恣狂歌。
湍流浪聚风尘满，奔涌咆哮爬壑坡。
盛德日新成大业，阴阳不测奈如何。

六麻

玉岫清泉映柳纱，山丘沟壑漫杨花。
水声结伴迎时雨，风韵吹弹接日华。
月色寻真探至道，星光敛彩放浮槎。
醍醐孕育青莲梦，甘露催开艳丽葩。

七阳

阅尽人生路漫长，倚楼冷眼看炎凉。
偶邀诗友寻新韵，闲对婆娘话俚常。
青少思谋商隐秀，老来犹效放翁狂。
白云苍狗皆为幻，唯愿平安体格强。

八庚

飞龙戏水入东瀛，万里波涛巨浪惊。
元气浑然一太始，天开海岳半匙泓。
涵容寰宇千川入，滚动潮汐万浪迎。
云水苍茫堪壮阔，雄关威赫记峥嵘。

九青

六阴极处雪凝冰，造化分明拟物形。
马走平川离险境，舟行顺水未稍停。
东风吹处人间暖，天道回阳大地醒。
岁序递更灵气旺，时来运转愿心宁。

十蒸

风雨声中龙正兴，苍茫塞外凤回应。
凄凄时雨萧萧下，莽莽凡间紫气腾。
千载兴亡车之鉴，百年忧患作依凭。
劈刀舞剑歌慷慨，锦绣河山谁敢凌。

十一尤

色空空色自无求，有幸人间几度秋。
协律霞飞追影落，抚琴云卷看溪流。
心如朗月同天运，性似清风顺道遒。
悟得穷通沧海意，无生无灭任悠游。

十二侵

教鞭挥动笔耕深，桃李芬芳实醉心。
海角天涯无伯乐，高山流水少知音。
从前未学回天术，今日难弹无弦琴。
一点灵光逐逝水，万般苦事换甘霖。

十三覃

满头白发漫毵毵，一事无成百不堪。
千佛山巅寻九点，天街岱顶赏烟岚。
名泉趵突常游憩，舜井山庄尚熟谙。
寿数增加实减少，天年颐养慎虚谦。

十四盐

凄风苦雨落门帘，镂月裁云怕冒尖。
蓄发悬梁模古意，焚膏继晷尚虚谦。
烧琴煮鹤愚蒙事，老气横秋惹众嫌。
皓首自娱游学海，忘形得意被书淹。

十五咸

历山继绝薪火衔，坟典诗书数十函。
大爱随缘无冷热，不求无欲不贪馋。
寒来尚盖棉毡被，暑往仍披破旧衫。
不配宿儒名梓里，谑称墨客胡呢喃。

·情谊如山·

恭贺周师福寿万

——致银发翁八十华诞

丁原明

荏苒三十七年前，兴会母校读哲研。
三师①授业亦解惑，周师传道称精湛。
毓秀钟灵居南苑，天道酬勤续新篇。
淡泊蓄志银发翁，恭贺首师福寿万②。

---

① 山东大学哲学系中国哲学第1届研究生指导小组，除周立昇先生外，还包括已故的张季平、李传明两位老师。

② 此“万”字，参古“卍”（读“万”，wàn）字义。囍、寿、卍、回是中国人眼中最吉祥的四个符号。“卍”字最早流行于古印度、波斯、希腊等地，原是一种宗教符号，象征太阳、火等，为婆罗门教、佛教所使用，并最受佛教崇拜。“卍”，中文译为“吉祥海云相”。唐武则天于长寿二年(693)将“卍”定为“万”音。中国人往往把该字与“寿”字一起使用，表达“功德圆满”“绵长不绝”“万寿无疆”等美好意义。本诗所用“万”字亦作如是观。

恭祝周师八秩华诞

王新春

周门庆云翔，
师德黉舍扬。
立心通天人，
公允启正航。
八方来八风，
秩然节节亨。
华龄逢盛世，
诞传期颐声。

亦师亦友

——周先生立昇老师

刘示范

近日,收到赵卫东教授大札,言将为周老师迎八秩寿诞。由此,我思绪绵绵,欣喜有加。

时光荏苒,每每想起我与周老师的相识,似乎就在昨天,抑或是今天,也许就是现在,因为我们从来不陌生。说实话,直到“文革”刚刚结束的20世纪70年代末期,我们才有机会时常在一起活动。那时,我们是生活在同一个城市、在相邻的两个高校从事相同教学工作的三十多岁的青年老师。与周老师相聚,尤其是山东省中国哲学史学会和山东孔子学会相继成立后,每次聆听他的发言,对于我,那都是满满的收获,每一次,无论时间长短,留在我脑海中的,都是一些新鲜跳跃的愉快而又享受的充实时刻。

周老师不喜张扬,宅心仁厚,平易近人,与人为善,为学认真扎实,乐于助人,从不吝啬将自己的学问知识认真准确地合盘教给他人,令人敬之、亲之。20世纪90年代末,有一年暑假,山东哲学学会在日照举行学术讨论会。大会发言时,有学者发表了一篇关于孔子“仁爱”思想的文章。在这位学者发言末尾,刚说到“请诸位赐教”，立即有学者站起来质疑说：“孔子的‘爱人’，不是爱劳动者，而是爱剥削阶级的人。”就在这时，周老师平静地站起来发言说：“这个问题不能简单化，要根据孔子所生活的时代特点和孔子的比较全面、完整的论述，尽量做实事求是的探索与科学分析。五十年代中期，北京有些学者和相当高级的官员，批判冯友兰先生的‘抽象继承论’中涉及的孔子的‘仁爱’观，认为孔子的‘爱人’是爱的统治阶级，不是人民。冯先生说：‘《论语·乡党篇》有言曰：“厩焚。子退朝，曰：伤人乎？不问马。”这马厩里养马的人，是统治阶级，还是普通老百姓？’”当时会场上的人面面相觑，无一人应对。孔子的“仁爱”与“爱人”，不能够笼统地说只爱统治阶级、剥削阶级的人。

“文革”后，山东大学哲学系首次招收研究生，五位年轻朋友依偎在周老师身边学习。20世纪80年代初，第一次“稷下学”学术讨论会在淄博市召开。这五位朋友在周老师指导下向大会提交的论文，涉及管子、孙武、荀子、邹衍等，内容的新颖独到，成为这次学术会议上的一大亮点。随后，周老师又指导这些朋友编著了《春秋哲学》等多种水平很高的学术著作。这几位年轻朋友毕业后都被高校吸纳，很快成为各自教学与科研战线上的中流砥柱。以周老师为主参与培养的年轻朋友，现在许多都是活跃在各自领域的才俊。

周老师在20世纪80年代到90年代，有比较长的一段时间担任山东大学哲学系主任。虽然工作繁忙，但是他对治学与为系里事业的发展招揽、培养青年人才始终都是兢兢业业、一丝不苟。

周老师曾经多次对我如数家珍般介绍系里的青年老师，对于他们的思想、性格、业务等方面的特点、长处，甚至连家庭的生活状况，他都能够真切地说出，并且一再讲，要充分尊重、支持和爱护他们，给他们创造积极健康发展的条件和机会。这令我倍感温暖、亲切与鼓舞，让我心生敬仰！

周老师“仁爱”学生，对学生的思想与业务严格要求，从不苟且。前几年，每年的研究生毕业论文审阅与答辩，都约我参与。我十分清楚地记得，几乎每篇文章，从文字到具体内容，都文从字顺、资料翔实、逻辑严密、内容新颖。有一年，有一位学生的论文，从内容到答辩会上的自我报告，均显得有点粗疏。我提出建议稍做修改补充，但是不影响这次通过。会后这位学生主动对我说：“因为家中有事，论文所用精力受到影响。周老师很体谅我，一再耐心细致地给我提出具体指导意见，让我仔细推敲修改，直到答辩前夕，周老师还从文字、结构到具体资料的安排等方面，耐心地指导。只是我的时间太紧了些。”

几十年来，周老师不仅在业务上为我创造学习提高的机会，关心提携我，在生活、工作方面，也很体贴周到，不遗余力帮助支持我。20 世纪 90 年代后期，我从学校调到中国孔子基金会秘书处工作。他与丁冠之先生，很清楚这个单位曾经有过的麻烦。我到基金会后，按照会长们的指示，努力做好学术研究和普及教育工作，第二年就联合国内外学者，成功地在济南举办了第五届当代新儒学国际学术研讨会。这次会议从会前酝酿到大会结束的全过程，几乎每个细节，都得到周老师和丁冠之先生的大力支持。由于会务条件限制，开会期间无法为两位老先生安排住宿，两位老师不辞辛苦，每天最早到会，无论大会讨论还是分组讨论，两位老师均积极主动参与，认真听取学者们发表论文并适时发表见解，直到傍晚休会了才肯回家。会议结束时，我陪同来自宝岛台湾的学者到烟台，最后送到青岛飞机场。其间，这些朋友每每谈到这次会议的成功，均念念不忘始终参与会议的两位年事已高、德高望重的老学者——周、丁两位老师。我则更是由衷地心存感激！自我到基金会以来，所有学术活动，只要发出邀请，两位老师必定积极热情支持并认真全面地给予指导。

我退休十余年来，大部分时间与夫人游走于欧美，但是，仍然时常拜读到周老师借用互联网发给我的一些富有教育意义的新鲜资料与信函。周老师时时牵挂和关心着我！

人生路上的挚友、良师，是真切的幸福，也是助推生命的旺盛活力！

我与周老师相识、相亲、相敬近四十年来，周老师不仅从业务上提携奖掖我，在工作上主动积极热情支持我，更在思想生活方面周到关心帮助我，在我的心田里，周老师对于我，就是名副其实的良师益友！

我爱周老师！

衷心祝福周老师八秩寿诞愉快！

真诚期望周老师再继续健康地关心提携我四十年！

（本文作者系山东师范大学教授）

难忘的学术交往友谊

——周立昇先生印象记

张应超

在山东大学著名教授周立昇先生八十华诞即将来临之际，先生的弟子们拟编辑周先生八十华诞纪念文集，盛情来函向我约稿。我与周先生结识交往已经十年有余，又与先生的学生丁原明教授、赵卫东教授在学术交往中结为好友。所以，尽管我远在千里之外的陕西省社会科学院从事道教历史文化学术研究，仍满怀对周先生崇敬的心情，写出如下文字，遥祝周立昇先生八十华诞。

我与周先生结识于2004年，得缘于待人热情宽厚的著名学者、老朋友牟钟鉴教授的引荐与介绍。

1999年3月，我赴中国台湾出席“第二届海峡两岸道教学术研讨会”期间，结识了同时出席本次学术研讨会的中央民族大学牟钟鉴教授，一见如故，相处甚为融洽。从台湾返家途中，在香港居留等待转乘飞机期间，还与牟教授住同一个房间，更是相与畅谈，牟老师还签名赠我其大著“博导文丛”之《走近中国精神》一书。以后我们曾多次见面，相谈之后，颇有志同道合之感。牟钟鉴老师主编

《当代中国宗教研究精选丛书·道教卷》时,还特地来函向我约稿,并希望我能撰写一篇有关陕西道教历史文化的文章。我遂写了《借问路旁名利客,无如此处学长生——华山道教历史简议》一文寄上。该书于2008年1月由民族出版社出版,据说还要译成英文,向海外发行。

2004年11月,在出席湖南南岳举办的"道教思想与中国社会发展进步学术研究会"第三次会议——"道教与伦理道德建设"期间,我再次见到牟钟鉴教授,自然十分高兴。牟教授知道我在陕西省社会科学院宗教所长期从事全真道历史文化学术研究。他认为,在全真道的历史上,陕西与山东有着极为密切的关系:全真道创教祖师王重阳是陕西人,他到山东传道时,所收七位高徒道教史尊称为"全真七子"的马丹阳、谭处端、刘处玄、丘处机、王处一、郝大通、孙不二均为山东人,王重阳与"全真七子"对全真道的创立与早期发展,起了极为重要的作用。因此,身为山东籍且对全真道历史文化研究有很深造诣的牟钟鉴教授,遂主动介绍我与从山东来出席本次学术研讨会的周立昇先生及其学生青年学者赵卫东相识,希望在以后对全真道历史文化的研究中,我们能够互相交流、切磋。在我们第一次交谈以及我在学术大会上倾听周先生与赵卫东的发言中,周先生平易近人的长者风范和卫东朴实谦逊的优秀学风,均给我留下极为深刻的印象。特别令人难忘的是,在11月8日上午的大会上,会议安排周先生和我先后发言。

2004年11月8日上午大会发言时，周立昇先生（左三）与本文作者张应超（左一）在大会主席台上

周先生发言的论文题为《早期全真龙门派伦理思想述要》，我发言的题目是《全真高道言行与著作的社会道德教化意义》。11月9日，会议组织赴南岳玄都观与黄庭观参观时，周先生与牟钟鉴教授及我三人还特地在玄都观山门前合影留念。我一直珍藏着这张合影，作为牟钟鉴教授介绍周先生师生和我相识很有纪念意义的见证。

在以后的岁月中，我又数次与周先生及其学生丁原明教授、赵卫东教授在有关道家与道教文化的学术研讨会上相见，不仅得以继续聆听周教授师生的学术高见，而且可以进行有关学术研究的切磋交流。

2005年8月在山东文登召开的"全真道与齐鲁文化国际学术研讨会"上，周先生发表论文《行愿与修证——王重阳的创教与修

2004年11月9日摄于南岳玄都观山门前。左为牟钟鉴教授、中为周立昇教授、右为本文作者张应超研究员

真》，丁原明发表论文《心性学与性命双修》，赵卫东发表论文《山东全真道活动中心的变迁》，我发表论文《王重阳对全真道创立和弘扬的重大贡献》。

2006年11月在江苏句容召开的“葛洪与中国道教文化学术研讨会”上，周先生发表论文《评葛洪的仙道观》，丁原明发表论文《葛洪“玄”“道”“一”辨微》，我发表论文《葛洪的神仙观及〈神仙传〉探讨》。

2007年9月在山东栖霞召开的“丘处机与全真道国际学术研讨会”上，周先生发表论文《长春真人的和谐观》，赵卫东发表论文《丘处机“一言止杀”辨正——兼与杨讷先生〈丘处机“一言止杀”再辨伪〉一文商榷》，我发表论文《简论王常月与全真道的中兴》。

2008年4月在武汉华中师范大学召开的“全真道与老庄学国际学术研讨会”上，周先生发表论文《庄子的价值视域——从〈逍遥游〉说起》，丁原明发表论文《丘处机道教思想中的老庄情结》，赵卫东发表论文《东海西秦数十年　精思道德究重玄——试论老子〈道德经〉对丘处机的影响》，我发表论文《全真道创立初期马丹阳陕甘弘道述评》。

2008年10月在山东牟平召开的“齐鲁文化与昆嵛山道教国际学术研讨会”上，周先生发表论文《郝大通的易图金丹学》，丁原明发表论文《全真北宗与古代梦文化》，赵卫东发表论文《谭处端全真道思想探析》，我发表论文《简论谭处端与全真道》。

2012年4月在武汉华中师范大学召开的“第二届全真道与老庄学国际学术研讨会”上，周先生发表论文《谭处端的弘道与修真》，丁原明发表论文《全真道哲学的意蕴及其理论底色》，我发表论文《“七真”对全真道创立与发展的贡献》。

此外，赵卫东教授还赠我2005年6月齐鲁书社出版的由周先生任主编、白如祥与赵卫东任副主编的“全真道文化丛书”：白如祥辑校《王重阳集》《谭处端·刘处玄·王处一·郝大通·孙不二集》，赵卫东辑校《马钰集》《丘处机集》。这套丛书一直是我在全真道历史文化研究中，经常阅读的重要参考书。

2010年，我还收到赵卫东教授所赠由牟钟鉴先生作序的赵著新作《金元全真道教史论》一书。

通过上述学术交流，的确实现了当年牟钟鉴先生热诚介绍周先生师生与我结识、交往时，期望山东学者与陕西学者在全真道历史文化学术研究中密切交流的良好愿望。每当想起这些往事，我都衷心感谢牟钟鉴先生和周立昇先生及其学生丁原明教授与赵卫东教授。尤其可以告慰牟钟鉴先生的是，我们山东和陕西二省从事全真道文化研究的学者，没有辜负牟先生的殷切期望。

后来，我阅读了有关周先生从事教学与学术研究的资料，得知先生早在1961年就毕业于中国人民大学，曾先后在我国的著名高等学府中国人民大学、山东大学任教，从教至今已长达五十多年，是长期献身于我国高等教育事业的学界前辈。先生教书育人,品格高尚,桃李满园,著作丰厚,堪称学界楷范,无愧于为人师表的崇高荣誉。

岁月匆匆,周立昇先生即将迎来八十华诞,我亦年近七旬,我们均已步入老年人的队伍。我再次衷心祝愿周先生健康长寿,老而弥坚,如前人所说的,"莫道桑榆晚,为霞尚满天!"

(本文作者系陕西省社会科学院宗教研究所研究员)

儒风道骨周立昇先生

蔡德贵

年过七十以后,年轻时的往事变得越来越模糊,但是在自己的成长路上,几位恩师的面影和风范、恩德,却并没有随岁月逝去,反而越来越清晰。

在几位恩师之中,使我受惠最多的,在北大是季羡林、刘麟瑞、仲跻昆、李振中等老师,在山大则是周立昇老师。周老师不仅教我们做学问,更教我们做人。教育家的职责非常高尚,"以善先人者谓之教",此语用在周老师身上,是恰如其分的。

回忆从1979年开始在山大读研究生,到1982年为止,周老师给我们开的课有中国哲学史、中国哲学史史料学等。这些课,对于我这样一个大学是外语专业的人来说,难度是相当大的。单从思维方式上来说,就是必须从形象思维转入抽象思维。这种转折不是简简单单就可以完成的。而且我们这一代人,顶名是大学本科毕业,但是我们自己并不承认是大学毕业。因为我从1965年考入北大,成为"文革"以前最后一批本科生,本来是非常幸运的。可是我们却遇到中国历史上最大的一场文化浩劫,大学期间只读了短短的一学年不到,满打满算,大概只有8个月。就这样的学历,我们居然在1970年3月提前毕业,传说北大校长周培源教授不承认我们的毕业资格,说这批学生不要说毕业,连肄业都不是。所以他坚持不在我们的毕业证上盖自己的私章,以至于我们的毕业证几乎要成为珍贵的历史文物。这样短的时间,我在校所学的阿拉伯语专业,也只是学完了28个字母和简单的语法,如此而已。要不是后来自学,阿拉伯语根本就无法使用。刘麟瑞先生的耐心和不厌其烦的阿拉伯语通信,使我得以初步掌握了阿拉伯语的一些基本功。1978年全国恢复高考之后,我报考中国社会科学院世界宗教研究所的研究生,阿拉伯语竟然考了66分,这全是刘麟瑞先生的恩赐,没有他的给予,我不能考到这个成绩。可惜因为专业课成绩不好,未被录取,莫名其妙地被推荐到北京大学考古专业复试。当时我对考古毫无兴趣,只得放弃。

到1979年,查阅招生简章,居然没有外语可以选考阿拉伯语专业的学校了。远处的没有,近处的呢?我查阅山东大学的招生简章,在报考外语项里,我眼睛一亮,外语任选,于是我就填写了山东大学的研究生考试表格。离正式考试还有三个星期,山东大学研究生处郭贻田老师给我就职的山东省滨县一中打去电话,问我外语怎么报阿拉伯语。我说外语任选怎么不可以报阿拉伯语。听到回答以后,郭老师表示抱歉,说1978年也是这样的招生简章,没有出现过这种情况。而今年除了我,还有报西班牙语的。他告诉我山东大学的外语任选是在英、日、俄三种外语里任选一种。山大不考阿拉伯语,没人出题,也没人阅卷。他建议我转第二志愿,我告诉他,第二志愿我报的是南京大学,那里的外语明确规定是英、日两种。郭老师告诉我,除非考英、日、俄三种中的一种,不然就不能报考山大。

我没有退路了，只得一不做二不休，决定孤注一掷报考山大，利用一下高中三年学到的俄语。要把当时已经放下了 14 年的俄语重新捡起来，不是易事。我做了一个计划，利用三个星期的时间，在高中教语文课之余，每个星期复习一册俄语。三个星期，把三册俄语粗粗复习了一遍。到考试的时候，山大的俄语题出得比较奇怪，只有两道题，第一道题是常识，我估计自己得分很少。第二道题是一个俄译汉的题。我发现这道题是有关马克思在大英博物馆写《资本论》的事情，于是基本撇开俄语原文，根据我自己读中文的印象，把这篇短文翻译了出来，记得考后就发现把“40 年”记成了“14 年”。命运之神关照我，俄语考了 55.25 分，分数线是 50 分。还有一件事，就是政治课考试的时候，头天晚上睡觉做梦，居然梦到了两道小题，一道 4 分，一道 3 分。这两道题，就白得了 7 分。有了这次机遇，我以第五名的成绩，被山东大学哲学系中国哲学专业录取为研究生，和丁原明、高晨阳、陈绍燕、林永光一起成为周老师的“开门弟子”，那也是山东大学哲学系的第一届研究生。

自此，我在三年里跟从周老师学习。除了周老师，还有张季平、李传明老师，他们三人是一个指导小组。周老师还推荐我们上了殷孟伦先生的训诂学和殷焕先先生的音韵学课，他们当时被称为大小殷先生。在周老师的指导下，我们阅读了大量中国古籍，除了道家、儒家、墨家、佛教的基本著作之外，还阅读了《管子》《荀子》《全上古三代秦汉三国六朝文》《说苑》《太平御览》《太平寰宇记》《文选》《新序》《新语》《诸子集成》《百子全书》《玉函山房辑佚书》《诸子通考》《容斋随笔》等大量古籍，以及今人钱穆的《先秦诸子系年》，武内义雄的《老子原始》《老子的研究》《老子与庄子》《论语研究》《中国思想史》等，这些古籍和今人的研究著作极大地丰富了我们匮乏的文献知识，使我们的学术研究有了足资借鉴的资料，对我们在学术道路上的成长帮助极大。

具体的课程这里不再费笔墨。我的毕业论文《稷下哲学思想史论略》在周老师悉心指导下完成，并在以石峻先生为主席的答辩委员会指导下顺利通过答辩。

有了这一段因缘，我才有幸成为周老师的学生。现在我可以单刀直入，直接扣题了，写一下周老师的儒风道骨。

清代尚书房有一个"三天殿"，就是"先天不违""中天立极""后天不老"。这"三天"用到周老师身上，我觉得很合适。周老师出生在山东省庆云县，这个县有景云、卿云、新庆云、新县多个别名。这个县现在是很好的，是中国最佳改善人居环境范例县、山东省绿化模范县，但过去长期是经济欠发达的落后地区，先天条件不好。周老师少年时代吃过多少苦，他没有和我们讲过，但在那个年代，其窘困是可想而知的。庆云的很多年轻人并不是都有机会深造的，而周老师得以被苍天保佑，顺利成长，这是"先天不违"。先生1956年考入中国人民大学哲学系，成为石峻先生的高足，从此他选定了自己终生执业的目标，就是中国哲学。王国维的治学三境界："昨夜西风凋碧树，独上高楼，望尽天涯路"；"衣带渐宽终不悔，为伊消得人憔悴"；"众里寻他千百度，蓦然回首，那人却在，灯火阑珊处"，周老师的这一过程几乎是在大学期间一气呵成的。从此周老师的目标锁定在中国哲学方面。这是先生的"中天立极"。由于受体制限制，先生不得不在20世纪90年代退休，然而他退而不休，继续完成在职时的未竟事业，在精神领域不断耕耘，精神生活不断得以提升。现在先生已过八旬，但腰不躬，腿不弯，腰板始终挺得笔直，鹤发童颜，气度非凡，完全是一个仙界中人。这是周老师的“后天不老”，永远保持着鲜活的生命力，肉体生命和精神生命均朝着“真人”的标准迈进。周老师的“三天”和眼下芸芸众生虚度的昨天、今天、明天的“三天”，绝无任何相同之处，是在“至人”“圣人”“真人”的领域不断的进境，表现出的是人格的完善和学术的成熟。

当今社会，正显示出“习儒者少，而由刀笔吏得官者多”的特点，谋权者、谋财者大有人在。而周老师却严格按照儒家思想修身养性，他居系主任之位，却从不贪图私利。他的高风亮节受到全系师生的好评。他满腹经纶，却从不自吹自擂，更不以权威自居而在社会上招摇过市。

周老师是山东大学哲学系中国哲学专业的创始人。除了承担大量的教学任务、行政管理任务，自己更是辛勤笔耕，硕果累累。其著作涉及儒学、道家、墨学诸多领域。其著作据笔者所知，有《现代新儒家学案·牟宗三学案》与《儒家文化与当代社会》（以上两书与颜炳罡教授合作），《老子的智慧》《稷下七子捃逸》《谈道录》《谈易录》《困学录》；主编了“全真道文化丛书”（包括《王重阳集》《马钰集》《丘处机集》《谭处端·刘处玄·王处一·郝大通·孙不二集》），《两汉易学与道家思想》，《春秋哲学》，《中华魂丛书·哲理卷》，《齐鲁文化通论》；点校了清张尔岐的《周易说略》，清郝懿行的《易说》等。周老师在各种期刊发表学术论文百余篇。他做学问有一种“竭泽而渔”的精神。他特别欣赏宋代张载的“为天地立心，为生民立命，为往圣继绝学，为万世开太平”的成圣之路，论著的风格是“周详审慎，力避偏宕”。这些论著在学术界都产生了很大影响。

周老师不拘一格，在完成《谈道录》的编辑之后，请自己的学生赵卫东先生为其作序。赵卫东先生不辱师命，写出一篇言简意赅的短篇序言。

我自己也有被周老师委以重任的经历。周老师经常给我们阐发格致名理之学，牖启我等愚蒙，增益了我们的智慧。《礼记·学记》有言："学者有四失，教者必知之。人之学也，或失则多，或失则寡，或失则易，或失则止。此四者，心之莫同也。知其心，然后能救其失也。教也者，长善而救其失者也。"周老师真正贯彻了"教也者，长善而救其失者也"的原则。1995 年，内蒙古教育出版社准备编辑出版一套地域文化大系，请季羡林先生任总顾问，武汉大学冯天瑜先生任主编，决定请周老师出任其中齐鲁文化卷的主编。当时周老师决定让我和他一起主编，让我参加了在呼和浩特召开的编辑工作会议。会后周老师和我组织学者参加撰写，我列出粗纲，由周老师修改，约请了林永光、梁宗华、王佃利、万丽丽等撰写其中的不同章节。书稿完成以后，内蒙古教育出版社因故不能单独出版该丛书，我们负担的齐鲁文化卷被推荐到北京出版社，但是此书稿一直积压在出版社，未能如期出版。后来在赵卫东先生帮助之下，该书于 2015 年由山东人民出版社出版，从策划撰写、完成到出版，其间已经过去了 20 年。在市场经济注重金钱的条件下，出版学术著作之难，于此可见一斑。

2011 年 12 月 25 日，周立昇教授从教 50 周年暨《周立昇文集》首发座谈会在山东大学知新楼举行，我因为出差在外，委托妻子刘宗贤参加。周老师淡泊名利，从来不计较物质利益，生活上非常节俭，这不仅是学生们的共同记忆，而我也清楚地记得上学时，周老师住在文史楼对面的四号楼一层，只有一间局促的房间，属于学生宿舍，是临时安排一部分教师住的。哪知道这个临时的居所，周老师一住就是好多年。屋子里除了简单的卧具,只有存书是屋子里唯一的装饰。这样的居所当然是没有厨房,也没有餐厅和客厅的,周老师夫妇和一个孩子,做饭就在楼道里面,用简单的蜂窝煤炉子做。记得他们那时候连餐桌都没有,其艰苦的生活现在的年轻教师是绝对无法体验的。后来周老师搬到南院住,条件有所好转,但是屋子里也只是多添了一些书橱,别无任何奢侈品。“孔颜乐处”,在周老师这里有完美的体现。张元济先生的名言“天下第一好事,还是读书”,用在周老师身上是完全贴切的。除了读书,周老师虽然还有业余爱好,比如下棋,但是周老师的大多数时间,还是用在读书上。除了中国哲学,举凡各朝各代诗词,他都可以信手拈来,饱学诗词,自己也创作一些诗词。

恩师周立昇先生可以说是把儒家的进取、仁慈和道家的超越、达观,以及墨家的苦斗、无我集于一身,为此,我们把他叫作周公。

(本文作者系山东大学《文史哲》编辑部教授)

恩师周立昇先生

陈绍燕

恩师年届八十,众弟子商议出文集纪念。每每回想起三十八年前的往事,我常常辗转反侧,夜不能寐。

我 1965 年高中毕业于济南第一中学。当时的一中名师荟萃:我的语文老师辛建岭,北京师范大学毕业,是武汉大学刘绶松先生的研究生;数学老师董锡蕙是日本女子高等师范学校毕业的高才生;英语老师丁用宾是北京大学早年英语门的学生,他在北大读书时,毛泽东正在北大做图书馆馆员。1965 年,丁老师 70 岁,送走我们最后一届学生,退休。其他,如历史老师毕德质、物理老师许世喧、化学老师王次山等,都是当时的名师。我们这届学生有幸享受了这些老师们的言传身教、谆谆教诲,在人生信念和各科学业上奠定了良好的基础,受益终生。当年高考,我填报的志愿为北京大学哲学系,在那个众所周知的以阶级斗争为纲的年代,由于某种原因,被列入"该生不宜录取"之列。落榜后,自己在建筑工地做过小工,拉过地排车,后来父亲退休,我得以顶替进入济南汽车修理厂当工人。

"文革"结束后,1977 年恢复高考,因我参加过 1965 年的高考,遂不被允许报名。隔年,1979 年,我鼓足勇气参加了山东大学哲学系“文革”后第一次的研究生招生考试。为了备考,我做了当时能想到的尽可能多的准备。喜欢哲学,源于在济南五中上初中时,受到班主任王泽鸾老师的启示(王老师后来任五中校长多年)。培根的名言曰,“读史使人明智”,我是出于此目的读史的。范文澜先生主编的《中国通史》,出一本,我买一本,当课本读,当小说看。中国哲学史的参考书是任继愈先生主编的《中国哲学史简编》,书不厚,是我在考前用在工厂多年积累的加班工时“换修”两个月,藏在一个少有人知的地方啃下来的,不少段落,当时大致都能背出。因为自己没有一考必中的想法,权当一次演练,所以考试时比较放松,发挥比较正常。当时的招生名额为五名,后来得知报考者为 29 名,自己总成绩排在第四。在讨论录取名单时,有老师提出第六名有大学学历,而我是同等学力,建议舍四取六。当时的研究生指导小组由周立昇、李传明、张季平三位老师组成,周老师坚持按成绩取舍,于是产生了山东大学哲学系第一批五名研究生。按年龄排列:老大丁原明,山东大学历史系本科三年级;老二高晨阳,吉林大学哲学系本科二年级;老三蔡德贵,北京大学阿拉伯语系 1965 年入学;老四陈绍燕,同等学力;老五林永光,烟台师范专科学校 1977 年入学在读生。

我在三十二岁时,从一个已经参加工作的老工人成为山东大学的一名研究生。三年读书期间,周老师对我更是“匪面命之,言提其耳”,花费了大量的心血,使一个没有读过正规大学,隔着锅台上炕的学生,在学业上有了明显的提升。毕业后,我留校在《文史哲》编辑部工作,虽然离开了哲学系,但周老师仍然经常给予督促、指导,尤其是在每个关键时刻,更是关怀备至,为我操碎了心。现在我已退休十年，年届七十，回想过来的七十年，从一名有着十四年工作经历的老工人，最终成为山东大学的一名教授，没有恩师当年的坚持，没有恩师几十年来的提携是根本不可能的。一条奔腾的河流有前行，也有回流，人生亦然，有逆境，也有顺境。三十八年前，我的人生发生了巨大的转折，周老师就是使我的人生历程从逆境转折到顺境的贵人。

周老师1961年从中国人民大学毕业，1963年奉调来山东大学工作。他长期担任山东大学哲学系中国哲学史教研室主任，1984年以来，共担任山大哲学系主任六年，在此期间，周老师的组织能力和领导魅力得以充分展现。他坚持原则，开诚布公，招纳贤才，为中国哲学史学科的建设，为整个哲学系建设殚精竭虑，当之无愧是山大中哲史学科的开拓者和奠基人，是当年哲学系得以长足发展的好系主任。在周老师任内，中哲史教研室和哲学系的老师们团结和睦，其乐融融，学术气氛活跃，至今令人难以忘怀。

周老师执教一生，桃李满天下，他的善于发现人才、提携后进是有口皆碑的。现今山东大学著名学者、终身教授、中国文史馆馆员刘大钧先生，原是济南服装五厂的一名工人，当年就是吴富恒校长委托周老师对其考查后，吸收入山东大学的。青年才俊、哲学系教授何中华也是由于周老师的发现才得以调入山大的。此类事情颇多，不再赘述。

周老师学风朴实、治学严谨也是为学界称道的。2009年山东大学出版社出版了由其高足赵卫东教授整理、校订、编辑的《周立昇文集》，比较全面地展示了周老师的学术成果。

周老师十分谦虚地称自己是“困而知之者”，故将《文集》上册命名为《困学录》。《困学录》实为老师以先秦哲学为主,旁及宋明理学的一部论文集,内容涉及孔、孟、荀、墨、稷下学宫、董仲舒、王阳明等诸多思想家、学派,可以一睹老师知识之广博。

《文集》中册名为《谈道录》,汇集了老师有关道家、道教的文章。其中有关道家的文章有六篇,文章指出在中国传统文化中,道家并不逊色于儒家。儒家从维护现存社会秩序出发,为巩固政教体制提供了切实可行的方案,道家则更多地揭露了社会存在的不合理现象,鞭挞了社会的积弊,正是这种深刻的批判和否定,使社会向着更美好的方向发展。周老师还指出,道家有三种形态,老庄哲学是第一种形态,黄老之学是第二种形态,魏晋玄学是道家发展的第三种形态,其论述言简意赅,直指事实真相。隋唐之后,道家与道教合为一体,道家依道教而存在,道教依道家而立足,道家是道教的理论来源和思想基础,道教则是道家的宗教形态。周老师特别注意道教研究中丹道与易学的关系。他还敏锐地捕捉到学界的发展动向,较早从事全真教的研究,发表了一系列文章,开启了道教研究的一个新方向。

《文集》下册为《谈易录》,汇集了周老师多年来易学研究方面的文章二十篇。周老师从儒道关系入手,探求易学与道家的关系,阐述了道家易学思想的内涵及其在易学发展中的作用,推动了对道家的深入研究。对于象数易学,他把象数之学置于整个哲学视域之下,透过复杂的易学体例审视易学家的哲学思想和思维方式。从汉代易学家的象数体例中抽绎出汉人独特的易学天人观和思维方式,不能不说是对前人的超越。他还十分关注新出土文献的研究,立足于学术前沿,在帛书六十四卦发现不久,即发表《帛〈易〉六十四卦刍议》一文。他认为,帛易瑕不掩瑜,用帛易可以校勘通行本的若干纰缪，具有重要的价值，这对于深入研究帛易具有重要的指导意义。

周老师的学问博大精深，捧读老师的文集，越读越容易产生一种“高山仰止，景行行止”的情怀。周老师几十年诲人不倦，笔耕不辍，在他所从事的领域内默默耕耘，创造了非凡的业绩。《左传·襄公二十四年》载春秋时鲁国大夫叔孙豹称“立德”“立功”“立言”为三不朽，周老师是做到了。作为一个老学生，在老师八十寿辰之际，衷心祝愿老师寿比南山、福如东海！

（本文作者系山东大学《文史哲》编辑部教授）

“古稀”致“而立”的思念

林永光

今年适逢高考恢复四十周年。“四十而不惑”，对于个体人而言，四十年光阴流转、人生历练，应当是一个不短的生命周期。历经少年、青年，而至中年，人生历程已经过半，应当“不惑”了。对于那些当年参加过高考的一代热血中国青年而言，这四十年的春秋岁月，更是令人荡气回肠，终生难忘。作为一名亲历这一历史进程的老三届高中毕业生，我倒是觉得，如果将时光再倒转十一年，让认识的视角从1966年初夏开始追溯，则历史事件的来龙去脉、起承转合，会呈现得更加理性、清晰。

1966年6月17日的夜晚，一个已经定格在我的记忆中、永远也挥之不去的初夏之夜。在我所就读的烟台一中校园内，高中毕业班的几个教室内，晚自习灯火通明，临近高考的莘莘学子正在灯下全神贯注地研修功课，备战即将来临的、关系他们人生道路选择的高等学校入学考试。憧憬、兴奋、期盼中夹杂着莫名的不安，交织成高考前考生们浪漫、热烈而又忐忑惶恐的复杂心境，驱动着我们在学海中搏击奋进。但如此祥和、宁静的海滨之夜，转瞬间就被校园里突如其来的高音喇叭的阵阵喧嚣所碾碎。接下来，传入我们耳郭的便是宣布中止高考的决定。顷刻的静寂和沉默之后，在教学楼的各个教室里，便爆发了此起彼伏、一阵一阵来自热血青年们的狂热而激昂的鼓掌欢呼。继而，便是冲出教室的汹涌人流，汇聚操场，狂欢庆祝！那一个夜晚简直变成了我们这些不涉世事、不知深浅的高中生们的盛大节日。大家欢呼雀跃，似乎大有“自由”“解放”的阵阵快感。至此，我们这批“老三届”们开始了对中国教育事业、对高考制度、对自己未来前途和命运、对理想和追求的无情的自我否定和践踏，开始酿造自己人生中如此悲凉而又必须咽下的苦酒。何谓自掘坟墓？何谓作茧自缚？此之谓也。偌大的中国，亿万华夏国民，飞蛾投火般集体自残自毁。何谓历史悲剧？何谓民族灾难？莫此为盛矣。

峰回路转，否极泰来。在结束“文革”的灾难之后，1977 年 10 月 21 日，中共中央、国务院正式下达了关于恢复高考的决定。在历经了 11 年的磨难之后，老三届们终于盼来了高考的春天。他们在而立之年，又要面临新的人生挑战。从通知公布到高考应试，上苍只给了他们 50 天时间。这 50 天时间里，他们需要完成的不仅是对已经荒废了 11 年的学业的重新研读，更重要的是对自己生命、理想的自我救赎。全国 570 万人的应试大军，最后仅 27 万 3 千人得以录取，成为幸运的、足以载入史册的七七届大学生。我终于以烟台市文科第一名的优异成绩，成了光荣的七七届大学生中的一员。那已经在我们生活中失落和枯萎的美好憧憬和理想追求，又被我们用不屈不挠的拼搏重新唤醒、点燃。正可谓：四十年前一声春雷，二十七万火种华夏燎原。伟哉！壮哉！诚然，作为拨乱反正的应急之举，作为力挽狂澜的扬帆之策，当年高考制度的运作和实施，难免存在诸多不周全之处（如录取过程的不透明，各地录取标准制定的不统一、不规范，存在相当程度的高分低取、低分高取现象，新生入校后普遍存在教师、教材应对教学仓促，管理不适应教学等问题），但我个人认为，此次恢复高考，对其后历届高考影响最大、最深远的制度性改革，便是对考生诸多“政审”条件的废止，特别是取消了对为数不少的“可以教育好子女”的限制要求，使这些考生们也可以平等地参与这场关乎自己人生道路选择的教育竞争。这对于共和国公民平等受教育权利的实施，不啻一声春雷，更像是一场春雨。

入校后，我用了一年的时间，完成了由大学生向研究生的转变，又以总分第二名的成绩，成为山东大学哲学系中国哲学史专业的研究生，真正开始了我的人生寻梦之旅。这是进入而立之年后，命运赐给我的一个天大惊喜。

入校后，首先受到了周老师的热忱欢迎和接待。周老师那学者的风范、师长的真诚，令我终生难忘。我的四位师兄丁原明、高晨阳、蔡德贵、陈绍燕也热情地欢迎了我这位迟到的学弟。我们五人中，前三位学长是“文革”中的老五届（大哥丁原明山东大学63届历史系、二哥高晨阳吉林大学64届哲学系、三哥蔡德贵北京大学65届东语系），四哥陈绍燕和我则是老三届高中毕业生。我们这五位，正好是隔年而生的五兄弟。而我们这一届中国哲学史专业的五位研究生，也历史性地成了山东大学哲学系建系以来招收的第一批研究生，山大哲学系的研究生教育亦滥觞于斯。就全国高校而言，当时招收中国哲学史专业研究生的学校，实在是少得可怜，招生人数更是凤毛麟角。据1983年《中国哲学年鉴》披露，全国高校1982年毕业的中国哲学史专业研究生，仅有19名（内含上海社会科学院哲学研究所招收的2名研究生），而招收单位，也仅有中国人民大学、山东大学、复旦大学、武汉大学、中山大学、安徽大学等六所大学。其中山东大学和武汉大学各招收五名，其余四所院校共招收七名。这就是1979年全国高校中国哲学史研究生招生的基本状况。这个数字，恐怕连山大如今一年的中哲史招生规模也不如。如此说来，山东大学哲学系在中国哲学史的教学、研究领域，应当是当时国内起步最早、下功夫最大的先觉单位之一。这一结论，当不会过分。而这其中，周老师、季平老师、传明老师居功至伟。

我的宿舍被安排在山大新校为所招研究生新建的公寓楼里，一层东面南向第一间，室友为历史系的三位同学（晁中辰、修海涛、周光远），分别是山大历史系七八、七七级在读大学生。我床头墙上悬挂的相框，成为当时研究生楼里枯燥无味的众多男生宿舍里的一大亮点。里面我爱人那张十二寸的黑白标准美人照，在很长一段时间里，成为众人瞩目的焦点，特别是引来了不少历史系女生的极大兴趣。她们常常借故前来，名义上是来找老同学聊天，实则为看大照片，一睹芳容，一饱眼福。

真是巧得很，周老师的宿舍就在我们研究生楼的南面。那时，周公的三口之家，就蜗居在我们研究生楼南面的简陋筒子楼内。南北各一间，两间屋加起来，充其量有二十几平方。南面一间为起居室，北面为书房和会客室，其窗户则正好与我的南窗南北相对。至于厨房，只好移于大楼的走廊中。每家的蜂窝煤炉子摆在自家门口，楼道里到处是燃煤产生的二氧化硫的呛人气息。这似乎是当时山东大学各教工筒子楼内的共相。这不仅令人想起刘禹锡的《陋室铭》："山不在高，有仙则名。水不在深，有龙则灵。斯是陋室，惟吾德馨。苔痕上阶绿，草色入帘青。谈笑有鸿儒，往来无白丁。可以调素琴,阅金经。无丝竹之乱耳,无案牍之劳形。南阳诸葛庐,西蜀子云亭。孔子云:何陋之有?”正是在如此简陋、破败的生活条件下,山东大学的教授、大师们,为中国的未来,夜以继日地努力奋斗着,用自己的青春和生命,书写着民族的辉煌和历史。在山大读研的三年间,每日夜晚坐在窗前灯下苦读,侧脸望去,见到对面灯下周老师的身影,总是使我心中涌起阵阵温暖、亲切,激起奋进的澎湃渴望、动力。冬去夏来、春至秋往,地老天荒,师恩难忘。

我爱山大,难忘三年来伴我日夜诵读、研修功课的那座研究生公寓。虽然那样质朴、简单,像那校园内随处可见的白杨树。但那是我们山大七八、七九届研究生们学习、工作、生活的乐园。她见证了我们的艰辛、奋斗和成长。当年,这里甚至连一个宿舍管理员都没有,更没有人打扫卫生,整理环境。故可谓之地道而名副其实的“脏乱差”。夏日里,在公共盥洗室从来不堪久留,因为实在是“蝇满为患”,蚊虫袭身,飞蝇扑面,简直是无卫生可讲。公厕更是不堪入内,昏暗的灯光下,如厕难以下脚。但令人叫奇的是,一位化学系的学长竟对此环境格外青睐,据说每日凌晨要如厕良久,携卷苦读。又有谁能知晓,在这所简朴不堪的大楼里,走出了多少日后中国各著名学府内,名扬海外的著名教授、学者?

我爱山大,山大新校校园内古香古色、绿瓦灰墙的文史楼,是那样的高贵、优雅,在沉静中孕育着深邃,在淡泊中散放着激情,在绿树的怀抱里焕发着勃勃生机。我惶恐地站在楼前,觉得自己是如此的渺小、稚嫩,但又感到那么亲切、温暖。众多受海外学人敬仰的大师们、学者们,出入其间,辛勤耕耘在三尺讲坛之上,为学子们垂范,为山大谱华章,为民族续文脉。一届届的山大儿女们在这里学知识、受洗礼,为社会、为人类的进步贡献才智和力量。大楼前的一排木质报亭,是我每日下午学习之余休息时的驻足处。正是在这个方寸之地的橱栏里,我惊奇地发现了自己有生以来发表的第一篇习作,刊登在《人民日报》第八版上不足千字的杂感文字。数日后,我的导师周老师分享了我的快乐,他对弟子言道:"写得不错,继续努力。"

我爱山大,新校校区的北操场,是那样宽容宏达,她张开热情的双臂,迎接充满活力的山大师生们投入自己的怀抱。在这里,每日的清晨和午后下课时,新校里的数千名师生便会相聚于此,尽情地挥洒汗水,宣泄激情。他们沿着跑道奔跑,在球场上竞争。连空气中都洋溢着青春的光彩和芬芳。如今,三十几年恍如昨日,当年的山大健儿们,你们可好?想念你们,祝你们安康幸福!

我爱山大,因为山大校园里留下了我不尽的思恋。七十年代末、八十年代初,正是中国思想界发生深刻变革,新旧思想交织、碰撞,思想解放运动方兴未艾的历史转换期。我依稀记得,在研究生公寓北面破旧不堪的公共食堂大餐厅里,周末夜晚时常会有男女大学生欢快地聚在一起,跳交谊舞。收录机里播放着充满青春活力的曼妙音乐,俊男靓女们尽情欢娱歌舞。而在白天,各系的领导也许正在忙着传达有关单位关于人们着装尺寸和头发长短的若干禁令(如裤脚不得过七寸,女生头发不得过肩,诸如此类)。社会上伴随着思想解放大讨论的则是对李谷一女士一曲《乡恋》"鸣鼓而击之"的声讨和义愤。现在想来,历史真的有趣,大浪淘沙和沉渣泛起往往会结伴而行,且相映成趣。刘禹锡有言,"沉舟侧畔千帆过,病树前头万木春",斯言诚哉!

我爱山大,因为山大的历史岁月里,有我和我尊敬的导师们奋斗、拼搏的辛劳和付出。特别是我的几位恩师:周立昇老师、张季平老师、李传明老师。遥想当年,周公为我们五位已届而立之年的中哲史研究生们上中国哲学史史料学课。师徒六人围坐在我们宿舍的桌前,导师正襟危坐,口吐珠玑,广征博引,高谈阔论,弟子们洗耳恭听,笔不离手,如饥似渴,如雷贯耳。季平老师为弟子们讲解庄子,口若悬河,娓娓道来,引人入胜,发人深省。传明老师授课讲方法论,条分缕析,逻辑清晰,深入浅出,富有哲理。呜呼!天若有情天亦老,师生同心古来亲。三年的谆谆教诲,三年的师生情谊,乃吾人生之大幸!

俱往矣,三十八年沧桑岁月,"而立"们已被岁月冲刷成"古稀"。但思念的长河却连绵不绝,永续不断。

"古稀"致"而立"的思念,是四十载不惑的追求和奉献;

"古稀"致"而立"的思念,是夕阳与朝霞的相伴;

"古稀"致"而立"的思念,是赤子对母亲的依恋;

"古稀"致"而立"的思念,是弟子为导师的礼赞;

"古稀"致"而立"的思念,是学生致母校的盛筵;

"古稀"致"而立"的思念,是现实和历史的联欢。

前事不忘,后事之师。以史为鉴,乐莫大焉。四十载风雨春秋,恰如陈年的美酒佳酿,历久弥香。今年恰逢周老师八十寿诞,谨以此祝福恩师贵体康泰、生活幸福!

(本文作者系鲁东大学法学院教授)

永远年轻的周老师

傅有德

1978年春节过后,我来到山东大学新校(现在的中心校区),成为刚刚成立的山大哲学系的本科生。那时,学校的教师住房奇缺,不少老师住在学生宿舍楼——“筒子楼”里。文史楼北侧有个小操场,再北面是学生宿舍的三号楼。其一层就住着不少老师。我喜欢体育活动,几乎每天下午都和一些同学在那个小操场打篮球。我们常常看到进出三号宿舍楼的老师中有一位满头银发的“老者”,有人告诉我,那就是教中国哲学课的周立昇老师。后来才知道,周老师是“少白头”,看似年老,实际上才40岁出头,年轻着呢!

第一次有机会和周老师说话是在看一场露天电影的时候。20世纪70—90年代,从现在的西门进来,路的北侧是一片空地,学校放映队常常在那里放电影。记得有一次放映戏曲片《十五贯》,我们几位同学恰好和周老师坐在一起。放映前,大家都争着和周老师说话,问长问短。考虑到不久周老师就给我们讲“中国哲学史”课了,我就怯生生地问,学中国哲学是不是一定要懂古代汉语呀?周老师说,是的,学中国哲学史要读原著,要懂古汉语才行。几天后,我从图书馆借来了北京大学王力教授主编的《古代汉语》教材,用了一年左右的时间认真地自学了前两册，既学到了古汉语知识，又通过仔细阅读范文提高了文学素养。这些是我最先受益于周老师的教诲而他从来也不知道的。

周老师给我们讲了一个学期的中国哲学史先秦部分。周老师讲课有两个特点：一是语言简洁清晰，没有废话；二是内容只讲一遍，从不重复。周老师上课一般不讲和课程无关的“题外话”，态度严肃认真，略带地方口音的普通话，抑扬顿挫，清晰洪亮。丰富渊博的知识、富有逻辑的内容、清晰的表达，给我留下很深的印象，博得了同学们的敬佩和赞扬。还有，期末考试的试卷中有个概念题“参悟之道”。这个概念我有些生疏，没有答好。因为没答好，所以至今还记得。本科期间先后教我们中国哲学课的老师有四位，周老师的课给我留下的印象最深。

1984 年，我读完研究生后留在哲学系任教，和周老师打交道就更多了。不久，周老师做了系主任。那些年，每周都有一个下午要进行“政治学习”，所以常常听周老师讲话。1989 年后，哲学专业变得萧条冷落，招生减少，财力不足，教师收入也比经济、法律等社科专业少很多，大家都在议论哲学专业是否还能继续下去。是周老师以及之后的系领导带领我们坚持了下来，使哲学系度过了最困难的时期，又逐渐兴旺起来。

周老师一直有一颗年轻的心。这颗心蓬勃向上，充满了生命的活力和创新精神，三十多年前听周老师讲课有这样的感觉；二十多年前听周老师在系里讲话和安排工作，也有这样的感觉；最近几年偶尔听周老师在毕业生聚会时的发言，还有这样的感觉。从生理年龄看，周老师已经步入八旬，近乎耄耋老人了，可与周老师见面的时候，还常常听到他那新颖不凡的真知灼见，其思想还是那样富于时代感和创新精神，那样激励人、感动人。这些都使我感到：周老师永远年轻。我想，有这样年轻的心态、活力和思想，人还能老吗？

周老师是一个敢说、敢做、敢担当的人。自我和周老师认识以来，我们的国家政治和高等教育，我们的学校发生了许许多多的事情，其中有些关系到哲学学科的发展，也有些关系到国家的前途和命运。每当在这样的关头，周老师都敢于说实话，敢于坚持真理，敢于担当责任，是一个响当当的“汉子”。在他身上没有许多知识人的软弱，更见不到丝毫的奴颜和媚骨。就我所知，周老师的人生经历算得上坎坷不平，但是，从他那里我领会到了什么是“富贵不能淫，贫贱不能移，威武不能屈”的大丈夫气概。对照那些虚伪、猥琐和苟且的人，周老师的形象是何等伟岸！

我有幸遇到过几位好老师，周老师是其中的一位。

（本文作者系山东大学哲学与社会发展学院教授）

我所认识的周先生

刘陆鹏

我对中国传统文化的了解,严格说来,来自本科期间系里开设的中国哲学史课。某种意义上也可以说来自周立昇先生,因为他是四位授课老师中第一个给我们上课的,讲的正是中国传统文化的源头先秦哲学这一部分。1979 年,我上大二时,第一次受教于先生,也是第一次认识先生。当时先生担任中国哲学教研室主任,年富力强,孔孟老庄娓娓道来,令人印象深刻。当得知先生他们三位老师联合招收了山大哲学系第一批中国哲学研究生,也是哲学系成立后最早的一批研究生时,更是让我肃然起敬,从此开始对先生格外关注。

学生时期对老师的了解多是表层的,真正认识先生是在毕业留校后。说来也是机缘,竟然成了先生的同事,接触越来越多,交往越来越密切,迄今已走过三十多年的历程。我亲眼见证先生为不拘一格降人才东奔西走,见证先生接替臧乐源老师担任系主任后,为哲学系建设和发展付出的努力,更亲身感受到先生对青年教师的关爱和帮助。我们这批人受益于先生的不是一个两个,而是一批,先生等老一辈学者的宽容鼓励、哲学系良好的氛围,为我们的成长提供了适宜的环境，还有什么能比这个更重要！我总感觉，先生他们这一代是牺牲的一代，年轻时才华没有释放的空间，甚至被扭曲，到了收获的季节，却因年龄原因不得不归隐山林。他们是铺路石，是人梯，我们踏着这条路，站在先生们的肩膀上，才有现在的收获。不过，我相信，先生们不会因学生站在自己肩膀上采摘而抱怨，只会为学生的收获而高兴，收获越多越高兴。

在写作论文和书稿的过程中，曾多次就传统文化问题向先生讨教，我受教于先生和得到关爱帮助之处颇多。有时先生或许不同意我的一些观点，却不会因此拒绝帮助。先生就是先生，最大的成果是倾注心血培养弟子；学生就是学生，对先生最好的回报是取得成就。

值此先生八十华诞之际，奉上这篇出之内心的祝寿文，是为敬贺！

（本文作者系山东大学哲学与社会发展学院教授）

周立昇先生改变了我的命运

何中华

时光荏苒，斗转星移。屈指算来，我调入山东大学也有29个年头了。往事如烟，岁月无情。随着时间的流逝，许多人都已渐行渐远，以至于淡忘了；许多事也已如过眼烟云，了无痕迹。但有些人、有些事，却是我终生难忘的。周立昇先生，就是值得我永远敬重和铭记的一位。

鄙人何德何能，竟然有幸从县级党务职能部门的一位普通工作人员，变成在国内著名学府里教书和研究的学者，从而跻身学术圈，实现自己以哲学为业的夙愿，这绝对超出了我的贫乏的想象力。毫无疑问，倘若没有这个人生拐点，也就不可能有我后来走的路，不可能有我同哲学的真正照面。以世俗眼光视之，原先的生活也许没有什么不好，但于我却会永远错失自己孜孜以求的目标，即能够有机会、有条件过一种沉思的生活，那将成为我终生的遗憾。这一切，归根到底全赖周立昇先生的鼎力扶持和无私提携。可以说，周先生是改变我一生命运的人，是改写我个人成长历史的人。

因此，我这个人特别幸运，几乎在每一个人生节点上，都能得到命运之神的眷顾和垂青。这种幸运，说到底，离不开那些无私而善良的老师和亲朋好友的默默支持和全力襄助。对此,我将永怀感恩之心,永怀感激之情。

迄今依然清晰地记得,1986 年 3 月的某一天上午,阳光很好,我们县委宣传部的全体工作人员正在部办公室开例行的工作会。这个时候,突然来了两位“不速之客”,一位就是时任山东大学哲学系主任的周立昇先生,另一位是陪同周先生一道来的哲学系应届毕业生郁有学君。周先生原本是带领山大哲学系同学到毗邻的日照市实习,趁此机会来到我所在的单位。他们的到来,让我惊诧不已,恍若梦中,因为事先没有丝毫的心理准备。周先生此行的目的,就是进一步了解我的具体情况,表达调我来山东大学工作的意向。这完全出乎我的意料,也让我喜出望外。周先生给我的第一印象是,身材颀长,举止从容,待人谦和、慈祥,充满书卷气,穿着朴素但整洁得体,丝毫遮掩不住儒雅的风度。他说话声调不高而和缓,有夫子气象。

周立昇先生何以屈尊到一个小县城来见我呢?话还得从头说起。小时候我的兴趣相当发散,一开始迷上了画画,后来又想写小说,还不能忘情于哲学。我大约从小学四五年级的时候就跟县城的美术老师业余习画,绘画兴趣一直保持到了参加工作之后,出于环境的缘故,后来逐渐放弃了这个爱好。有一段时间我又写起了小说,终因形象思维差而半途而废。那个时候社会上有一批尝试写诗写小说的所谓“文学青年”。我从中学时期就喜欢上了哲学,因为当时的政治课老师给我们讲授恩格斯的一本书,叫作《路德维希·费尔巴哈和德国古典哲学的终结》,即使在现在看来,这也是相当“奢侈”的。记得我还为此专门从书店买来了恩格斯的那本小册子。同时,我也从家父保存的读物里接触到一批马、恩、列、斯著作单行本，以及《哲学基础知识》之类的入门书。这种熏陶，无疑具有重要的启蒙作用。1978 年初，《哲学研究》杂志刚一复刊，我就从邮局订阅，当时我不过是一名即将毕业的高中生。山东大学有名的《文史哲》，差不多也是从那个时候开始订阅的。另外，为了读书，我还不得不从京沪等地邮购一些专业书刊，其中包括商务版的“汉译世界学术名著丛书”里面的一些经典，譬如黑格尔的就蛮有几本，像《小逻辑》《精神现象学》等。

说来我同山大有缘。1978 年 6 月，我高中毕业并参加高考。那是恢复高考制度的第二年。当时，考生要在考试之前填报志愿，我选择的正是山东大学哲学系。遗憾的是，我以几分之差与大学失之交臂，无缘进入高等院校深造，这成了我一生的一个心结。高考落榜后，是年 12 月，我在当地就业，先是在一家工厂当仓库保管员，然后又到供销社做会计，再后来到县委宣传部当理论干事。凭着一点可怜的兴趣，业余时间主要用来读书、思考、写作，在孤立无援中艰难地摸索和坚守。读书读得多了，也有了自己的一些想法和心得，有了表达的欲望，于是便尝试着诉诸笔端。记得第一次给学术刊物投稿是在 1978 年底。1981 年 8 月，终于在中国社会科学院哲学研究所办的《国内哲学动态》上发表了处女作，这在当时是对自己的一种怎样的鼓舞啊，非亲历者难以体会和言表。现在看来，那篇文章自然写得极肤浅幼稚，羞于示人，但于我毕竟是自己迈出的第一步。后来就一发而不可收，接连在杂志上发表哲学方面的文章。真正引起学术界注意的，应该是我在 1984 年第 7 期《哲学研究》上发表的一篇商榷文章，讨论的是哲学研究对象问题。那个时候《哲学研究》就在发表的论文末尾注明作者的工作单位，我的单位是山东省莒南县供销社。应该说，这在所有已发论文中是很罕见也很扎眼的,因为出自一个十分基层的非学术单位的作者几乎绝无仅有。这大概是格外引人注目的地方。我几乎是因此才被选调至县委宣传部,做理论教育工作的。很久以后才得知,《哲学研究》编辑王玉恒先生当时就曾向山大哲学系有关老师提及并推荐过我。说来惭愧,这就是我的一点可怜的“资本”。

周立昇先生自从见我之后,就开始为我的工作调动问题游说、斡旋、协调而四处奔波。这期间同我几经通信,一方面告知进展情况,一方面鼓励我利用业余时间继续研读哲学。从来信中我得以一睹周先生手书的风采。周先生的字写得质朴、刚毅、大气,且有筋骨,一笔一画皆显方正之法度。当年周先生给我的来信,到现在我都一直珍藏着。中国文化是讲究“字如其人”“人如其字”的。周先生为人处世也是爱憎分明,进退有据的。在同学们的口碑中,周先生有“活菩萨”之称,他的温和、宽厚、达观和雍容大度,的确给人以极深的印象。

坦率地说,我来山大也不是没有一点阻力的。一个只有区区中学文凭而无任何高等教育背景的人,进入大学教书,的确是一桩十分出格的事。就是在1986年6月的那次事实上的面试会上,有些老师为此提出异议,这也是情理之中的事。周先生则力排众议,极力替我辩护,强烈建议学校接纳我。此情此景,周先生从未向我提及过。这还是二十多年之后,我从当年在场的有关人士口中不经意间得知的。

我没有读过大学,在学问上是半路出家,属于野路子,很有点“野狐禅”的味道,可谓“先天不足,后天失调”,这是我的“原罪”。然而,山东大学一向有着扶持奖掖“小人物”的传统,有其开放宽容的气量和眼界,最终还是破格录用了我。承蒙周先生不弃,承蒙山东大学不弃,我终于如愿以偿地来到了这所国内著名高等学府。山东大学的知遇之恩,始终是激励我不断努力奋斗的动力。从某种意义上可以说,是周先生拯救了我,山东大学拯救了我。虽然后来也遇到一些可以“跳槽”的机会,在旁人看来是难得的机遇,但还是被我一一婉拒了。

1987 年 6 月初,我来山东大学报到,正式成为其中的一员。是年 9 月初,举家迁来山大。在前期办理调动的过程中,从住房的安排,到我爱人工作岗位的落实,以至于孩子的入托,周先生都是事必躬亲地予以过问和督促,花费了他大量的精力和心血。初来乍到,哲学系的领导和老师们给予了极其热情而友好的关照,使我深深地感受到了大家庭的温馨。进入山大之后,我在哲学的学习和研究上如鱼得水。为了使我的知识结构更趋合理和健全,周先生建议我跟着本科生旁听几门课。我当时选听了“马克思主义哲学原著选读”“中国哲学史”“西方哲学史”等课程,受益于授课的那些老师们。山东大学的浓厚学术氛围和优秀学术传统,给予我的潜移默化的影响,对于我在学术上的日益成熟,具有不可替代的意义。特别是国内外著名学者相当频繁的来访和讲座,更让我进一步打开了眼界,受益匪浅。几年下来,我在学问上取得了长足的进步,实现了一次真正的飞跃。

周先生善于识人、唯才是举的伯乐精神,早就为人们广为称颂。在我之前,山东大学哲学系就曾破格引进周易研究专家刘大钧先生和全息生物学创立者张颖清先生,一时传为学界佳话。他们都没有大学学历和文凭,只是凭借自己的专长和已取得的成就,从而被调入山东大学任教。周立昇先生的举荐之功,在其中起了决定性的作用。

来山大后，每次遇见周先生，他总是仔细地询问我的生活情况、学习研究情况，询问有什么困难，嘘寒问暖，无微不至。在我的体会中，这完全是一种父爱般的关怀，让人深切感受到从心底蔓延开来的温暖。有一次，大约是在1991年底，周先生主持编写《中华魂·哲理卷》，这本来是中国哲学史领域的课题，为了给我提供锻炼的机会，他放手让我承担其中“中庸篇”的写作。我深知，这是周先生对我的信任和鼓励，也是他对晚辈不遗余力的提携和促进。在名利面前，周先生有道家境界，他多次开导我宜采取不迎不拒的超然态度，“不以物喜，不以己悲”。这种达观的态度和胸襟，我想将会使自己终身受益。

同周先生交谈，有如沐春风之感，同周先生交往，得到的总是尊重和理解，无论是无名小卒，还是晚辈后进，莫不如此。这一点不仅从我个人的体验中得以证明，而且可以从他人的相似感受中得到更多的印证。一个人具备了怎样的修养和境界，才能这样宽厚待人啊。从未见过先生声严色厉，他总是和颜悦色，采取商量和建议的口吻，非常在意听者的感受，你感受到的是尊重和关怀。即使在做系主任期间，周先生在各种场合的讲话，凡是我亲耳聆听的，无不如此。周先生的权威不是靠外在的权力建立的，而是靠自身的人格魅力建立的，所以能够让人们心悦诚服，真正地服众。我想，这无疑既是周先生先天的秉性使然，同时也是中国传统文化长期浸润和滋养的结果。在周先生面前，吾辈只有望洋兴叹，只能高山仰止。

所有这一切，都构成了先生对我的有形或无形的帮助。因为它不仅让我领略了一位学问和境界都令人推崇备至的学者之魅力，而且潜移默化地影响并决定了我的为人和为学的取向。周先生的道德文章，无疑都是值得我一生学习的楷模。只是鄙人不才，尽管多所用力，但始终离先生的期许尚有相当遥远的距离。吾辈自当不懈努力，以不负先生的恩惠和栽培。每每想来，我都有一种由衷的感激之情。俗话说，大恩不言谢，我几乎没有在周先生面前表达过我的谢意，更没有世俗所谓的报答，因为在我看来，任何这类回报都是对周先生所给予的无私帮助的一种亵渎。

近三十年来，我自己以至于我的全家都始终得到了山东大学校方，哲学系及后来的哲学与社会发展学院历届领导和老师们的真诚关照和扶持。特别是在我生活上遇到困难的时候，在我身体有恙的时候，这种关爱尤显弥足珍贵。对此，我总是有一种发自肺腑的感激，没齿不忘。需要感谢的人太多太多，这里难以一一提及他们的名字。对于他们，我在自己的内心深处永怀感恩之情，这绝非一声空洞而苍白的感谢所能够担待的。我始终觉得，自己只有尽心尽力地工作，力求在专业方面做得更好一些，才能真正对得起周先生的这种恩泽，对得起山东大学对我的那份抬举和厚爱，对得起所有支持和帮助过我的恩人们。

人生总是阴差阳错。遥想当年，倘若不是当时尚无哲学专业的博士生、硕士生们毕业，倘若当年就已经像今天这样科层制武装到牙齿，我又怎么会如此幸运呢？但话又说回来，假如离开了周先生的举荐和提携，缺少像周先生那种无私扶持边缘化的小人物的精神和作为，即使有当时一切的一切，我也照样不可能梦想成真。每念及此，总是让我感慨万端。

周立昇先生是中国哲学史研究专家，著作等身，尤擅周易、老庄研究，早已成为国内相关领域的著名学者，其观点独树一帜，在学术界影响至深至远。周先生在治学上不仅重视传统方法，而且富有理趣,在他的著作中处处都焕发着智者的洞见,这在哲学史研究领域无疑是难能可贵的。更为难得的是,周先生的研究富有时代感和现实关切。他不是那种书斋里的学者,而是有一种天下家国的宏阔情怀,有一种强烈的忧患意识。这从更深刻的层面上契合并体现了儒家的要旨。他对国家的命运、时代的前途、人民的福祉,无不倾注自己的关注和思考。周先生研究的领域虽然是思想的历史,但绝不是那种发思古之幽情式的研究,而是有一种期待视野,能够在历史与现实的张力中圆融无碍、游刃有余。这无疑是一种很高的智慧,也是一种很高的境界。限于专业知识的匮乏,我没有能力全面评价周先生的学术贡献,仅能就自己所知一二略谈一点浅识而已。

周先生不仅是学问家,而且有诗才和诗情,还是一位诗人。周先生从大学时起就开始了诗词的创作,半个多世纪以来,写下了大量的诗作。我原先对此一无所知,在我的印象中,周先生也从未向人提到此事,直到近日结集出版,方知周先生的诗人身份。他的作品直抒胸臆,自然清新,没有丝毫的矫揉造作,无论是写景写情,还是怀故人,都有一种本真性在。在我看来,这种率真,堪与陶潜的诗作相媲美。诗人和哲人在本质上是彼此相通的,西方有思想家曾说过,真正的诗人也就是哲人,反之亦然,真正的哲人也一定是诗人。诗意的眼界,使周先生的中国哲学研究获得了一种思想的灵动,透显出睿智的光芒。以此观之,他的学问同那种拘泥于“抠抠索索”式的考据和琐解,完全不可同日而语,因为诗意的翅膀,赋予周先生的思想以真正的大气。

在一定意义上,中国文化大厦可谓由儒、道、释三足鼎立构成,儒让人拾得起,道让人放得下,释让人看得开。在周先生那里,这三种境界，分别对应于人生的青年、中年、老年三阶段，就此而言，周先生可谓是中国文化精神的人格化。“仁者寿”，周先生虽已年届八旬，然鹤发童颜，神采奕奕，其目光犹见深邃和安详，其境界和气象更臻圆融完美。

谨以此小文，恭贺周立昇先生八秩。

（本文作者系山东大学哲学与社会发展学院教授）

师恩如海:写于恩师周立昇先生八十岁生日

徐国亮

我是谁?
我从哪里来?
我要去往哪里?
先生,告诉了我。
先生,教会了我。

一

几年前,暮夏的季节,闷热的车厢,上完满满一天课程的我,强拖着沉沉的步履,颠簸了整整一夜,去往北京。此行的目的,是向几所知名院校的同仁,推荐我的几位优秀的学生。手里的简历,我帮他们字斟句酌,反复改过,脑海里,我一遍一遍勾勒着讲述的顺序、说服的逻辑。在这些同仁于百忙之中与我见面时,我尽量条理清晰地介绍学生的一项项经历与优势,生怕漏掉他们的任何一个可以散发光芒的细节。干渴、疲惫,在那一刻都被我抛在脑后。我相信,在原则允许的范围内举荐贤能,作为师者,义不容辞,在能力所及的范围内助学生实现他们的梦想,作为长者,我乐见其成。很久之后，当时的记忆其实已不复清晰，但是当我遇到这些如今已成为各自所在领域骨干力量的学生，他们每每念念不忘我当时的那段旅程时，在他们闪烁的泪光中，我知道，的确，在我的那一段旅程之后，这些生命找到了他们更有力的确证。而我更加知道的是，我之所以会这样做，是因为，先生为我，就是这样做的。

彼时恰是青春飞扬、风华正茂，本科毕业留校担任辅导员工作，对我而言已意味着莫大幸运。在这个岗位上，我每一天于事无巨细的学生管理工作中倾注自己的热情，带那些比我年少的孩子在花样年华里迎风奔跑，原以为，那就是我未来职业生涯的全部。幸得先生点化，他告知我，既然迈入了哲学的大门，既然在高校为师任教，便不要放弃在学术领域的追求，用先贤的大智大慧、深入学习，来濡养自己的人生，来灌溉更多的生命。从此，我开始一边认真工作、一边读书深造。四年本科、三年哲学系研究生的学习，让我对哲学的领悟更近一层，撰写学位论文过程中对冯友兰人生哲学观的探究，让我对人生的认识更加深刻。对开拓更广阔的职业道路、对彰显更丰富的生命光辉，我由此充满期待。先生肯定了我对自我的发现，并鼓励我继续积极深造。他亲自向中国人民大学的博士生导师马绍孟先生推荐了我。面对马老师，这位先生在母校人大就读时的大学同学，讲起我的一切如数家珍，对我需要提升的空间也直言不讳，那些场景与字句，至今历历在目。背负着先生信任的目光和真诚的期待，我来到了居于首都西三环外那片红墙灰瓦里的人文社科研究重镇，在那里，在先生的母校，在他年轻时曾经奋斗过的地方，我秉烛夜读、惜时如金，以学子的身份留在了哲学的世界里，直至我回归齐鲁故园后，从副教授到教授到博士研究生导师，这每一步，都在先生的一次次提携下迈出。我的职业生命,就这样因他找到了更广阔而深厚的确证。

二

十三年前,我为文学院的大一本科生讲授“思想道德修养”的公共课程。历史的车轮已驶入二十一世纪,这一代的大学生,思想认知多样,价值光谱深杂,尤其是人文社会科学领域的学生,知其一不知其二,知其然不知其所以然,而又最喜欢在片面认知的基础上大放厥词,以为嬉笑怒骂皆文章的大有人在。以往思想道德领域的公共课程教学方式,或久居庙堂,或陈旧乏味,已无法与他们进行对话,更遑论让他们产生共鸣。道德知识如何抵达,思想文化又如何传承,是艰难的现实任务,又是必须要攻克的历史命题。我一面加强专业研究,用权威的理论论据滋养大一新生,一面苦练演说方式,让学生在汉语言的美妙语境、美丽情境中开掘道德知识的宝藏,收获优秀思想的启蒙。几年下来,很多学生从大一公共课的课堂追随我到高年级专业课的课堂,我感受得到他们在这一领域被唤起的对知识的渴求和对学习的渴望,更看得到那些越来越明亮澄澈的眼睛里焕发出的快乐的光芒。我知道,那一个个年轻的生命,正在知识、认识、精神的滋养下,拔节抽穗地成长,而我更加知道的是,我之所以会这样做,是因为,先生为我,就是这样做的。

1982 年我从胶东掖县来到省会济南,从中学步入大学殿堂,从只知语、数、理、化到能读黄老、孔孟,正是先生给了我专业上的启蒙。文史楼内,哲学系里,我和我的同学们一起从先生不失幽默风趣又闪烁着智慧光芒的语言表达中,领略到先秦哲学思想的光辉。他让我们感受到,那些精练而艰深的字句,并不真与我们相隔两千年之远,他让那一世的明月清风,也可以对今世的年轻学子温柔拂面。他帮我们这群本是素不相识的年轻人,在星汉熠熠下,找到了交流的密码,由此结成了同窗,共享了思想,拥有了归宿——我们从先生那里收获的哲学知识、学到的命理认识、得到的精神启迪,像一把钥匙,让我们一个个孤立的个人,打开了局限自己的门,走出来,找到了同类。我们发现,我们的体验不再是孤立的,我们的追问不再是孤独的,而是共同的、集体的经历与体验,是一种可以实现分享的体验,孤立的个人因此而产生了极大的归属感。龙应台说:“人本是散落的珠子,随地乱滚,文化就是那根柔弱而又强韧的细丝,将珠子穿起来成为社会。而公民社会,因为不依赖皇权或神权来坚固它的底座,文化便成为它最重要的黏合剂。”由先生而来的那些知识、认识、精神,正是从我们民族的悠久传统中积淀下来的经典而又鲜活的文化,是从远古至今,使这片土地上零散的、疏离的、孤独的每个个体、人群找到联结,转型成精神相通、休戚与共的群体的最底部的那层灵魂土壤。

三

三十年前,我带了从教生涯中的第一批学生,而对于学生的教导,我从来没有停留在讲台之上,而是贯穿于他们的生活与成长之中。他们的饮食起居让我牵肠挂肚,我讲课前、休息时、旅途中总会在不经意间想起,他们此时此刻是在废寝忘食,还是在去往 5 号食堂的路上。他们的爱情故事也时常与我分享,我总希望可以促成有情有缘之人,让他们的青春韶华拥有更多美好的回忆。他们走出这片校园之后取得的辉煌、遇到的难题,我总想关心过问,或与之欣慰分享,或对其尽力开解。他们有与我相识的父母家人,我也像朋友一样相处,会在老人生病时询问需不需要帮助,会在新生命降临时送上我真诚的祝福。三十年里,我与一届一届的学生相遇,这样的呵护,已经变成我的一种习惯。在他们用智慧和汗水向身边高耸入云的城市索取着梦想时,没有忘记像候鸟一样在记忆深处留存带有齐鲁乡音的哨响,他们感知了身边无数人情世事的炎凉冷暖后,还是会时常回望母校所在之处的温度、风向、阴晴和月缺月圆。我知道,那是因为三十年来,我用我的关心,我的思念,我的陪伴,和他们一起度过光阴流转沧海桑田。而我更加知道的是,我之所以会这样做,是因为,先生为我,就是这样做的。

我在追梦途中的诸多心绪,先生一一与我化解,未果之时的失落,挫折之时的不懈,渺茫之时的痛苦,实现之时的喜悦,因他的爱与关怀,都化作不竭的动力和对收获的期待。他一路看着我担任学院的领导,变为慈祥的父亲,收获知识的财富,他对我对成功的进取、对幸福的追求,有着始终如一的关注、期待与祝福。我个人的许多大事,先生亲自把关,我的孩子从出生,到长大成人,始终有先生的牵挂。先生数十年来省吃俭用,访遍中国的名观名寺,他古稀之年不辞劳苦,坐长途汽车、绿皮火车,到青海的塔尔寺,到西藏的布达拉宫,每一次都不忘给我的孩子带来珍贵的纪念品,孩子小小的手掌中,载不动的是来自先生的祝福与深情,直至孩子高中毕业负笈海外,先生仍然不时电话询问,千叮万嘱。我的老人,先生也相待以友,倍加体贴,他时常将云游的见闻、养生的心得,与我的老人分享,先生也经常乘坐一个多小时的公交车,到岔路街及后来的领秀城,来看望我的老人。华夏的千山万水七彩云霞,见证了一位皓首穷经者,用他的双脚丈量真实的大地,走万里路问道求学,泉城的春时飞花冬时飘雪,陪伴了一位为人师表者,身体力行,用他的真心实意,用他的温暖和煦,对"老吾老,以及人之老,幼吾幼,以及人之幼”做出最动人的践行。

四

是的，这就是我的先生，他志存高远，为往圣殚精竭虑继绝学，为学子呕心沥血踏征程；他仙风道骨，讲台上润物于细雨清风，生活中如水般至纯至静；他慈悲为怀，尊老爱幼，在自觉中觉他，于自度中度人。儒为表，道为骨，佛为心，这正是千百年来存在于老子、孔子、佛陀描述中的那个理想世界里个体的生命状态，也正是中华文化绵延不绝的血脉精髓，而这生命理想，这文化血脉，何其幸运由这样的师者，传给了我们及我们的孩子们。

在群体层面，当五千多年的文明体，遇到伴随坚船利炮轰鸣而来的欧风美雨，一面遍体鳞伤、遍地沉疴，一面在“中学为体”还是“西学为体”中争鸣图强；当新生的共和国在十年浩劫后面对精神世界的满目疮痍，一面在信仰坍塌中迷失和焦虑，一面借着西方的日月之光照见“伤痕”，“启蒙”未来；当文化母亲敞开胸怀在它古老的身体里植入了现代的基因，一面在现代性的多元价值序列中左奔右突，一面在前现代、现代、后现代多重并置的社会里艰难转型，我们被推到横跨中西世界的庞大坐标系下，置身于数码、网络连通起的越来越小的地球村里，在这历史的长河中想辨析自己的清晰倒影时，不觉会问，我们，到底是谁？我们，是从哪里来？我们，又到底要往哪里去？

在个体层面，当我走过了而立之年的誓言铮铮，不惑之年的探寻追问，知天命之年的唏嘘万千；当我看过了论断发明的惊世骇俗，觥筹交错的假意言欢，物欲世界的乱花迷眼，消费社会的虚荣浮华；当我尝过了海誓山盟的浪漫，柴米油盐酱醋茶的平淡，儿女成长路上的烦恼与艰辛，亲人友人故去时的遗憾与哀叹，在这每一个清醒的早晨或昏冥的夜晚，不觉会问，我，到底是谁？我，继承了谁的生命？而谁，又将延续我的明天？

谢谢我的先生，谢谢他给了我这一切问题的答案。谢谢他将哲学的思考化为生活的践行，谢谢他将对生命的呵护变成生活的习惯，谢谢他让文脉犹在，谢谢他担起知识分子的使命薪火相传，更谢谢那些化成他的血、抟成他的骨的文化与精神。他和它们，令一个民族不失自己的认同与归宿，让一个生命看到它的前世与来生。

漱玉飞花彩蝶梦，
明湖映柳至圣魂。
故乡烟月如相问，
长向历山感师恩。

（本文作者系山东大学马克思主义学院教授）

三十年后再听老师上堂课

王立新

今年毕业三十年同学聚会期间，竟然有幸又听周立昇老师讲了一堂课。

周老师一如从前，人虽然已经 80 岁了，身体和精神头都已不如从前，可脑子跟从前一样清明，逻辑依然严整，条理依然清晰，没有多余的话语，更没有“这个”“那个”“啊”之类教书匠们习惯性的口头禅之类的东西。

周老师首先很有趣地跟大家开了个幽默的玩笑，说是自己一生说实话，大家不要录像外传，以免犯错误。

其实周老师也没讲什么出格的话语，他只不过是告诉大家：做哲学工作，要时刻留心最新的科技发展问题，要对最新的科技成果进行哲学的反省，让哲学本身处在不断的自我反思过程中，这样才不会使哲学的讲说，在既有的习惯性轨道上“千篇一律，万年不变”地“照本宣科”。周老师讲到了暗物质、暗能量和量子缠绕，说这些新的科技成就，足以引起我们对旧有的认识论的重新反思。

我真佩服周老师，这么大年纪还在留心各种新科技、新事物和新现象，还能保持旺盛的思想活力。

周老师希望大家不要盲从各种信条，做哲学工作，要保持独立的思想和自由的精神。

上大学时，听了周老师很多课，他给我们讲中国哲学史，尤其是先秦，无论老庄、孔孟，他都很用心。还教我们背《周易》的卦名："乾坤屯蒙需讼师，比小畜兮履泰否……"记得上学时跟周老师交流过对孟子的感想，周老师觉得我的体会力不错，有意要我留在系里工作，好跟他一起从事中国哲学史的研究和教学。但我不识抬举，还是坚持回东北林业大学工作了。

当老师时间久了，需要自己讲的课很多，时间和精力都有限，如果不是出于礼貌的考虑，很少再去听课，不管是谁的课。其实听课是一种享受，这次能够再听一堂周老师的课，说是荣幸一点都不过分。

周老师原本是个多才多艺的人，年轻时上大学，就能自己填词，自己谱曲，还能作近体诗。周老师的这套本领，同学们大都不知道。我是在湘潭大学工作时，听同事李园老师说的，她是周立昇老师在人大读书时的同班同学。

记得周老师在毕业时给我们的留言，是《尚书大传》里《卿云歌》中的几句："卿云烂兮，纠缦缦兮。日月光华，旦复旦兮！"他不是在讲说复旦大学名字的来历，而是在劝勉我们，要努力学习，好好工作，不要辜负了美好的人生时光。

三十年过去了，我没有办法再回到学生时代的心境中去，这次听周老师讲课，也完全不是出于吸纳知识的心理。我当时的心思，很大程度上是欣赏、品味，可是周老师不仅给了我清新的感觉，而且使我心里感觉异常欢愉。这种感觉促使我把椅子从圆桌旁搬出来，虔敬地端坐在周老师的正对面，目不转睛、心无旁骛地一直听完周老师的这堂课。

郑淑芹同学也把椅子从圆桌旁搬出来坐在我的左侧,其他同学虽然没有搬动椅子,可也都在认真听讲,宴会厅里没有声音,比当年上学时还安静。

感谢周老师无私无畏的奉献,感谢徐国亮同学用心良苦的安排!

(本文作者系深圳大学文学院教授)

仁者寿，智者乐

陈代波

今年乃恩师周立昇先生八十华诞，一直想写点文字，却不知如何下笔。回想二十多年来蒙先生赐教及交往的情形，发现“智者乐，仁者寿”最适于先生。

“望之俨然，即之也温，听其言也厉”

已经不记得初次见到先生的具体时间了，但是脑海中自然而然地映出一位身材高大、头发雪白、风度翩翩的学者形象。1989 年我刚刚进山大，先生作为系主任在台上具体讲了什么，已经没有印象，但是他那高大挺拔、满头银发的形象令人肃然起敬，对于我这样身材矮小的人而言只能仰视。二十七年过去了，先生的这个形象始终没有改变。后来学到魏晋玄学，看到“嵇叔夜之为人也，岩岩若孤松之独立”，“见裴叔则，如玉山上行，光映照人”，说卫玠“若明珠之在侧，朗然照人”等品评人物之语，惊呼魏晋名士真风流，先生正是这等人物。再后来学习宋明理学，那光风霁月、如沐春风、程门立雪的圣贤气象令人心向往之。宋明人所言气象，乃是圣贤之境界由内而外的显现，先生在我心中正是这种气象。

尽管在本科期间偶尔会聆听先生以系领导身份发表的讲话，但是接触机会并不多，对先生的印象大多停留在“望之俨然”的阶段，偶尔接触也会有“即之也温”的体会，但因先生并没有给我们本科生上过课，因而印象并不深刻。只记得我做本科学位论文《方东美的文化理想》时，读遍了能够搜集到的所有相关著作，因此在本科毕业论文答辩之时，答辩委员们对我的论文大多赞誉有加，待到先生作为主席发言时，却突然有些声色俱厉，吓得我冷汗直冒、瞠目结舌，先生到底说了什么倒是不记得了。虽然我的毕业论文获得了优秀成绩，但印在脑海中的却是“听其言也厉”，至今仍有惊惧之意。

亲炙先生耳提面命是在三年硕士期间，那才真正体会到何为“即之也温”。先生那时候给我们讲课，从老子、庄子到周易，都是讲原著，先生一字一句讲下来，气定神闲，语调平和，娓娓道来，真能体会到宋明人所言之如沐春风。记得先生的课是专业基础课，每次三个小时。有时候，先生吹来的春风过于和煦，我也会忍不住打个小盹，估计先生早就看在眼里，只是不说破而已，因为我们上课的中国哲学专业研究生总共也就五个人，怎么瞒得过？先生平时不抽烟，每到讲课时，手中香烟不断。因此，先生每次上课的时候，手上的香烟一支接着一支，侃侃而谈，精神极佳，三个小时下来竟然毫无倦意，有好多次甚至都超过了三个半小时。想起来那时的小会议室，先生罩在缭绕的烟雾中，真如进入仙境一般，而我们几个学生居然也像打了鸡血一样，红光满面，想来也真是有趣。只是先生上课那个认真严谨劲儿，一般的儒者也难望项背，似乎与先生偏爱的道家风范相距甚远。

在山大读研究生时，我经常跟随业师颜炳罡先生读书、研讨、谈天。颜师谈及先生对他的关爱指导，钦敬之意溢于言表。从颜师处，我也得知温文尔雅的先生其实有刚正不阿的一面，曾经为同事、部属多次仗义执言，深得同仁敬重。至于先生之爱才，则是众人皆知，刘大钧、张颖清、何中华三位名扬海内的学者，都是先生设法罗致到山大哲学系的，这已然成为传奇。仁者之爱、仁者之勇，先生俱有之。子夏曾经说过："君子有三变：望之俨然，即之也温，听其言也厉。"有人说，子夏这是在描述他心中的孔子形象，在我看来也合乎先生在我心目中的形象。业师颜炳罡先生则更近于孟子一类，二师虽然气质有异，但都是有气象的儒者——一者温润如玉，一者勇猛精进。山大哲学系有气象的老师还有好几位，但先生与颜师无疑是给我印象最深的，二师的儒者气象最显。二师于学术观点上时有激烈争论，旁人着急，我却从不担心，仁者之争何足惧也。

"随所住处恒安乐"

先生治学，以道家为主，兼及儒家，却也深得佛教智慧。先生曾经撰文曰："儒家教人提得起，开拓进取；道家教人放得下，自然潇洒；佛家教人想得开，脱离苦海。"提得起、放得下、想得开，这正是先生本人的写照：先生潜心治学半个世纪，耄耋之年仍钻研不息；担任系主任时，不拘一格求人才，想方设法为教师谋利益；耕耘杏林数十年，教学一丝不苟，对学生慈爱有加。先生的儒家气质在治学、从政和从教的生涯中显露无遗，这也是先生获得师生同人敬重的首要原因。但我在想，先生的学术成果以道家居多自不待言，但日常生活中的道家气质在哪儿呢？以我对先生的了解，先生的道家气质或许可以归纳成两个方面：一是生活作风自然朴实；二是心态宽容,随遇而安。

从我这个学生的所见所闻而言,先生在日常生活中简朴自然、不事奢华。在山大读研期间,我与先生接触的时间越来越多,到先生家中拜访的机会也逐渐多起来,亲切感渐浓,敬畏感渐消。记得第一次到先生家中时,很吃惊,以先生这样一位风度翩翩、受人敬仰的学者,家中陈设竟然那样简单陈旧。小小的客厅昏暗不明,就是开灯也不亮堂。谈话聊天都是在先生的书房中进行,书房里的家具一样陈旧,书桌上随意地放着几本书,有的书已经打开了,大概先生正在翻阅之中。先生的饮食似乎也很随便,记得有一次去见先生,亲眼看到先生买了两个胡萝卜肉包,放了一小碟醋,就是一顿午饭。我对先生说这样的饮食营养不足,先生却很满足:"有荤有素,营养全面。"记得有一年在青岛开会,先生盛了一盘扇贝,吃得也是怡然自得。郭店楚简《唐虞之道》说"舜居于草茅之中而不忧,躬为天子而不骄",此乃圣人内有天爵,不因外在环境和条件而忧喜之故。先生对于日常生活之或俭或丰,浑不在意,从儒家角度而言是内有良贵,从道家而言则是随遇而安、顺其自然。

不久前搜寻先生的论文著作,发现先生的论文在 1994 年以后快速增多,直至年近八十的 2014 年还有学术成果发表,这和大多数教师退休以后迅速退出学术圈有明显不同。突然想起,先生大约是在 1992 年,也就是在我本科四年级前卸下哲学系主任的重担,于是明白先生从事管理工作时主要精力用于为师生服务,卸任之后才得以潜心治学,这在儒家而言是在其位谋其政,在道家而言则是因其时、制其宜,自然而然。

先生常怀宽容之心,故能随遇而安。业师颜炳罡先生对周先生执弟子礼甚恭,然常就学术观点与先生面折廷争,先生不以为忤。我读研究生时,正值“如来功”流行之时,早晚都有老人集体练功。先生也跟随一群老人练功,感觉效果不错。我那时正在学太极拳,对于打坐颇感兴趣,于是与先生交流。先生送给我一本该功法的书籍,笑言其理论实在粗糙、不值一驳,但是功法还可以。我曾经跟随先生一起去参加集体练功,看到先生玉树临风地站立于一群老太太之间,正如王衍“处众人中,似珠玉在瓦石间”,旁人看来可能殊不协调,先生却始终泰然自若、面带微笑。

至于先生所说的“想得开”,或许与先生的家庭生活体验有关吧。记得读研究生时每次到先生家拜访,师母都是打一下招呼即回房间休息,不与我们学生辈搭话,有时候甚至根本就不会出来见面。后来才从颜师处得知师母生病数十年,先生一面照顾师母,一面完成行政教学工作,十分不易。旁人唏嘘不已,先生却从未置一言,始终恬淡处之,笑对人生,这大概就是先生所说的“佛家教人想得开”吧。《金刚经》云,“不应住色生心,不应住声香味触法生心,应无所住而生其心”,又云,“凡所有相,皆是虚妄”。或许在先生看来,大千世界、种种人生皆非实相,不着于境,即能自净其心、自得其乐。

与先生相识二十余年,先生始终恬淡自乐。有人说,儒家之乐是不着于物的自在之乐,道家之乐是不拘于形的自然之乐,禅宗则是不着于境的洒脱之乐,先生应是三者兼有之。

子曰:“智者乐,仁者寿。”先生常怀仁心,故寿;智达人生,故乐。先生既仁且智,既寿且乐,在先生八十华诞之际,谨以小文祝先生“随所住处恒安乐”。

(本文作者系华东政法大学马克思主义学院教授)

·书评选辑·

诗坛的老年"新秀"

吴开晋

周立昇教授是海内外著名的老庄哲学和《周易》研究的专家，可谓著作等身，桃李满天下；然而，他同时也是一位有深厚造诣的诗词作家，只是作品不轻易示人，人们对他这方面的才华就了解不多了。直到近几年，他才在自己的博客上，陆续把多年来所写的诗词提供给读者。最近，他拟把呕心沥血吟成的诗词出版，嘱我作序，乃欣然受命，一来是为他庆贺，二来也是由于作为多年挚友却对他的作品读之甚少，为弥补心中的憾事，故而伏案提笔。

细读他的诗词，有两点令人想不到：一是他的作品既充满浓郁的诗情并蕴含着深邃的哲理，同时又在意象美和意境美的创造上，展现了独特的风韵，诗味儿很浓；二是他在诗词语言的运用和格律的把握上，非常到位，语言既生动形象，对仗工整，比喻精巧，而且音韵铿锵，绝无佶屈聱牙之嫌，具有一种音韵美，可使人感受到他在古典诗词修为上的深厚功力。这并非溢美之词，实在是在阅读他的作品后的实际感受。

感情是诗的灵魂，所谓"无情不成诗"，说得是有道理的。《尚书》中说"诗言志"，《毛传序》中说，"诗者，志之所之也。在心为志，发言为诗。情动于中而形于言，言之不足故嗟叹之，嗟叹之不足故永歌之，永歌之不足，不知手之舞之足之蹈之也”。可见，“志”是包含着“情”在内的，有情乃发言为诗，言诗如还不能表达感情，就歌之舞之了。白居易说的“感人心者，莫先乎情”，以及“诗者，根情，苗言，华声，实义”，都突出了诗情的地位和作用。清人袁枚说的“且夫诗者，由情生者也。有必不可解之情，而后有必不可朽之诗”，则把情提升到了至高无上的地步。可见，这“未了情”，实在是好诗中不可或缺的最基本的元素。立昇先生的佳作，也正在于一个“情”字，而其情中，有为国为民的大悲大忧，亦有自我慨叹人生的惆怅；有领略大自然之美的欢欣，亦有与友人相会相知的喜悦。

然而，诗情的表达，又并非直来直去的呼唤和诉说，而是借助多姿多彩的意象。意象在中国古典诗学中并没有专门的论述，只是在古籍中有只言片语，后人加以引申。如《诗经》中人们所说的比、兴，或《周易·系辞上》所说的“圣人有以见天下之赜，而拟诸其形容，象其物宜，是故谓之象”，内里都蕴含着意象的本质。到了刘勰的《文心雕龙》中，才有“独照之匠，窥意象而运斤”之说。所谓意象，正是诗人之意或情，投射到客体物象上，而生发出的诗情，达到了物我情融的地步。直到西方意象派的出现，他们的理论主张和创作才把意象推行到东方。其实在中国古典诗词中，诗人们对意象的追求和创造的实践是非常繁多的，只不过未形成系统的理论而已。我们以此来阅读立昇先生的诗词，正可以看到他把不同的情愫投射到大千世界的各种物象上而创造出的意象美。如《醉花阴》词：“岁月悠悠情已暮，借问心归处。风雨洗朱颜，丝白如霜，复变孩提步。　　时机不遇流光误，苦乐同谁诉。夜静听琴声，笑对苍穹，顾影堪悲楚。”这里有对人生感叹的一己之悲，同时也包含着一个时代的知识分子的共同悲哀。朱颜改，鬓已霜，人的机体又回到孩童学步时的步履蹒跚，时光已老人亦老，诗人便悲从中来。但这又不是个人的自哀自叹，而是由“时机不遇流光误”而造成的，诗人的悲凄之情和深刻的思想感悟，便借助“风雨洗朱颜”“丝白如霜”“复变孩提步”等意象体现出来。但是，诗人并未陷于悲叹而不能自拔，而是在“夜静听琴声”时“笑对苍穹”，洒脱自嘲。词的感染力是很强的，并且耐人回味。此外，《江城子·贺嫦娥一号登月成功》，又以神话和现实的交融，表达了诗人的喜悦；《七绝二首·无题》，更以雄阔的大意象，赞颂了孙墨佛先生的书法，表达了诗人内心的崇仰之情。“笔扫长空摇日月，墨融大海洗乾坤”“乘龙跨海游天外，驾凤腾云览帝廷”等句，可谓宏伟壮阔，有气吞山河之势，诗人的内心激情，都深含在“摇日月”“洗乾坤”“游天外”“览帝廷”等撼人心魄的大意象中，给人以情感上的共鸣。《排律·登千佛山》，又对环境污染表示了深深的忧虑；《玉楼春四阕》以“元春”“喜春”“长春”“送春”，写出了诗人对春天到来百花盛开万紫千红景象的欢欣，其中意象婀娜多姿，美不胜收。《七绝四首·春日即兴》，又透出了童心未泯的恬淡心情，如其一：“蟠桃枝上露青黄，苑内花开晚最香。玉叶探头心切切，暗偷一朵袖中藏”，其三：“仲春桃李满腮诗，吻别香留夜静时。湖畔婆娑千万树，轻拈微嗅两三枝。”这两首七绝，不仅赞颂了桃李芳菲的春日风光，而且展露了诗人一颗不灭的童心，他见玉叶探头心切（这里用了拟人化），要增春色，就偷摘一朵藏于袖中，去暗享其春色，于夜阑时光婆娑飘香之际，又轻拈微嗅其味，自得其乐也。诗人的恬淡心态和富有情趣的动作，令人忍俊不禁。而诗人的这种情愫又和春暖花开、桃李芬芳的多姿多色的意象相恰和，给人一种淡雅、清爽之美，耐人咀嚼回味。类似的好诗句还有不少，不赘述。

立昇先生的诗词，不但以情贯穿其中，去驾驭气象万千的客体物象，同时他还在情感的表达中，时常渗透出让人深思的人生哲理，这就增加了诗的内在张力。而这种哲思的表达，也借助意象的组合，创造出各色各样的画境，即人们常说的意境美。立昇先生是哲学家，但他在诗词中却不宣讲自己的哲学主张，而是用形象和创造出的意境去呈现自己的哲学思考。正如法国诗人雨果所说，“谁要是提到‘诗人’这两个字，他也就必然是在谈论历史学家与哲学家”，“谁谈到诗歌，便是谈到哲学和光明”（《莎士比亚论》），作为哲学家也是诗人的立昇先生，正是二者天然的结合。然而，他的哲理思考却是蕴藏在美的画境中，而这种“境”，也正是王国维在《人间词话》中说的“有我之境”或“无我之境”。“有我之境”，是指诗的抒情主人公直接出现在所描绘的景象中；“无我之境”，则是指抒情主人公隐藏在不同形态的意境中。且举几例。如在《沁园春》中，上阕写诗人登高远眺，发出强音：“壮志凌云，攀缘直上，超脱红尘利与名。人间世，任鲲鹏独举，斥鹌穿蓬。”诗人看透了名利，一心超脱，但不是无为，而是要做遨游太空的鲲鹏，不做在蓬草间低回的鹌雀。这里就包含着对人生走向的思考，又通过鲲鹏与鹌雀的比喻将其展现出来。下阕则直抒胸臆，要“归真返璞，童颜鹤发，两袖清风”，还要“无为清静，莫羡荣华与盛名。天之道，喜功成身退，垂钓躬耕”，去做一位东篱下赏菊躬耕的隐士。这首词可说是在“有我之境”中揭示出了人生应有的追求，促人思索。这一人生思考，同样体现在《七绝·渔舟唱晚》中：“渔舟唱晚速回程，风荡浮萍顺水行。月落星稀仕途暗，收纶罢钓乐余生”，“皓首苍颜出入艰，那如归去享清闲。几重荣禄知多少，指向桑榆松竹间”。诗人以“渔舟唱晚”的境界，道出人生要明白自己应有的归宿。诗人说，在这月落星稀仕途暗淡之时，你不应再去钓取功名利禄，应收纶罢钓以乐余生，方为上策。不管你曾获得过几多富贵荣禄，到了皓首苍颜、步履蹒跚之际，还要去拼搏吗？应在大自然中享受清闲之乐才对。作者所说的“仕途”，并非单指“官运”，而是泛指一切功名利禄。诗人在渔歌阵阵，小舟顺水而行的恬淡、清幽境界中，悟到了人生的哲理。此外，诗人还在《唐多令·咏荷》的雅静的画境中，张扬了人生应有的廉洁和正气。他在赞美了细雨新曲中的荷花后，发出内心之音：“廉洁洗心魄，镜明照正身。不贪婪，深锁欲门。常住污泥而不染，多奉献，为平民。”这恰恰是对当前一些利欲缠身的人发出的有力警示。立昇先生作为哲学家和诗人，以诗词抒发心志，开示哲理，堪为人们赞许。

立昇先生的诗词，除了上述主要的艺术特征外，在语言的形象化、对仗的工整、格律的严谨上，也下了功夫，从前边所引的诗句中就可以看出。从格律上讲，作为真正的旧体诗词，是应该严格遵守古典诗词的律例和规则的；而要写新韵律诗，则可放宽一些，押韵即可。这方面，立昇先生也处理得很妥当，可谓深得其中三昧。

粗粗阅读了几遍立昇先生的诗词，有以上浅见，作为老友，对这位诗坛的老年“新秀”，表示最热忱的祝贺吧！祝愿他如杜甫称颂庾信时所说的“庾信文章老更成，凌云健笔意纵横”。盼他写出更多的诗词佳作，以飨广大读者。

（本文作者系山东大学文学院教授）

读周师《困学录》

颜炳罡

业师周先生告诉我，他的文集行将出版，知道这一消息，我既激动，又高兴。文集是先生在中国哲学领域长期耕耘的结果，凝聚着先生几十年的汗水、辛酸与心血。它的出版既实现了先生多年的一个愿望，也为中国哲学界献出了一份厚礼，故为先生高兴，更为学界高兴！

先生嘱我为文集制序，因我是学生，是晚辈，先生当为我的著作制序，现在却要我为先生的文集制序，深以为不妥。但出于对先生的爱戴，还是欣然接受了。

回首往事，感慨万千。屈指算来，亲师已近三十年矣。初见师时，师在中年，而我在青年，而今师已进入耆年，自己已是中年，日月逝矣，岁不我待！心里有不少的话要说，一时却又不知从何说起了。

记得初见师时，是在中国哲学史的课堂上，先生的课，无意经营，却宛如天成，我等大为叹服。还记得他给我们讲王国维谈做学问的三种境界，给我们介绍他对中国哲学的认识，讲到他重写中国哲学史的宏伟规划，讲到他对孔子、老子、《周易》的独特见解……

我等大受鼓舞。

1983年夏，我从山东大学哲学系毕业，留校任教。留在先生身边工作，有了更多的机会亲近先生并得以在先生的指导下展开教学与研究工作，感到特别荣幸。但在高兴的同时，也感到压力很大！周先生当时是中国哲学与东方哲学教研室主任，也是山东大学中国哲学史学科的开拓者和奠基人。在周先生的领导下，当时的中国哲学与东方哲学教研室可谓兵足将广：刘大钧老师讲周易概论，王兴业老师讲先秦哲学，张平老师讲两汉哲学，李传明老师讲魏晋隋唐哲学，周先生讲宋明理学，张季平老师讲中国近现代哲学，王守华老师、李威周老师讲日本哲学，蔡德贵老师讲阿拉伯哲学。可谓名家荟萃，于斯为盛。而且先生还借助自己的影响力，不时地邀请学界名家诸如张岱年先生、任继愈先生、石峻先生、孔繁先生、周继旨先生、刘蔚华先生等前来讲学，像刘蔚华先生的中国辩证法史一讲就是半年。教研室团结和睦，其乐融融，学术气氛活跃，至今让人难以忘怀。

自1984年至1990年，先生出任哲学系主任。先生开诚心，布公道，坚守原则，虚己纳人，为哲学系的学科建设和人才队伍的建设呕心沥血，倾尽全力。这六年是先生学术创造力最为旺盛的时期，然而先生却将它贡献给了他所热爱的哲学系建设。随着国家“以经济建设为中心”“发展就是硬道理”等战略决策的出台，哲学赖以生存与发展的外部环境也发生了巨大的变化，有些高校的哲学系陷入了举步维艰之境。然而，山东大学哲学系在周先生的主持下，却得到了长足的发展。那时中国哲学、东方哲学、伦理学、逻辑学、西方哲学、马克思主义哲学、科学技术哲学等均有老一代学者领衔，中青年人跟进，队伍整齐。那时哲学系虽然没有博士点，也不是一级学科、重点学科之类,但走出去与同行相见,提起山东大学哲学系,能“吹”的东西还真不少,颇感自豪!

周先生治学严谨,学风笃实,堪为吾辈楷模。从先生走上治哲学之路,风雨兼程,已经历了半个多世纪沧桑变化。半个多世纪以来,先生一直奋战在哲学前沿。先生的专业虽然是中国哲学尤其是先秦哲学,但先生一向认为,研究中国哲学应研究马克思主义哲学原理,更不能没有西方哲学这个参照系。先生一直关注西方哲学的研究,关注马克思主义哲学的研究,甚至一度置身于马克思主义理论的研究之中。先生主张研究问题要具体,不要大而化之,但要高屋建瓴,即眼界要宽、境界要高、胸怀要阔,亦即从大处着眼,从小处入手。长期以来,先生坚持学贵有得,学贵有见,学贵创新,不写应景文章、凑数文章,尤为厌恶为了某种功利目的而写文章。先生言不虚发,笔不苟下,惜墨如金。本文集是先生长期学术跋涉的见证,留下了先生的一串串足迹,凝聚着先生的汗水,更饱含着先生的心血!

周先生为人一如为学,为学一如为人。先生严谨、朴实、刚正不阿、疾恶如仇,仗义执言,对学生却温柔敦厚。先生常说学者应保持学者的风骨、气节,凡事要有分际,讲原则。没有学者的风骨与气节,终日坐在利益的胶漆盆中,计米数薪,会令人不齿,而投机钻营,以奔走权贵、富豪而沾沾自喜,是自甘沉沦!先生由于刚正不阿,仗义执言,吃了不少亏。有时问先生后悔吗,先生脱口而出:求仁得仁,又何怨!这是先生的性情,是先生的境界。先生常教育学生,要像顾炎武那样,博学于文,行己有耻。要有廉耻心,知道有所为,有所不为。

先生关心、体贴青年后进,奖掖、提携青年后进,可谓不遗余力。他在任系主任期间，曾想方设法网罗青年才俊，为留住人才，还要解决青年教师夫妻两地分居问题，从人事调动到工作安排，先生都煞费苦心。在学术上，先生教诲学生，倾其所有。1987年9月，全国首次现代新儒家学术研讨会在宣州召开，本来邀请先生与会，先生将通知书送给我，告诉我要写文章参加会议。我写了《试论新儒学的演变》一文，先生每日下午定时督查进度与批改文章，最后我以我的名义到大会宣读，引起与会学者的激烈论争。1989年初，国家教委为纪念“五四”运动七十周年，向全国征文，先生约我合写文章积极参与，初定论文题目为《五四与中国文化》，我只写了个大概送老师审阅，先生不意我粗，亲自捉刀重写该文。我也有了新想法，另写《五四·新儒家·现代文化建构》一文，两文送审教委专家组，结果两篇文章双双入选（那次山大只有四篇文章入选），师徒同坐火车赴京开会，十分畅快！我感到只要先生对论文加以润色，论文立即生色，先生对文章确有点石成金之妙。后来，我的《整合与重铸——当代大儒牟宗三先生思想研究》《当代新儒学引论》等书，都从先生处受益，可以说都是先生指导的结果。

亲师近三十年，我以愚钝之质，以顽冥、憨直之性，先生毫不为意，虽朽木亦雕刻之，这是先生。先生对任何一位学生都充满着爱、宽容与理解。已记不清有多少次，在公开场合顶撞师尊，与先生面折廷争，脸红耳赤，先生当时已怒不可遏，然而风雨过后，又是一道彩虹。先生心胸博大，如光风霁月，毫无芥蒂。胡适有言，宽容比自由更重要，先生之宽容，对我如是，对其他学生亦如是，正因如此，先生让学生感到更可亲、更堪尊。

五十多年来，先生教书育人、著书立说，兢兢业业、一丝不苟。

学为人师，行为世范，先生做到了；念兹在兹，坚守学术理想，先生做到了；仰不愧于天，俯不怍于人，先生做到了；一身正气，两袖清风，先生做到了；无忧无惧，坦坦荡荡，先生做到了。先生光明磊落，堂堂正正，这是学者的真功夫，也是先生的大修为。

在先生的文集行将面世之际，不才弟子不能道先生嘉言懿行于万一，不揣谫陋，略陈己见，以供读者参考。

（本文作者系山东大学儒学高等研究院教授）

评周先生《谈易录》

林忠军

周立昇先生是海内外著名学者，主要从事中国哲学史研究，于儒、道、释及百家之学，探赜索隐，微显阐幽，有多部著作问世。其早期兴趣在道家，几十年来，集中精力，潜心解读道家典籍。以老庄观老庄，独得老庄之精髓。后转入易学，幽赞而明数，玩辞而存义，以其丰厚的学术见识和深邃的哲学视野来理解和体悟易道，把易学作为其学术归宿和生命的一部分，虽然现已进入耄耋之年，仍研易不辍，乐而习《易》，以习《易》为乐，真知灼见流于笔端。然而先生易学大作多散见于海内外学术期刊和文集，吾辈后学及海内外学人无法观其全貌，今幸有山东大学出版社将先生十余年研易大作，结集成册，付梓面世，此乃学界一大盛事。先生文集共收22篇易学论文，内容涉及易学体例、易学史、易学出土文献、易学与道家文化、《周易》经传现代意义等诸方面，后学拜读之，心智开启，受益匪浅，令人赞叹。先生的易学著作，概括起来主要是以下几个方面：

一、道家易学的研究

《周易》本为卜筮之书，既非儒家之作，也非道家之作。然而

《周易》文本中有井然有序的符号系统，其最基本构成是阳爻“⚊”符号和阴爻“⚋”符号。卜筮语境下阴阳符号是筮占活动中的记号或标识，其意义通过附在这些符号之后的文辞而表现出来。它是卜筮不可缺少的、判定吉凶福祸的依据。而脱离卜筮语境的易文本阴阳符号，成为两种对待互补、具有普遍意义的符号。⚊为阳刚，⚋为阴柔。它作为后世解释对象，见仁见智，成为先秦崇刚的儒家和贵柔的道家共同遵循的文本。孔子及其后学虽然可以依据儒家的立场，对易符号做更多的解释和阐发，但绝不是脱离文本的任意解读，而是必须受到文本的制约。换言之，只有从包含儒道两家意义的易符号出发，选择儒道相关的概念、思想，才能做出创造性的理解和解释。这是《易传》之所以能够包容道家，后世道学之所以把《周易》作为自己的经典，以及儒道两家在历史发展过程中互融共存的最根本的原因。因此，汉以后，儒道两家在历史的发展过程中虽有对峙、碰撞、冲突现象发生，但二者通过易学作为桥梁互渗、互融、共存，已成为一种不可逆转的学术倾向，魏晋玄学和宋明理学的形成则是明证。周先生基于儒与道、《易》与道这种特殊的关系，以道学观两汉易学、以易学观两汉道学，提出了许多有价值的观点和思想。如提出“汉初的儒家学者如陆贾、韩婴等人，将黄老之学与儒学融合。他们的《易》说或《易传》明显地在以黄老思想说《易》”①，“孟、焦、京一系之象数易，实由道家的隐士所传”②，杨雄《太玄》会通《易》《老》，郑玄、虞翻以《老》解《易》。同时，分析了

---

① 周立昇：《两汉易学与道家思想·前言》，上海文化出版社 2001 年版，第 2 页。

② 周立昇：《两汉易学与道家思想·前言》，上海文化出版社 2001 年版，第 3 页。

《淮南子》的易道观，阐述了《韩诗外传》以黄老解释《易传》，《周易参同契》“运用汉代象数易学推阐还丹之理”①，并将两汉与易学相关的道学典籍称为“道家易”。其中许多见解与论述，发前人所未发。易学史上，《周易》因孔子的整理和解释得以在汉代位列官学，因而儒门学者多把儒家易学视为“正宗”，竭力拔高，而把道家易学视为“别传”，大加贬低。固然，儒家易学在历史上是主流易学，在易学典籍整理、易学文化传播和易学研究等方面的确做出了巨大的贡献，功不可没。但由此而否定道家或道教在易学发展中的作用，显然是门户之见。周先生从儒道两家关系入手，探讨易学与道学关系，阐述道家易学思想内涵及其在易学发展史中的作用，对于重新确立道家在易学中的地位、廓清学界长期以来的误解，推动道学深入研究有重要的学术意义。

二、象数易学研究

按照《易传》解说，卦爻符号不仅是人们用于占筮的标记和判断吉凶的依据，也是系辞的重要依据，即“观象系辞”。既然卦爻辞本于卦象，表达卦象的意义，那么理解和诠释卦爻辞，揭示系辞依据、探寻象辞之间的联系，不失为解《易》的一种合理方法。汉儒得在于此，失也在于此。具体言之，汉儒以《易传》为据，引而申之，形成了涵盖自然科学的象数易学理论和一套系统的以象数解《易》的方法，象数易学成为专门之学。然而他们的问题在于极力夸大象数符号在卦爻辞形成中的作用，主张《周易》中每一句话、每一个字

① 周立昇：《两汉易学与道家思想》，上海文化出版社 2001 年版，第 193 页。

并非圣人随意而作，皆源于象数符号，最大限度地开显《周易》文辞背后的象数，不遗余力地探求其卦爻辞与卦爻象之间的内在联系。因此，汉代象数易学理论上表现为偏于天道而涵盖自然科学的、带有浓厚的神秘色彩的天人之学，方法上则表现为把象数奉为圭臬、专以象数解《易》，其形式则多流于烦琐、支离。由于汉代象数易学具有烦琐、晦涩、神秘的特点，加上大多资料遗失，故象数易学研究始终是易学研究的难点，虽然经过清儒对汉代复杂象数的整理、解读、阐发，但仍有许多难解之谜。周先生从二十世纪九十年代开始，致力于象数易学研究，通过认真仔细地解读《春秋左传》《国语》中的易学资料，追溯象数易学源头，阐明了春秋易象的特点、运用及体例等问题，指出了春秋易象为《易传》的形成奠定了基础。又以唐代李鼎祚《周易集解》中所保留的汉代象数易学资料为依据，对汉代象数易学主要人物如孟喜、焦延寿、京房、杨雄、郑玄、荀爽、宋衷、虞翻及明代来知德等易学家复杂的象数体例和思想做了极为系统的梳理和准确的解析，并就每一位易学家做出客观的、历史的评价。更为可贵的是，周先生把象数之学置于整个哲学视域之下，透过复杂的易学体例审视易学家的哲学思想和思维方式。如对春秋易象的哲学解读，发现其相当浓厚的哲学意蕴，即“生动的直觉思维”、“深沉的理性之光”和“符、象、意的辩证发展”①，又从汉代易学家象数体例中，抽绎出汉人独特的易学天人观和思维方式，分析春秋易象哲学意义，在学界当属首次。而对汉代象数哲学意义的探索，早在二十世纪就已有之。二十世纪三十年代，在北京

---

① 周立昇：《周立昇文集 · 谈易录》，山东大学出版社 2011 年版，第62 ~ 68 页。

大学读书的牟宗三先生撰《周易的自然哲学与道德函义》一书,以怀特海哲学概念和观点解读汉代象数易学,提出汉代象数易学是一种自然哲学,旨在构建一个中国式的自然哲学体系,使当时学界耳目一新,却有全盘西化倾向。与牟宗三不同的是,周先生未简单用西方哲学概念观点比附象数易学,将汉代象数易学西化,而是运用西方的哲学思维分析出汉代独特的易学哲学,这不能不说是对前人的超越。

三、新出土文献研究

二十世纪震撼易学界的大事,就是一大批易学文献的出土。甲骨文、金文中数字卦的发现,湖南马王堆帛书《周易》经传、安徽阜阳双古堆汉简《周易》、湖北荆州王家台秦简《归藏》、上海博物馆藏战国楚竹书《周易》相继出土,还有记录卜筮内容的湖北江陵天星观战国简、湖北荆门包山战国简、河南新蔡葛陵战国简陆续公布,为易学史、易学文本、易学思想和易学筮法等问题的研究提供了全新的、宝贵的资料。二十世纪影响最大的莫过于数字卦的发现、帛书《周易》经传的公布。二十世纪七十年代末八十年代初,张政烺先生就考古出土的周初金文和甲骨文的数字符号发表论文,提出这些数字符号是数字卦,进而探讨了数字与《周易》符号、数字卦与筮法、数字卦与《连山》之间的关系,引起整个考古界和易学界的轰动,学者纷纷撰文探讨数字卦及相关的问题。对于是否有数字卦,学界虽然有不同的声音。但是新出土的战国简(如湖北江陵天星观简、湖北荆门包山简、河南新蔡葛陵简),有两组数字和筮辞,则被认为是确认数字卦存在的一个重要的证据;西安西仁村陶拍上数字排序与今本《周易》师、比、小畜、履、既济、未济一致,为确认数字是卦提供了又一重要证据。马王堆《周易》不同的卦序和文辞、从未见过的《要》《衷》《二三子问》《缪和》《昭力》五篇传文及不同于今本的《系辞》,令学界耳目一新。这些文献对于研究《周易》文字和文本的流传、重新检讨孔子易学和《易传》版本、成书等问题有重要的学术价值。周先生于八十年代中期,以高度自觉的学术敏感,结合出土文献、传世文献和民族学、民俗学,系统地探讨了数字卦及其相关的问题。在承认数字卦的前提之下,认为新石器时代晚期刻纹图案,"有可能是原始筮占的数字记录"①。由此大胆推断:伏羲时代已有原始数字筮占。进而,比较了原始的数字与商周数字异同,论述了商周数字卦与《连山》《归藏》《周易》的关系。提出"契数为卦,不仅有《连山》的踪迹,而且也有《归藏》的踪迹"②,"从历史发展的角度看,其逻辑进程应为:原始筮占→《连山》→《归藏》→《周易》"③。而对于《周易》与筮数的关系,周先生主张《周易》符号形成经历"筮数的简化过程"和"筮数符号化过程"两个阶段。同时,对于数字转化为阴阳符号,也有自己的独到见解,如他说爻画"━"是由筮数一变来的,并非由筮数九变来,对此必须从龟卜和蓍筮的生数及成数去理解。龟卜用生数一至五,蓍筮用成数六至九,一是生数始,九是成数终,终而复始,一九相通,故爻画━从筮数一来,而今本曰"用九",帛书曰"迵九"。先生

① 周立昇:《周立昇文集·谈易录》,山东大学出版社 2011 年版,第 32 页。

② 周立昇:《周立昇文集·谈易录》,山东大学出版社 2011 年版,第38 ~ 39 页。

③ 周立昇:《周立昇文集·谈易录》,山东大学出版社 2011 年版,第 39 页。

说，迥疑为通，一九相通。此说有理有故，自成一家之言。周先生不仅以考据方法印证和深化了张政烺先生的观点，更为重要的是以独特的哲学家眼光理性地分析透视从数字卦到《周易》定型的哲学意义，如他认为“筮数的符号化，使《周易》在形式和内容、结构和功能上发生了较大的变化，即它不仅具有一般筮书的共性，而且还呈现自身所独有的特性”①。进而详细地分析了卦爻画的有序、经别卦规范化(即框架结构的规范化)、要素规范化的特征。周先生特别指出，《周易》框架结构规范化具有整体性、和谐性、通变性的特点，要素功能的规范化具有表象、运数、明理、筮占的特点，从而将象、数、理、占四者一体化。又如他认为，“筮占是人类思维发展史上所表现出的一种特殊的形态”②，“从总体来看，它不是哲学，也不具备哲学的形态。但是，它却曲折地表现了人类在其幼年时代试图探寻和努力掌握客观事物因果联系的一种尝试”③。这样一些哲学的分析和阐发，反映出先生敏锐的哲学思维和丰厚的知识学养。这是当时一般学者所未及的，在学术界有一定的反响。

在帛书《周易》六十四卦公布后，周先生立足于这一学术前沿，发表《帛〈易〉六十四卦刍议》一文。周先生通过比较帛本与今本《周易》，就帛书《周易》卦序、重卦、成象、卦爻辞等问题发表了许多极有价值的见解。如他提出，阳大阴小、阳先阴后，就是帛书排列

---

① 周立昇:《周立昇文集·谈易录》，山东大学出版社 2011 年版，第 44 页。

② 周立昇:《周立昇文集·谈易录》，山东大学出版社 2011 年版，第 44 页。

③ 周立昇:《周立昇文集·谈易录》，山东大学出版社 2011 年版，第44～45 页。

卦序所依据的原则。由帛书六十四卦可知,“原来八经卦作为上卦,按阳先阴后的原则排列”,“而下卦则以对立统一的原则”,“依次和八上卦组合,从而得出六十四卦来”。[①]“今本的卦序是经后人重新编排的”[②],而“帛书六十四卦的成象是自上而下,并非自下而上”[③]。并以大量事实为据,提出“帛《易》六十四卦无卦名”[④],“帛书爻辞优于今本”[⑤]。周先生指出,“帛书在抄写过程中也有错抄、漏抄和抄重之处”的现象,“尽管帛书有许多小疵,但是瑕不掩瑜。我们用帛书可以校勘通行本的许多纰缪,并可纠正后世周易家某些望文生训的错误,帛书的这一价值是非常珍贵的”。[⑥] 这些见解,在当时可谓真知灼见,发人深省,对于进一步深入研究帛书《周易》六十四卦有重要的学术意义。

周先生是鄙人最敬重的大学老师之一。先生为我们讲授中国哲学史,当年授课时给我们的最深印象是严谨的治学态度、高度的责任心和渊博的知识,同学们由此而对先生产生崇敬的心情,说来虽已过去将近三十年,但至今仍记忆犹新,历历在目。今有先生大

---

① 周立昇:《周立昇文集 · 谈易录》,山东大学出版社 2011 年版,第 74 页。

② 周立昇:《周立昇文集 · 谈易录》,山东大学出版社 2011 年版,第 76 页。

③ 周立昇:《周立昇文集 · 谈易录》,山东大学出版社 2011 年版,第 77 页。

④ 周立昇:《周立昇文集 · 谈易录》,山东大学出版社 2011 年版,第 79 页。

⑤ 周立昇:《周立昇文集 · 谈易录》,山东大学出版社 2011 年版,第 79 页。

⑥ 周立昇:《周立昇文集 · 谈易录》,山东大学出版社 2011 年版,第 84 页。

作付梓出版,蒙先生之厚爱,嘱托后学作序,后学深感才疏学浅,诚惶诚恐,岂敢造次!一再辞让,然先生如此谦和而执着,恭敬不如从命。故以拜读先生大作之感想,概说先生易学研究之成就,以上所言妥当与否,还请同道及学界朋友指正。

(本文作者系山东大学易学与中国古代哲学研究中心教授)

恩师周先生《谈道录》平议

赵卫东

周先生是我的授业恩师，其严谨的治学态度与淡泊的生活理念对我产生了极大的影响。周先生学识渊博，兴趣广泛，在中国哲学的诸多领域都取得了丰硕的成果。儒学方面，有《现代新儒家学案·牟宗三学案》与《儒家文化与当代社会》（以上两书与颜炳罡教授合作）；道家方面，有《老子的智慧》与《稷下七子捃逸》；道教方面，主编有“全真道文化丛书”（包括《王重阳集》《马钰集》《丘处机集》《谭处端·刘处玄·王处一·郝大通·孙不二集》四册，130 多万字）；《周易》方面，著有《两汉易学与道家思想》，点校有明来知德的《易经集注》、清张尔岐的《周易说略》、清郝懿行的《易说》；中国哲学史方面，主编有《春秋哲学》《中华魂丛书·哲理卷》《齐鲁文化通论》等。除以上著作外，周先生还在各种期刊发表学术论文百余篇。

2006 年，我跟几位朋友一起创办了弘道网站，其中有一个栏目叫“学者文存”，征得周先生的同意，我在“学者文存”中为周先生建立了一个网络文集，把周先生散见于各种期刊的学术论文都收集了起来。没过多久，受山东大学“硕果基金”的资助，周先生在朋友的建议下打算出版个人文集，并委托我来做这件事，于是就有了《谈道录》《谈易录》《困学录》这三部书。书稿编好以后，周先生让我为《谈道录》写个序言，我感到惶恐不安，自古以来都是老师为学生写序，没有听说过学生为老师写序的，所以我极力推辞。但周先生说，他这样做有他的理由，因为学生对自己老师的学问、人品等各方面比较熟悉，与其让不熟悉情况的人来写序，倒不如让学生写序更能反映老师的真实情况。既然周先生这么说，我也不好再推辞，就承担下了这个任务。但不敢言序，只能谈谈我学习《谈道录》的心得与体会。

《谈道录》①收录了周先生从二十世纪八十年代初至现在三十多年间所发表的24篇有关道家、道教方面的文章，其中绝大部分文章曾经在各种学术期刊或会议论文集中发表过。从总体上看，这24篇文章可以分为两个部分，前12篇是有关道家方面的文章，后12篇则是有关道教方面的。道家方面的文章又可以按照研究对象分为综论（1篇）、老庄（6篇）、稷下（3篇）和易道关系（2篇）等四类，每一类都不乏真知灼见，读后令人获益匪浅。比如，周先生在《道家思想与传统文化》一文中指出，在中国传统中，道家绝不是可有可无的儒学附庸，“而是作为一种深沉的形上之根、一种方法论，规范着中国传统文化的结构与功能，制约着中国传统文化的发展和变化”②，“在某种意义上可以说，道家思想是救治儒家思想弊端的一剂良药”③。虽然周先生这篇

① 周立昇：《周立昇文集·谈道录》，山东大学出版社2011年版。

② 周立昇：《周立昇文集·谈道录》，山东大学出版社2011年版，第1页。

③ 周立昇：《周立昇文集·谈道录》，山东大学出版社2011年版，第5页。

文章发表于十多年以前,但以上看法在今天读来仍然令人耳目一新。

自二十世纪八十年代初至九十年代末,周先生主要致力于先秦道家的研究,尤其是对于老庄哲学浸润多年,颇有心得。《谈道录》中所收六篇有关老庄哲学的文章皆为这一时期所作,分别对老子的道体观、认识论、名实论、价值观等方面做了精彩的论述,提出了许多发人深省的观点。比如,在《论老子的道》中,周先生对老子道的宇宙本体、形上境界以及政治道术三种形态做了详细分析,他认为:“道论是老子哲学的总根。他是从道论出发进而推展到宇宙论,又从宇宙论推展到人生论和政治论的。”①在此基础上,又指出:“老子的道在创生世界万物的同时,也就禀赋了自身的内在规定性,即道是‘无’与‘有’的统一,是‘虚’与‘实’的统一,是‘可’与‘常’的统一,是‘动’与‘静’的统一,是‘体’与‘用’的统一,并以之总掌着天地万物,范导着宇宙一切。”②对于老子道的意义,学界历来众说纷纭,争议颇大,但大多为一曲之论。周先生的以上概括,不仅抓住了老子道论的精髓,而且几乎可以说囊括和包含了以往的所有论说,真可谓言简意赅、鞭辟入里。

研究老庄哲学的同时,周先生自八十年代初便开始关注和从事稷下学的研究,《谈道录》中收录了三篇这方面的文章,其中《〈管子〉中的精气论及其历史贡献》与《评〈管子〉书中“静因之道”的认

① 周立昇:《周立昇文集 · 谈道录》,山东大学出版社 2011 年版,第 13 页。

② 周立昇:《周立昇文集 · 谈道录》,山东大学出版社 2011 年版,第 13 页。

识论》两篇文章是周先生与王德敏先生合作的，主要由周先生执笔。这两篇文章分别对《管子》中的精气论和认识论思想做了探讨，因文章发表于二十世纪八十年代初，所以难免有一些时代的痕迹，但这一点并没有影响到它们的价值，今天学术界对以上两个问题的研究，仍然没有超出当时两位先生所下的结论。周先生与王先生合作的文章还有几篇，但因为它们主要是由王先生执笔完成的，所以就没有收入《谈道录》。周先生与王先生在八十年代连续合作发表了五篇有关稷下学的文章，初衷是想合作出版一本有关稷下学的著作，但后来因王先生突然生病，这个计划未能实现，令人颇感遗憾。

二十世纪九十年代初，周先生的学术重心开始转移到易学研究上，尤其对汉代象数易学以及易道关系用力颇多，取得了丰硕的成果，《谈道录》中所收录的《〈易〉、〈老〉相通论》和《〈太玄〉对〈易〉、〈老〉的会通与重构》两篇文章，便是周先生研究易道关系的经典之作。自从陈鼓应先生提出"道家主干说"以来，学界对于《易传》的学派归属展开了大讨论，周先生也参与了这场讨论。但从周先生的文章可以看出，他并没有因为是陈鼓应先生的好友就无原则地支持他的观点，而是本着客观的态度，对易道关系展开了深入的探讨，提出了自己独到的见解。周先生认为，《易传》与《老子》之间并不存在归属关系，而是一种相通关系。他指出："所谓相通，并非概念的简单比附，亦非学派的接续传承，而是就人类思维的逻辑进程及其思想义蕴的展现说的。从这一角度，我们将《易传》和《老子》作一比较，不难发现二者是有着内在的契合点的。当然，《易传》也吸纳了儒家、阴阳家、黄老家的思想，但是从《易传》的思维架构及其展现来看，《易》、《老》相通显然更为突出和显著。”①

自二十世纪初开始，周先生的学术兴趣又开始转向道教，十年中发表了一系列的文章，《谈道录》所收十二篇与道教相关的文章，便是从众多文章中精选出来的。研究道教的学者都知道，丹道与易学关系密切，第一部丹道经典《周易参同契》便是借易学而撰成。但历来对于这部号称“万古丹经王”的重要道教经典研究得却很不够，原因就在于它晦涩难懂。然而，周先生在这方面得天独厚，他既对易学有精深的研究，又深谙丹道，这使他在道教易学的研究方面颇有成就。《谈道录》所收《〈周易参同契〉的丹道思想》《〈周易参同契〉的月体纳甲学》两篇文章，以及后面的《郝大通的易图金丹学》一文，便属于其道教易学研究的代表作品。

周先生具有极强的学术敏感度，能够敏感地觉察和很快地把握学术界的发展动向，以上介绍已经可以说明这个问题，而他对全真道研究的关注，亦是其学术敏感度的重要体现。早在二十世纪末，周先生就已经觉察到道教研究，尤其是全真道的研究，将来一定会成为学术研究的热点，并积极鼓励我从事这方面的研究，这对于我的学术兴趣由儒学转向全真道产生了重要影响。周先生在鼓励我的同时，自己也写了一系列的文章。九十年代末，周先生已经退休，但他不像有些学者那样，退休后就慢慢退出了学术圈子，而是老当益壮，志在千里，退休对于周先生来说，既标志着他过去的学术研究告一段落，又标志着其新的学术生命的开始，这个新的学

① 周立昇:《周立昇文集·谈道录》，山东大学出版社 2011 年版，第 91 页。

术生命即他对全真道的研究。《谈道录》所收的这十二篇道教方面的文章，其中有六篇是专门研究全真道的，尤其集中于早期全真道。这六篇文章的内容涉及全真道的历史、内丹、伦理以及现代价值等多个方面，对于人们了解早期全真道的创立、教义与思想具有重要学术价值。

周先生的学问博大精深，尤其是其对于道家与易学的研究，更是成就显著。作为学生，不敢对老师的学问妄加评论，上面只是简略地谈一下自己读《谈道录》的心得体会，不当之处，敬请大家指正。

（本文作者系山东师范大学齐鲁文化研究院教授）

简论周立昇先生的《易》学研究

李才朝

《周易》研究，自“五四”运动后逐渐走上了多元化的道路。受西方学说和新出土文献的冲击，经学的研究淡出主流地位。中华人民共和国成立后，《易》学考古陆续有几次石破天惊的发现；二十世纪七十年代末，长期困扰学者的“奇字”问题也因张政烺先生的释读而打开了局面，由此在海内外引发了《周易》研究的热潮。山东大学素来是研究《周易》的重镇，学者辈出，成果丰硕，周先生即其中的一位大家。周先生自二十世纪八十年代初开始研究《周易》，“幽赞而明数，玩辞而存义，以其丰厚的学术见识和深邃而宽广的哲学视野来理解和体悟易道，把易学作为其学术归宿和生命的一部分，虽然现已进入耄耋之年，仍研易不辍，乐而习《易》，以习《易》为乐，真知灼见流于笔端”①。周先生的研究成果业已结集出版，奥理邃旨，发蒙解惑，启悟学人，良不在浅。在此不揣谫陋，拟对周先生的《易》学研究略做评述，不当之处尚

---

① 林忠军：《周立昇文集·谈易录·序》，见《周立昇文集·谈易录》，山东大学出版社2011年版，第1页。

祈周先生及贤哲们批评指正。

一

《周易》研究中，《经》《传》关系的体认，往往牵涉到几个重要的基本问题：它们的性质、时代、作者与思想。这几个方面总是被用来互证彼此的异同，因此无论结论上趋同或相异，研究者一般是《经》《传》并举，相衬相映，并通过不同的认识角度去建构自己的学说。顾颉刚先生曾通过考辨“王亥丧牛羊于有易的故事”以说明，“《卦爻辞》与《易传》完全是两件东西：它们的时代不同，所以它们的思想和故事也都不同；与其貌合神离地拉拢在一块，还不如让它们分了家的好”①。在这里，顾氏意在撇清《经》《传》不同的历史观念，复以几则制作故事的考辨，论证由《经》到《传》是如何建立起所谓的“道统”来的。通过比较，发现这是一个历时发展的过程，故应以史学的角度去审核《经》《传》中的故事材料，这是从历史的眼光得出的必然的认知结果。又高亨先生曾提出“以经观经”“以传观传”的理念，或许不免有割裂作意的误会，但高先生说得很清楚：“解经则从筮书的角度，考定经文的原意，不拘牵于传的说释，不迷惑于传为经所涂的粉墨脸谱，这样才能窥见经的真相。解传则从哲学书的角度，寻求传文的本旨，探索传对经的理解，并看它哪一点与经意相合，哪一点与经意不合，

① 顾颉刚编著：《古史辨》第3册，上海古籍出版社1982年版，第9页。

哪一点是经意所有，哪一点是经意所无，这样才能明确传的义蕴。”①高先生从训诂的角度，推《经》之原意，阐《传》之本旨，正本清源，还二者自然面目，其实隐含着历史发展的观点。而周先生则以哲学视阈，考察《经》《传》的认知思维水平与哲学思维方式的特点，指出，“《易传》和《易经》是不同的，《易经》是部占筮书，《易传》则是部哲学书。但是二者又是相即不离的，也就是说，既不能把它们完全割裂开来，也不能把它们完全等同起来。《易经》是借《易传》的阐释才能发挥作用和扩大影响的；《易传》是借阐扬《易经》的符号系统和文字系统才建立起自身的哲学思想体系的”②。周先生对经、传关系的表述，可谓确切简明。对于《易经》，周先生认为，“它不是哲学，也不具备哲学的形态。但是，它却曲折地表现了人类在其幼年时代试图探寻和努力掌握客观事物因果联系的一种尝试。筮数和卦爻画的变化同人事的吉凶休咎，本来是风马牛不相及的，然而古人却硬性地将二者捏在一起，并十分虔诚地去对待它。这样便把带有朴素的唯物因素和辩证成分的数变系统，蒙上了一层宗教巫术的迷雾”③。而《易传》则“冲决宗

① 高亨：《周易大传今注 · 自序》，见《高亨著作集林》（第 2 卷），清华大学出版社 2004 年版，第 4 页。

② 周立昇：《周立昇文集 · 谈易录》，《周立昇文集》，山东大学出版社 2011 年版，第 8 页。

③ 周立昇：《周立昇文集 · 谈易录》，《周立昇文集》，山东大学出版社 2011 年版，第 9 页。

教巫术的束缚,步入理性的王国,向哲学迈进"①。周先生既已为《周易》在形上层面的复原开辟了新的途径,则深化了《经》《传》"相即不离"的观念,而《经》《传》"相即不离"所体现的则是正确的历史发展观。

传统的《易》学研究流派有"两派六宗"之说,两派即象数派与义理派。两派固已攻驳对峙,对于象数与义理,当然也是"自来学者,见多偏至"②。究其因由,历史上"王弼扫象"给人以极深印象的同时,也给人以极大的刺激,故而其影响至深且远,直至四库馆臣仍在惋惜留恋并诘责不休:"是《注》廓除象数,使《易》不杂于谶纬者,实弼之功。全废象数,使《易》遂入于老、庄

---

① 详参《周立昇文集 · 谈易录》,山东大学出版社 2011 年版,第 10 ~ 12 页。"《易传》的作者将阴阳观念和数的奇偶结合起来,然后用它来解释《周易》的框架结构,进而推衍出宇宙的演化过程,使《周易》成为宇宙代数学,以此探究宇宙万物的本原及其运动发展的规律",又"以八卦的基本卦象为杠杆,提出了一个对世界总的看法。八卦所代表的基本卦象天、地、雷、风、水、火、山、泽,这时已经确定下来,对八种自然物及其属性之间的关系(即两两相对、交互作用),已有一定的认识,并且旁及社会和人事的所有现象。尤其应当指出的是,《易传》的作者特别突出主体的地位,人不仅是自然的一部分,而且是自然的主宰者"。而"《易传》对筮法的解释采取分析说理的方法,它用逻辑论证来建立卦象之间的联结,'以体天地之撰','以类万物之情'(《系辞》),而最终诉诸人们的理性思维"。"但《易传》并不排斥直觉思维,恰恰相反,它对直觉思维的作用特别重视,处处显示出直觉思维的力量","由于直觉思维不采用分析说理的方法,不用逻辑论证来建立卦象之间的联结,单凭'敏感'和'灵机'因素,因此使它带有浓厚的神秘色彩"。"正是直觉思维的这种缺失,使《易传》的作者将《周易》的框架结构看作是先验的体系,把它的形式系统作为宇宙的演化模式,而把一个精神上的具体再现的过程,误认为就是现实的具体产生的过程,这就从根本上颠倒了世界的面貌。"

② 金景芳:《学易四种》,吉林文史出版社 1987 年版,第 64 页。

者，亦弼之过。”①而周先生通观王氏《易注》后说：“王氏并未彻底扫落象数，如果真的扫落了象数，那么《周易》也就不成其为《周易》了。王弼说：‘夫易者，象也。象之所生，生于易也……’”②王弼的话显然表明他并未完全丢弃象数，“扫落”“廓除”等词也明显是门户之见在作祟。③ 那么，历史上各家各派言《易》的真实情况是怎样的呢？所谓的“象数派”与“义理派”果真是冰炭不容的吗？周先生梳理自先秦至近现代的《易》学发展史，并详探一些重要《易》学家的学说，得出如下结论：“在各派易学中，象数与义理是不可分的……易学上所形成的象数派，其根本特点不在于排斥义理，而是将象数置于首位，使义理屈从于象数，象数决定一切，为易之根据，视象数为积极的、能动的本原。义理派的根本特点，也不在于扫落象数，其与象数派的分野在于将义理置于首位，视象数为透显义理的工具，认为运用象数把握了义理，象数也就失去其自身的价值，用王弼的话说，叫做‘得意而忘象’。”④此论深具根底，公正而透辟，可以一扫习见。而关于象数与义理的关系，周先生又从哲学的高度予以审视，说：“象数有形可见，是为形而下者；义理隐藏于象数之中，视之不见，摸之不得，是为形而上者。但是，形而下的象数必须依赖形而上的义理方能显示其价值，形而上

① 〔魏〕王弼：《周易注》，《景印文渊阁四库全书》，台湾商务印书馆1983年版，第203页。

② 周立昇：《周立昇文集·谈易录》，山东大学出版社2011年版，第234页。

③ 王弼的这句话概括地说则是“义在象先”，将主观的“义”作为“象”的本原，这是唯心主义的先验认识论，并不符合人类认知思维的逻辑规律。

④ 此处有删节，详参周立昇《谈易录》，山东大学出版社2011年版，第234页。

的义理亦必须借助形而下的象数才能表现出来。我们应消解象数与义理的对立,实现二者的有机统一。”①正是基于这样明晰的认识,周先生对出土简帛、先秦《易》学、两汉《易》学等的研究,才处处体现出逻辑性与缜密性、系统性与连续性、创造性与批判性的统一。

二

源头文献的严重缺失,给完整地复原《周易》的生成进化造成了极大的障蔽。我们所凭据的《周易》前史的资料,从北宋末年发现伊始,即被冠以“奇字”的名号。而且,这些资料迄今为止也算不上丰富,更称不上系统。因此,八百年以来,对这些刻画在器物、骨甲上的特殊符号,学者难得正解。直至1978年,张政烺先生首次指出“铜器铭文中三个数字的是单卦(八卦),周原卜甲六个数字是重卦(六十四卦)”②,并陆续撰文对相关问题做出讨论。这一创见,无疑像一根绳索将学者带出千古迷潭,又像一把钥匙打开了久已尘封的《周易》前史的大门。学者们备受启发,又加以此后新的资料渐有出土,《周易》前史的研究遂趋热闹。但是这些颇有针对性的研究,关注点也相对集中,重在面目的描绘与拟测,而忽略内在逻辑发展的探讨,因此我们很难对《周易》渐变成熟的历史进程有一个完整系统的印象。周先生开始研究《周易》正处在这一新论大放异彩的时期,而且他的兴趣也慢慢转移到《易》学史的领域。他对原始筮占→商末周初数字卦→春秋意象→《易传》所做的系列研究,将《周易》的发生发展史,用人类认知思维的发展规律

① 周立昇:《周立昇文集 · 谈易录》,山东大学出版社2011年版,第16页。

② 张政烺著,李零等整理《张政烺论易丛稿》,中华书局2011年版,第7页。

完全地揭示出来,这不可谓不是大功一件。而贯穿其中的学史理路,使这些研究自成脉络,且显出厚重的历史感。

“现存的《周易》并非原型即如此,是经过层层积淀和长期筛选逐步形成的,从它的萌芽(原始社会中、后期)到具备完整的形态而定型(春秋末期),大约走过了三千年曲折而复杂的路程。”①人类的早期制作,无论是物质生产的还是精神生产的,都是艰难的缔造,而且始终伴随并印证着人类认识能力与思维能力的发展进程。所以,《周易》的生成进化史,实际上也代表着人类认知思维能力的发展史。纳数入筮是易卦起源的首要步骤,在此之前的基础是新石器时代晚期即已出现的占卜活动与数字的产生与利用。原始的占卜或许有很多种方式,但是只有将数字应用于占卜记录的才是后来易占或易卦的原型。“似乎古人已经初步猜测到,数的变化表现了事物的变化,于是推测出,如果掌握了数的变化,即可反推出事物可能出现的各种变化,这大概是古人纳数入筮、以数为占的根据所在”②,所以对于20世纪70年代末淞泽文化青墩遗址出土的器物上的刻文图案,周先生认为“有可能是原始筮占的数字记录”,并由此推断“伏羲时代人们已有原始筮占,而且是通过对具体数的简单排列组合来进行的”。③数被纳入筮占,它的功能是“借数以表象”④。此处的“象”还只是具

① 周立昇:《周立昇文集·谈易录》,山东大学出版社2011年版,第29页。

② 周立昇:《周立昇文集·谈易录》,山东大学出版社2011年版,第33页。

③ 周立昇:《周立昇文集·谈易录》,山东大学出版社2011年版,第32页。

④ 周立昇:《周立昇文集·谈易录》,山东大学出版社2011年版,第33页。

体的物象,周先生从文字学的角度分析它只是对物象的模拟,并指出"数虽依象立,但数本身不是象,由三个数字或六个数字组合而成的图文,即通称的'数字卦',也不构成爻象或卦象"①。

商末周初的数字卦是原始数卜法的延续和发展,它所用的筮数与对数的观念,"在易学发展史上是一次飞跃,它不仅使数字卦向简易的方向迈进了一步,而且也为卦变说奠定了理论基础"②,这其中的关键即对生数和成数的认识,而生数与成数的意义是事物发展的终始,它代表事物的运动变化,这正是"易"的题中之义。由数字组成的契数卦,其结构是单一的,这意味着它的信息容量是有限的。因此,它必须进一步经由意识形态转换为更为抽象也更为"有意味的形式"③,即符号化的卦爻画。张政烺先生曾提到筮数的简化与符号化的问题,做了简单的说明。④ 周先生则用生数和成数的观念,继续解释筮数固定在"六、七、八、九"与爻画由一、六演变而来的过程。⑤

---

① 周立昇:《周立昇文集 · 谈易录》,山东大学出版社 2011 年版,第 34 页。

② 周立昇:《周立昇文集 · 谈易录》,山东大学出版社 2011 年版,第 36 页。

③ 参见李泽厚《美的历程》,文物出版社 1981 年版,第 15 页。

④ 参看张政烺著,李零等整理《张政烺论易丛稿》,中华书局 2012 年版,第 12、33 页。

⑤ 参看《周立昇文集 · 谈易录》第 42 ~ 43 页:"阜阳竹简《周易》其爻画比较原始,仍然保留了古数∧(六)的形象;而帛书《周易》则已将古数∧(六)加以断裂,其形作'八',只因断裂得不够彻底,上边仍留有轻微的痕迹;通行本《周易》则将'∧'画作'--',二者之间的外在联系已荡然无存。""对'用九'的理解比较复杂些,爻画'—'是由筮数一变来的,并非由筮数九变来的,为何不说'用一',而要标以'用九'? ……古人龟卜用生数,筮占用成数。一是生数,又是数之始,故筮占不用一而用九。九是成数,又是数之终,终则复始,因此一与九相通。由于画'—'是从筮数一变来的,故而特标'用九'以示人。帛书作'迵九',即'一'通'九'也。"

“从数字卦图变化为《周易》卦画，二者在结构上便发生了根本的转换，这在筮占发展史上是又一次飞跃。由于结构的转换，使易由过去那种封闭的筮占系统，变成了可以融纳各种信息的开放系统。”①筮数符号化以后，“—”（奇）和“--”（偶）的三次、六次全排列，便形成为八卦（经卦）与六十四卦（别卦），“而且经卦与经卦、别卦与别卦以及经卦与别卦之间，有着内在的联系，形成了一个严整的体系”②。至此，《周易》的框架结构再系以筮辞就完成了基本的定型，同时“筮数经过符号化，便开始向新的征途迈进，形成为春秋时代的符号象征——易象说”③。

易象的产生有其实际的需要与可能性④，《左传》《国语》记录春秋时人进行占筮活动的筮例22条，它们有共同的特点，“即都以易象释筮辞，并以卦象断吉凶。这说明，易象在春秋时代已被人们普遍接受，且广为流传和使用”⑤。在具体的操作中，人们对卦画的

① 周立昇：《周立昇文集·谈易录》，山东大学出版社2011年版，第41页。

② 周立昇：《周立昇文集·谈易录》，山东大学出版社2011年版，第44页。

③ 周立昇：《周立昇文集·谈易录》，山东大学出版社2011年版，第48页。

④ 参看《谈易录》第49～50页：“拿卜法来说，人们已不满足于重复过去那种简单的凭借龟甲裂纹的形状以决断吉凶的做法，而发展为用象征性的意义来解释龟兆。”“当筮数逐渐为爻画‘—’、‘--’所代替组成卦画的时候，卦画与龟兆在形态上便具有了一致性，即都是由线条组合而成的某种图形。二者外观的相似，十分自然地使人们将龟兆的象征性意义移用到卦画中来，从而使卦画也具有象征的意义，这便产生了易‘象’。”

⑤ 周立昇：《周立昇文集·谈易录》，山东大学出版社2011年版，第51页。

结构和关系加以巧妙地运用,“形成了不同类型的卦画结构,成为不同事物的象征”①,出现了“卦象说”。进而人们“在用三爻结构的卦象解释六爻结构的象征意义时,便出现了卦德说”②。《周易》是讲“变”的,太史公说“易以道化”“故长于变”③。这固然是后起的精义认识,但实际上《左传》《国语》所载筮例中所谓的“之某卦”已经在具体地实现“变”的观念。虽然它是从揲蓍而变,与《易传》的卦自为变有所区别,但是之间的联系确是必然的。卦象与卦德、变卦与互体,本质上都是象征以取义,只不过后者通过卦画结构性的变化确定了“本末、主从、常变的关系”,从而使得卦画系统更加开放、象征意义更加丰富,为现实地判断吉凶多提供一层根据而已。而前者在《易》学发展史上的意义,如周先生所说,“《周易》从卜筮之林升入哲学的殿堂,春秋时期的易象说是其中介环节”④。之后《易传》的哲学面貌,已是学者所共睹,所以在此略而不谈。

以上便是《周易》从原始筮占到《易传》的生成发展简史,着重梳理的是它的体制的生成进化,因为这是我们接触《周易》最直观的需求。前面说过,《周易》的生成进化史,实际上也代表着人类认知思维能力的发展史,人类的认知水平决定了制作历程中的思想观念。《周易》由卜筮进升到哲学,每一步都体现出认知思维与思

---

① 周立昇:《周立昇文集 · 谈易录》,山东大学出版社 2011 年版,第 53 页。

② 周立昇:《周立昇文集 · 谈易录》,山东大学出版社 2011 年版,第 54 页。

③ 〔汉〕司马迁:《太史公自序》,《史记》,中华书局 1982 年版,第 3297 页。

④ 周立昇:《周立昇文集 · 谈易录》,山东大学出版社 2011 年版,第 62 页。

想观念的变化，这恰是周先生研究《周易》发生发展史的脉络与特色所在。数字的产生与利用以及纳数入筮，其思维与观念在前文已有提及，所以我们从筮数的符号化与《周易》爻画的产生谈起。

筮数的符号化与爻画的产生表明人类的抽象思维能力确实有了一个巨大的提升，但是通过这个过程我们可以知道，由数一、六演化而来的“⚊”和“⚋”最初只是对物象的模拟抽象，它仍然是以数的变化来反映事物的变化而用以预测吉凶，尽管它表现了一些朴素的辩证观点，然而却并未上升到以理性的高度去把握世界和理解人生，因此“从总体来看，它不是哲学，也不具备哲学的形态。但是，它却曲折地表现了人类在其幼年时代试图探寻和努力掌握客观事物因果联系的一种尝试”①。所以周先生纠正的一个传统的认识，就是“认定《周易》本身从其源头就蕴涵有阴阳思想”②。另一方面可知，筮数最初也不具象征意义，因此由“⚊”和“⚋”组合成的卦画起初也不具象征意义，卦画的象征意义移自龟兆的象征意义。③ 所以周先生纠正的另一个观念，就是认为“八卦的象征意义是原来就有的”。综观物→象→数→卦爻画的《易》学公式，从人类

---

① 周立昇:《周立昇文集·谈易录》，山东大学出版社 2011 年版，第44～45 页。

② 参看《周立昇文集·谈易录》第 40 页:“把阴阳学说概括为《周易》思想的核心，这不能说错。但是，必须指出‘⚊’和‘⚋’代表具有阴阳属性的爻象，是在《周易》的框架结构基本定型后，才由《易传》的作者们援阴阳学入易，从而建立起了一个以阴阳学说为内容、以《周易》的框架结构为形式、融宗教迷信和哲学思辨于一体的思想体系。这一蕴涵有深邃的哲学内容的思想体系，在《周易》的原初阶段是不存在的。”

③ 周立昇:《周立昇文集·谈易录》，山东大学出版社 2011 年版，第 69 页。

认识史的角度说,是一个由具体到抽象的过程。八经卦与六十四别卦的衍生从属于这一过程。传统的观念认为,太极生两仪,两仪生四象,四象生八卦,八卦自重或两两重合为六十四卦。周先生则说:"太极作为一,是极为简单的。没有一定的哲学素养和相当的抽象思维能力,要实现这种思维的抽象是根本不可能的。因此,我们对颠倒了人类认识秩序的易学'公理',应当重新颠倒过来予以复原,那就是:六十四卦→八卦→四象→两仪→太极。这才是人类认识所遵循的由具体到抽象的逻辑进程。"研究者普遍认为,是由八卦衍生六十四卦。其实如果回溯筮数简化过程的话,我们会发现,七、八、九、六四个数字的固定,在筮法演变上是至关重要的一步。从理论上讲,这四个数字的全排列,可以形成4096卦,这自然是难以掌握的。后来人们认识到九、六可以作为变的代数,于是七归九、八归六,只用九、六,而九、六两个数字的全排列得出的正是六十四卦而不是八卦。这与周先生的推论似乎是可以互相印证的。

筮数符号化,《周易》定型,其卦画结构与功能得以规范化,这反映了人们思维水平的不断提高和理性的逐渐觉醒。当卦画移载了龟兆的象征意义,便产生了易象。易象说的早期阶段,人们多以物象释占,说明当时人的抽象思维水平还不够高,《周易》还没完全地步入哲学的殿堂。再进一步,人们用卦德说释占,同样它也受到了种种限制。但是《周易》没有止步,依然在进步观念的带引下向前推进。"①一些有识之士开始怀疑卜筮所谓的灵验,认为吉凶与否

① 参看《周立昇文集·谈易录》第64~65页:"易学的发展,在春秋时期存在两条不同的走向。一条是维护筮占的功能,使之继续起着宗教巫术的作用;一条是冲决宗教巫术的束缚,步入理性的王国,向哲学迈进。"

取决于人；子惠伯服提出“《易》不可以占险”的思想，不再把《周易》单纯看作预卜吉凶的工具，而是把它作为政治教科书和伦理书来对待；进而有人把《周易》用来作为分析事物或论证人事的理论依据。这些“对《周易》的功能和价值在观念上的这种根本变化，是推动它摆脱神学向哲学迈进的一个必要的前提”①。但是对易象的思想系统性也不能刻意拔高，完整的哲学思想体系只有到《易传》才建立起来。② 以上便是周先生从人类认知思维的发展过程出发，对《周易》生成发展阶段的思想状况及其性质在春秋时期发生的激烈变化做出的考察，内中的真知灼见多能发皇耳目，而大量哲学意义的解读更足以启迪后学。

三

周先生对《周易》发生发展史的探索，一方面是借助于参考分析传世文献所记载的筮例、筮法等，另一方面则是借助于出土文献的研究。周先生对出土文献的研究，集中在周原卜甲与帛书《易》

---

① 周立昇：《周立昇文集 · 谈易录》，山东大学出版社 2011 年版，第 67 页。

② 参看《周立昇文集 · 谈易录》第 68 页：“春秋时期的易象说并没有形成一个完整的哲学思想体系，只是就个别的筮辞和卦象表述一些零散的政治、伦理和哲学的观点。对《周易》的框架结构也没有从总体上作出比较全面的哲学解释，没有探求出天地万物的本性与《周易》的形式系统的内在联系，只是就某些卦象和卦德、变卦和互体作了较为具体的说明。一个哲学体系的产生或一种哲学理论的创立，必须提出一些新的范畴作为理论基石才有可能，而春秋时期的易象说恰恰缺乏那些总体性的范畴，因而显得理论思维水平尚不高，对自然和社会的本质属性及其发展规律，还不能进行深入的探究和作出令人满意的回答。后来的《易传》总结了春秋时期易学发展的积极成果，建立起了一个完整的哲学思想体系，从而实现了由筮占到哲学的飞跃。”

上面。根据前者,周先生进一步探讨关于《周易》发生发展史的系列研究。对于后者,周先生也有专论,即《帛〈易〉六十四卦刍议》一文,兹将其主要观点择要录述如下。

关于卦序,周先生提出"阳大阴小,阳先阴后,就是帛书排列卦序所依据的原则"①。周先生转引于豪亮先生《帛书周易·系辞》的话——"天地定位,[山泽通气],水火相射,雷风相搏",将之以八卦进行列表:

☰乾　☷坤(天地定位)

☶艮　☱兑(山泽通气)

☵坎　☲离(水火相射)

☳震　☴巽(雷风相搏)

通过分析,不难发现,"乾、艮、坎、震为阳卦;坤、兑、离、巽为阴卦。阳卦以乾领首,阴卦以坤领首。帛《易》六十四卦上卦的排列次序正是乾、艮、坎、震、坤、兑、离、巽,体现了阳先阴后的原则。而且这八经卦是六十四卦中的八个宫卦,每宫卦领先,八宫共为六十四卦。前四宫(乾、艮、坎、震)宗阳,后四宫(坤、兑、离、巽)宗阴"②。而今本六十四卦每对之间按"非覆即变"的原则进行排列,"每对之间是有一定联系的,但对与对之间并无任何联系,也找不出它们的排列原则"③。两者相较,帛《易》六十四卦的卦序有明显

① 周立昇:《周立昇文集·谈易录》,山东大学出版社 2011 年版,第 71 页。

② 周立昇:《周立昇文集·谈易录》,山东大学出版社 2011 年版,第 72 页。

③ 周立昇:《周立昇文集·谈易录》,山东大学出版社 2011 年版,第 73 页。

的长处:“第一,它有一定的规律可循;第二,它有自己的排列原则;第三,它有自己的衍生关系。”①

关于重卦,周先生认为:“八经卦作为上卦,按阳先阴后的原则排列,即乾、艮、坎、震、坤、兑、离、巽;而下卦则以对立统一的原则,即乾坤、艮兑、坎离、震巽之次序,依次和八上卦组合,从而得出六十四卦来。”②以此原则得出的“六十四卦衍生图”与今本“六十四卦大成图”相较,则发现“今本卦序才真正是经人改动并重新加以编排的,其哲学意义也是后人引申的”③。

关于成象,周先生说“帛书六十四卦皆以上卦为主,下卦辅之,因此我推测,帛书六十四卦的成象是自上而下,并非自下而上”,“后世的周易家将周易的成象与战国时代占筮之成卦(占筮法的一种)混为一谈了”,“《周易》占筮之成卦法,并非重卦法,亦非《周易》的成象法。用战国时代占筮的成卦法或爻题的自下而上来论证《周易》的成象是二倍上加法(如邵雍、程颐、朱熹等人)或《周易》的画卦乃自下而上(后世的注疏多持此说),理由是不充足的”。④

这篇文章具有先导的意味,但内中的阐释即使与今天的研究进展相比亦毫不逊色。虽然周先生对其他学者的研究结论略有参考,但择取材料、铺展推理及发覆旧论,皆是一己湛思的结果。专

① 周立昇:《周立昇文集·谈易录》,山东大学出版社 2011 年版,第73~74 页。

② 周立昇:《周立昇文集·谈易录》,山东大学出版社 2011 年版,第 74 页。

③ 周立昇:《周立昇文集·谈易录》,山东大学出版社 2011 年版,第 77 页。

④ 周立昇:《周立昇文集·谈易录》,山东大学出版社 2011 年版,第 77~78 页。

门研究者,对此文应会有更深的理解与借鉴。

四

周先生对汉代《易》学的研究,诚如林忠军先生所说,是“以道学观两汉易学和以易学观两汉道学”。《易》、道互观,始基于周先生对“道家思想与传统文化”的重新审视,他认为“中国传统文化,从总体看是以儒道互补为建构而兼综他家的统一文化体”①。儒、道在“寻求整体和谐与稳定的观念”,“使中国传统文化成为既注重‘实践’又包含着‘理解’的二元渗透的超稳建构”及人生理想境界追求的几个方面,“相反相成,互济为用”。② 这是对道家思想历史地位客观公正的评价,再进一步说,道家比儒家更全面地继承了《周易》的思想,所以《易》、道互观是正确的认识路线。《周易》“广大悉备”是因为它开放的符号系统与文本系统,诸家都可“援易入说”,而儒、道二家尤为明显,所以牟宗三先生说《周易》既可代表“儒家的玄思”,也可代表“道家的玄思”。③ 换句话说,《周易》并不是专属于哪一家的。但是思想史上,单以形上性与思辨性论,道家学术显然与《易》更易取得沟通。所以,秦汉之际的黄老之学(新道家)④、“独尊儒术”之后发显的老庄之学、东汉末以道家思想为根

---

① 周立昇:《周立昇文集·谈道录》,山东大学出版社 2011 年版,第 1 页。

② 参看《周立昇文集·谈道录·自序》,山东大学出版社 2011 年版。

③ 参看牟宗三《周易哲学演讲录》第 1 讲,华东师范大学出版社 2004 年版,第 3 ~7 页。

④ 参看萧萐父《秦汉之际学术思潮简论》,见熊铁基《秦汉新道家略论稿·代序》,上海人民出版社 1984 年版,第 5 页。

基的道教及魏晋玄学都把《周易》作为最重要的诠释经典。因此，道家思想可以凭借对《易》学的描述得以显形，而《易》学也可以凭借道家思想的含漱得以丰富。周先生梳理《周易》在两汉与道家思想的融合，给出了一个由道家易→隐士易→道教易的路程模式。这一模式只是直观地显示其历史存在，并不表明它是直线演进的。隐士易是道家易的分支，道教易则与道家易同源而异用。

道家易彰显和发展于汉初尊崇黄老学术的氛围中。汉初学者陆贾、韩婴、刘安等，或自著述，或聘人著书，皆以黄老思想说《易》，站在道家的立场去阐释和理解《周易》的思想，并以之提出自己的人生观与政治观。从其用《易》的情况来看，他们都是引《易》证事或引《易》说理，并“使它向着道家的思想领域拓展”①。而结合儒家在汉初的存在状态，这是历史选择的必然结果。儒家学说本性上是不活泼的，相传孔子死后“儒分为八”，八家的分立即意味着派系门户的诞生，这更加深了儒家沿袭授受、陈陈相因的性格而愈发失去活力无从创新。隐士易则以全新的理论体系步入《易》坛，“使儒家易发生了根本性的折变”②。而折变的因素，简单地说就在于吸纳了道家思想，从工具理性的角度分析即如周先生所总结：“象数易将阴阳术数纳入《易》学，以‘阴阳之分’、四时之序与万物之性相联系的思想为间架，建构起以干支、五行为时空框架，以月令、物性为物理依据，以天人同性、同情为理论基础，以揲蓍布卦、推断吉凶为占验手段的易学体系。这个

---

① 周立昇:《两汉易学与道家思想》，上海文化出版社 2001 年版，第 2 页。

② 周立昇:《两汉易学与道家思想·前言》，上海文化出版社 2001 年版，第 3 页。

体系,就事实层面说,其核心为'卦气'说,着重解决'天道'、物理问题,属自然哲学;就价值层面说,其核心为'修齐治平',着重解决社会治乱问题,属政治哲学;就民俗层面说,其核心为'揲蓍布卦',着重解决阴阳灾异、命运休咎问题,属术数之学。"①孟喜、焦赣、京房、扬雄、郑玄、荀爽、宋衷、虞翻皆是象数《易》的继承与拓展者,由他们主宰了汉世《易》学的格局。周先生对他们的学说,一一进行了深入的探讨分析,成为两汉《易》学与道家思想研究最丰实的成果。迨至东汉末年,魏伯阳作《周易参同契》,"标志着道教易学的诞生"②。20世纪30年代,孙道升曾批评牟宗三所著《周易的自然哲学与道德函义》(原名《从周易方面研究中国之玄学及道德哲学》)一书中遗漏了《参同契》(还有《易纬》),牟氏予以答复。③ 二人的说辞不同,却反映出《参同契》在中国哲学史上是有一席之地的,因此《易》、道互观的研究不能越过此书。关于此书的奥旨,周先生说:"《参同契》的丹术对《周易》原理的精妙运用,使它在炼丹术的形式和神仙信仰的方式下,承传了中国文化的慧命,接续了中国文化所固有的天道观念,成为元气发生论和宇宙结构论的创发者之一。"④这样的认识是带有总结意味的。总之,周先生关于两汉《易》学与道家思想的研究,视野极宏

---

① 周立昇:《两汉易学与道家思想·前言》,上海文化出版社2001年版,第3页。

② 周立昇:《两汉易学与道家思想·前言》,上海文化出版社2001年版,第5页。

③ 详参牟宗三《周易的自然哲学与道德函义》,联经出版社2003年版,第469~473页。

④ 周立昇:《两汉易学与道家思想》,上海文化出版社2001年版,第195页。

阔而解析极入微，对于二者关系的深化研究具有重大的推动之功。

结 语

如果可以用一句话来概括周先生的研究风貌，或许“哲学的素养，历史的情怀”几个字勉强可以当之。周先生是哲学家，富有理性的辩证思维与敏锐的哲学眼光。周先生亦是史学家，深具传统的人文观与发展的历史观。而其研究中，传统考据方法的运用，民族民俗文化的观照，以及现代科学理论的关联，无不见出周先生开放的视野与丰厚的知识学养。总的来说，周先生治《易》是偏重哲学《易》的综合研究，在晚近的《易》学家中可谓独树一帜。

（本文作者系山东大学儒学高等研究院博士研究生）

《周立昇文集·谈道录》读后

王　艺

《周立昇文集·谈道录》[①]收录了山东大学周立昇教授从20世纪80年代初至现在三十多年间所发表的有关道家、道教研究的文章共24篇,其中前12篇是有关道家研究方面的文章,后12篇则是关于道教研究方面的成果。如赵卫东先生在该书序中所评价的:"周先生学识渊博,兴趣广泛,在中国哲学的诸多方面都取得了丰硕的成果。"《谈道录》虽然收集的文章年代跨度较大,但是所展示出来的思想却是一以贯之,其缜密的哲学思维、敏锐的学术观察力以及严谨的治学态度在该书中得到了集中的体现。《谈道录》所收录的文章,涉及的范围从春秋战国时期《老子》《庄子》《管子》的思想,到魏晋玄学、《周易参同契》道教丹道思想、葛洪仙道观、茅山宗师陶弘景道教思想、郝大通的易图金丹学、崂山道教以及全真道派的思想,及至近现代道家和道教思想发展的特点。作为该书的基础思想,作者认为"道家思想为中国传统文化提供了深沉的、思辨的内在活力"。因此在中国传统文化史上"道家并不因此就逊色于

---

① 山东大学出版社2011年10月出版,以下简称《谈道录》。

儒家”。通观全书,作者在道学研究方面的学术创见和特色主要有以下几点:

第一,所收录文章阐述了不同流派、不同时代道家、道教的思想,虽时间跨度大、内容繁多,但始终不离研究的主线——“道”,并以不同时期“道”论的发展和变化来突出所要描述对象的思想特点,极具哲理与思辨性。作者在《谈道录》自序中阐述了自老子道论创建开始到近现代时期为止,道家思想发展和演变的5种形态,文集的24篇文章所阐述的思想即凸显了5种形态的思想主旨。例如,《论老子的道》《老子道法自然的道体观》《论老子“得母”、“知子”的认识系统》《论老子的价值观》《论老子的名实观》《论庄子的价值视域——从〈逍遥游〉说起》6篇文章阐述了道家发展早期形态——老庄的思想。《〈管子〉的精气论及其哲学贡献》、《〈管子〉“静因之道”的认识论》、《环渊考辨》及《〈周易参同契〉的丹道思想》和《〈周易参同契〉的月体纳甲学》5篇文章是道家历史演变的第一种形态——黄老思想的体现。《〈易〉、〈老〉相通论》《〈太玄〉对〈易〉、〈老〉的会通与重构》《玄学三题》等文章所探讨的是第三种形态——魏晋玄学的思想。隋唐以后道家与道教融合,道家已不再作为独立的学派出现,道教哲学取代了道家哲学的地位,甚至在某些方面发展了道家思想,因此文集中《全真道的创建与教旨》《评丘处机的内丹学》《郝大通的易图金丹学》等文章论述了道家和道教发展演变为第四种形态的思想,即隋唐五代时期道教重玄学和金元时期的道教内丹心性学。到了近现代时期,中国道教一方面受到致命的打击,失去了担当人生价值和伦理基础的地位,另一方面,道家和道教所秉持的以自然演进为特征的宇宙秩序观念、天人和谐观念、实验化学观念、养生益寿观念等受到国内外有识之士的关注,认为道家和道教天人合一的理念是中国古代哲学思想、宗教信仰和各种实用技术的理论内核，因而在学界出现了“道学热”，文集中《长春真人的和谐观》《道教在当代——践行科学发展观，构建和谐之境界》等文章即反映了道家和道教发展到第五种形态的思想特点。

《谈道录》正是以道家思想的历史发展为主线，以道家思想发展和演变的5种形态为重点，整合了24篇涉及不同年代范围、不同学派思想内容的文章，使作者论述的道家与道教思想具有历史和哲学的统一特性。文集中有关具体理论的论述也显示出了重思辨的特性，例如，《论老子的价值观》解读无为视野内的“自然”时，从“本然状态”“物之自性”“体认规律”“自然无为”四个方面层层递进来说明，表现出严密的逻辑性，有助于对概念的清晰认知。

第二，作者提出了“有”和“无”的关系及特性思想是老子道论的核心和基础。作者认为“道”论是老子哲学的总根，老子从道论出发进而推展到宇宙论，又从宇宙论推展到人生论和政治论。在作者所解读的关于老子道论的特性中，关于“有”和“无”的关系及特性是形成老子其他思想的根本，是推演出老子道的三大特性以及在政治领域的“无为之道”的基础。作者认为老子在中国哲学史上第一次提出了“无”和“有”这对范畴，并认为道是绝对的，是无限的，所以用“无”来指称它，这个“无”并非空无一物，而是指“道”的无以名状；“道”是万物化生的总根源，所以用“有”来指称它。正是“有”与“无”的统一性，才使道具有了超越性和内在性，就是说，道由“无”落实到“有”，显示了它的内在性；而由“有”向上提升，又表现出了道的超越性。在老子“有”和“无”关系的基础之上，作者论述了道的三大特性和道的最高境界，对于政治领域的“无为之道”进行了解读。作者指出，老子的道具有三大特性：客观性、本体性和实现性,其实现性是指道的境界,即老子将人生所达到的最高境界称为道的境界。此外,老子还用“有”和“无”的范畴对“无为之道”进行了阐述,认为,“有”的价值源于“无”,统一于“无”,因此就价值根据而言,“无”的价值高于“有”的价值,能“无”才能“有”,故“无为”而“无不为”。从“无”到“有”呈现出一种价值递进的态势。作者用“无”和“有”的范畴论证了政治领域“无为之道”的正确性和重要性。

第三,作者特别阐发了老子重处世之道和人生哲学的思想。长期以来老庄思想一直被认为是出世哲学的发端,所关注的范围侧重自然和养生,而非建功立业,但是周先生在《论老子的价值观》一文中提出了与大多数学者不一样的观点,认为阐述道的人文意义和价值,才是老子哲学的落脚点和最终归宿。老子思想中重视处世之道和人生哲学的思想表现在他独特的价值观上,主要包括几个层面的含义。首先是老子的“道生、德蓄”的价值根据思想。作者以“反映主体与客体之间关系的范畴”为基础,认为老子的基本思想中包含了价值的根据,这个根据就是“道生、德蓄”。道可以作为价值根据,在于它是造化之功,是宇宙最初的发动者,是造化之主;除了道之外,德乃物之所得而蓄积者,就成为老子所设立的另一个价值根据。德是道的彰显,也是道的作用。道是体,德是用。因此,道与德相互为用,即成为老子价值的根据。其次,周先生提出,老子的“自然无为”思想并非无所作为,而具有深刻的价值取向,因为“无为”的价值就在于它能创造价值。为什么这么说呢?因为“无为”不是不为,而是善为,是在“无为”指导下的“无不为”。所谓善为,含有不妄为的意思。如果将“为无为”作为人行为的内驱力,作为人的活动方向,必然积淀为人的价值取向。在此价值意向的引导下，人的行为便倾向于一定的价值目标，并进而形成老子“自然无为”的价值取向。“无为之道”并不是老子逃避社会的行为准则，而是一种更为高明的人生处世之道，因为“无为”不仅具有价值，而且具有天下任何东西都比不上的价值。再次，作者认为，老子在深刻分析社会现实情况的基础上，从任何价值都是有条件的观点出发，认为价值是相对的，是不确定的，这些影响价值不确定性的因素包括了价值的二重性、正负价值转化、价值的强制性以及价值的异化，形成了老子“‘善复为妖’的价值悖论”思想，并且由此提出了消除和克服价值悖论的一套方案，对于我们研究中国古代价值学说具有重要的启迪意义。

第四，文集中体现了周立昇先生研究中国传统道学文化的治学方法特色。作者在对儒家与道家思想进行比较的基础上得出了道家在中国传统文化中“作为一种深沉的形上之根、一种方法论，规范着中国传统文化的结构与功能，制约着中国传统文化的发展和变化”的结论，其对比分析的辩证方法极具新意。首先，在分析儒道两家对于现实社会思考方式的不同方面时提出了肯定性对待与否定性对待的辩证统一思想，并以此为基础，论证了儒道之间既具有相济、互补的关系，又共同存在于中国传统文化统一体中的特色思想，而且“正是这种辩证统一使中国传统文化成为既注重‘实践’又包含‘理解’的二元渗透的超稳建构”。所谓“肯定性对待”，是指儒家“从维护现存秩序出发，为统治者精心设计出一套由小及大、由近及远的‘修齐治平’的方案，为巩固政教体制提供了切实可行的依据”。“否定性对待”是指道家“揭露一切不合理现象，鞭挞社会的各种积弊，批判‘礼乐’文化中的异化，使僵化的社会礼教和伦常规范不时出现动摇和变化，力图使名教复归于自然”。此外，作者还提出了老子的否定观的特殊性，即“老子的否定观，并不是单纯的否定、任意的否定，而是在否定中有所肯定，即通过否定肯定的东西达到肯定的目的”。其次，在儒家与道家“天地人”观的论述上，作者把儒家和道家放到天地人的大系统中来考察，一方面认为儒家与道家在追求整体的和谐与稳定上具有共同的价值取向；另一方面在对待整体之中又各有侧重，并以此来论证儒道的不同，比如“儒家效圣人，道家法自然；儒家重人际，道家尚天道；儒家主有为，道家倡无为；儒家明心性，道家复道体”。这种从中国传统天地人整体思维角度去考量儒道不同思想的做法极具新意，思路明晰谨严。再次，在“义利观”上，儒家主张重义轻利，道家则主张义利双弃，甚至义利皆忘；在“群已观”上，儒家虽然仍持肯定的态度，但明确表现出了对于群体的重视，对个体的肯定主要偏重于个人的道德修养，相反道家却强调个体的价值，表现出对个体人格独立的青睐、不为世俗所左右等特点。在以上儒道分析的基础上，作者得出了这样的结论：“先秦时期的道家思想和儒家思想所标立的相反相成的处世之道和人生哲学，便构筑了一个五光十色、活生生的人生世界。正是早期的儒道二家，为嗣后中国文化的发展和自我调控能力的张弛，奠定了深厚的精神基础。”

以上几点，只是后学在拜读之余的浅见。《谈道录》所选文章凸显了作者在道家与道教思想研究方面的运思与灼见，其对道在不同时代、不同思想流派中的诠释，体现了周立昇先生对博大精深的道文化的体悟与思想境界的把握，让人获益良多。先生治学的严谨风范和豁达的精神品格，跃然纸上，实乃我辈学习之楷模。

（本文作者系厦门大学哲学系博士研究生）

·论文集萃·

人皆可以为神仙

——葛洪神仙论现代诠释

熊铁基

神仙信仰是道教的根本信仰，什么是神仙？不同的时代有不同的理解。从神、仙二字的本义来说，神虽有神灵之义，但指人的意识和精神、表情气色也是很早的意义之一；仙也是如此，“老而不死曰仙”是较早的解释，不同凡俗之义用得更广泛。“神仙”二字至少在汉初已见于记载了①，但前此，“神人”“仙人”的传说已经相当流行，因而引起了秦皇、汉武之兴趣。战国、秦汉时期，“仙图”“仙经”相继而出，神仙思想和理论逐渐形成，在此过程中，神化、神灵怪异化的趋势日益浓厚，在此基础上，葛洪专论神仙之事，撰成《抱朴子内篇》（以下简称《内篇》）。在书中，他对其所相信和理解的神仙思想和理论加以一定的系统化，并略有发挥。它不同于当时流行的许多“道书”，当然也与后世进一步的各种发展不同。葛洪的神仙论有自己的特点，下面就具体谈谈他的神仙思想和理论。

首先，葛洪相信和肯定有神仙，有长生不死之神仙。整个《内

① 《史记·封禅书》：“其明年，东巡海上，考神仙之属，未有验者。”

篇》反反复复从不同角度讲神仙的存在,《论仙》篇开头就设问回答说:“万物云云(芸芸),何所不有?况列仙之人,盈乎竹素矣。不死之道,曷为无之?”

文中还以刘向的《列仙传》为重要依据,他说:

> 刘向博学则究微极妙,经深涉远,思理则清澄真伪,研核有无,其所撰《列仙传》,仙人七十有余,诚无其事,妄造何为乎?……至于撰《列仙传》,自删秦大夫阮仓书中出之,或所亲见,然后记之,非妄言也。

《对俗》篇也说:“若谓世无仙人乎,然前哲所记,近将千人,皆有姓字,及有施为本末,非虚言也。”

在肯定世有神仙的同时,他也指出,成仙并非易事,“学仙之士,万未有一”,“一世不过有数仙人”。(《释滞》)这方面说得不是太多,因为他不仅要人们相信有神仙,而且是“仙可学致”的,所以讲得更多的是如何学仙的问题。

其次,与前一点相信神仙存在有关,神仙是具体的,他根据以往的记载,根据自己的耳闻目睹,列举过一些神仙的事例,被列为神仙者各种类型的人物都有。他另撰《神仙传》录 92 人,这可说是《列仙传》的续篇,虽然有老子、彭祖少数几个人重出,大多数是不同的,《神仙传》所记主要是秦汉时期的人,或者是秦汉时尚能“见”到的人,例如战国时的墨子,得神人指点,“乃得地仙,隐居以避战国。至汉武帝时,遂遣使者杨辽束帛加璧以聘墨子,墨子不出,视其颜色,常如五六十岁人,周游五岳,不止一处”(《神仙传》卷四)。《神仙传》所载神仙,有不少是史书上有记载,人们比较熟悉的人,例如魏伯阳、河上公、刘安、张道陵、李少君、孙登、墨子、孔安国、郭璞,还有他自己的从祖葛玄等。其中多半可说是道家、道教人物,但墨子、孔安国也列入仙班,还有一些下层人物成仙,像是“行行出状元”一样,用实例证明人人皆可成仙,而且与人们贴近,并非什么神灵怪异。当然,实际上成仙的毕竟是少数,“万未有一”。并且从列举的仙人情况看,各有不同,所以葛洪在《内篇》中又引用《仙经》说:“上士举形升虚,谓之天仙。中士游于名山,谓之地仙。下士先死后蜕,谓之尸解仙。”(《论仙》)

能够腾云驾雾的“天仙”是很少的,例如活了800岁的彭祖也未能升天,《对俗》篇记录其先师之言曰:“彭祖言,天上多尊官大神,新仙者位卑,所奉事者非一,但更劳苦,故不足役役(汲汲)于登天,而止人间八百余年也。”

文章最后写道:“吾更疑彭祖之辈,善功未足,故不能升天耳。”这涉及如何成仙问题,下面再详说。

天仙不多,“游于名山”,“不知所之”的地仙是可以说的,人们无法确考。更多的当是“尸解仙”了。“尸解”,修道者死后,留下形骸,魂魄成仙去了。进一步发展,死后数年,再发棺视之,遗骸也不见了,只有某些遗物。葛洪说汉代的李少君,“近世壶公将费长房去,及道士李意期将两弟子去”,“皆尸解者也”。(《论仙》)

“天仙”“地仙”“尸解仙”,都是说明“长生不死”,所以从《老子》“长生久视”那里发展来的长生之道,又可说是神仙思想的核心。所以,神仙是不死的,或者数百年后还能见到其人,或者某人在不同时期是以另一人面貌出现,如老子,葛洪的《神仙传》就记有他何时为广成子,何时又为何人,以及在何地为何人等传说。

再次,葛洪神仙理论讲得最多的是学仙之法。“老子曰神仙可学”(《塞难》)这也许是当时流行的一种说法,葛洪也是强调“仙之可学致”(《勤求》)的。如何学?学什么呢?有学者根据《内篇》就

“如何成仙”总结了六条途径:志诚信仙,禀值仙气;博闻体要,择师勤求;广知众术,养生却害;恬静无欲,守一知足;金丹大药,宝精行气;积善立功,忠孝为本。[①] 这是概括得比较全面的,当然最理想的是能全面地去做,葛洪也有这个意思。但是,不能全面去修又怎么办?这些途径之间的关系又是如何?有无轻重缓急?这些是客观存在的问题,葛洪也说“且仙经长生之道,有数百事,但有迟速烦要耳”(《对俗》)。我们不妨引用一些原文,再做一些说明。葛洪在《释滞》篇写道:

> 要道不烦,所为鲜耳。但患志之不立,信之不笃,何忧于人理之废乎?长才者兼而修之,何难之有?内宝养生之道,外则和光于世,治身而身长修,治国而国太平。

除了首先要立志、笃信之外,主要是内、外两方面的修养,内讲治身,外讲治国。这内、外两方面,是葛洪“道”论始终关注的两方面,也是修道、修仙不可或缺的两方面。他在《明本》篇又写道:“夫体道以匠物,宝德以长生者,黄老是也。”

显然其所尊贵之道德,是两方面兼顾的,这里“匠物”在前,流露出葛洪对黄老思想的信奉态度。“匠物”是包含治国内容的,前面用“和光于世”,来源于《老子》的“和其光,同其尘”,又是与无为而无不为的思想一致的,此不赘言。当然,“匠物”并不局限于治国,扩而大之就是积善立功。

把积善立功与长生、求仙紧密联系起来,对此,《对俗》篇强调得更厉害:

> 为道者以救人危使免祸,护人疾病,令不枉死,为上功也。

---

① 胡孚琛:《魏晋神仙道教》,人民出版社 1989 年版,第 140 ~ 154 页。

俗求仙者,要当以忠孝和顺仁信为本。若德行不修,而但务方术,皆不得长生也。……人欲地仙,当立三百善;欲天仙,立千二百善。若有千一百九十九善,而忽复中行一恶,则尽失前善,乃当复更起善数耳。故善不在大,恶不在小也。虽不作恶事,而口及所行之事,及责求布施之报,便复失此一事之善,但不尽失耳。又云,积善事未满,虽服仙药,亦无益也。若不服仙药,并行好事,虽未便得仙,亦可无卒死之祸矣。

对于是否"为道者当先立功德"之问,葛洪持完全肯定的态度。这是外体道匠物的一方面。

当然"内宝养生之道"是求仙之根本,没有这方面的内容,那就不是神仙理论了。这方面的内容也很多,也有主要的,如《释滞》篇又说:"欲求神仙,唯当得其至要。至要者,在于宝精行气,服一大药便足,亦不用多也。然此三事,复有浅深,不值明师,不经勤苦,亦不可仓卒而尽知也。"

虽然修道求仙之术很多,主要是宝精、行气、服药三件事,就像现在说要在医生指导下服药一样,三件事都要有"明师"指点,还要勤学苦练。

服药,这个问题虽很明确,但在实践中并不简单。他有《仙药》一篇专讲药物问题,首先引用《神农》四经的上、中、下药之说,"上药令人身安命延,升为天神","中药养性","下药除病"。然他自己认为,"仙药之上者丹砂,次则黄金,次则白银……"又在《金丹》篇中根据他当时的考览说,"以还丹金液为大要"。但是金丹之炼并非易事:

合此金液九丹,既当用钱,又宜入名山,绝人事,故能为之者少……

炼丹之不易,在其他处以及葛洪自叙中都曾说明。实际上整个魏晋南北朝时期,包括葛洪等道士,都一直在试验、摸索延年益寿之药,如同现今人们对之也还在探索之中一样。

行气,就是至今仍在流传的气功,也不是简单的事,有益于延年益寿是可以肯定的,但又因人而异。葛洪当时已有的认识是:“又行气大要,不欲多食,及食生菜肥鲜之物,令人气强难闭。又禁恚怒,多恚怒则气乱,既不得溢,或令人发咳,故鲜有能为者也。”(《释滞》)

宝精,主要讲房中术,所以《释滞》篇写道:

> 房中之法十余家,或以补救伤损,或以攻治众病,或以采阴益阳,或以增年延寿,其大要在于还精补脑之一事耳。此法乃真人口口相传,本不书也。虽服名药,而复不知此要,亦不得长生也。人复不可都绝阴阳,阴阳不交,则坐致壅阏之病……任情肆意,又损年命。唯有得其节宣之和,可以不损。

这方面,他的老师郑隐讲了一些,但他自己“未尽其诀”。所以他的书中,服药、行气都讲得比较具体、比较多,而对房中术只讲了一些原则性的话。

关于宝精、行气、服大药“三事”的关系,《至理》篇有云:

> 服药虽为长生之本,若能兼行气者,其益甚速,若不能得药,但行气而尽其理者,亦得数百岁。然又宜知房中之术,所以尔者,不知阴阳之术,屡为劳损,则行气难得力也。

三件主要的事,大体上是如此,至于“养生之道”,还有一些具体论述,关于医药方面的,关于生活卫生方面的,至今也不无参考借鉴作用,这些就不详述了。

葛洪关于神仙的思想和理论,主要内容应该是以上这些。上面所说,有积极意义的东西多一些。毫无疑问,其思想、理论之中,必然会有消极的东西,如过分相信某些神奇之事。但是,也要指出,有一些是葛洪当时就反对的,我们看他对“妖道”的批评,对某些“杂散道士”“虚名道士”的揭露(见《祛惑》《道意》《勤求》等篇),即可知后世变化了的东西,是不容怪罪葛洪的。

此外,葛洪提倡学仙不应该片面强调某些方术,应该由浅入深而且从小处做起,这方面也说得很多,例如他说,“又患好事之徒,各仗其所长,知玄素之术者,则曰唯房中之术,可以度世矣;明吐纳之道者,则曰唯行气可以延年矣;知屈伸之法者,则曰唯导引可以难老矣;知草木之方者,则曰唯药饵可以无穷矣;学道之不成就,由乎偏枯之若此也”(《微旨》)。这种说法,难道不发人深省吗?又例如他说:“故治身养性,务谨其细,不可以小益为不平而不修,不可以小损为无伤而不防。凡聚小所以就大,积一所以至亿也。若能爱之于微,成之于著,则几乎知道矣。”(《极言》)关于莫以善小而不为、恶小而为之,以及由浅入深逐渐地修道、修仙之类议论还有不少,不一一详举。

修道、修仙关键在于立志、诚心、勤求,你要去“为之”。这使我们想到儒家亚圣孟子在回答“人皆可以为尧舜,有诸?”之问时说,“然”,并且进一步说,“亦为之而已矣”,“尧舜之道,孝弟而已矣。子服尧之服,诵尧之言,行尧之行,是尧而已矣”,“夫道若大路然,岂难知哉?人病不求耳。子归而求之,有余师”(《孟子·告子下》)。既然“六亿神州尽舜尧”,我们现在说“人皆可以为神仙”,不亦可乎!

道教神仙理论中的长生、功德二事,事实上在当今现实生活中不仅是有用的,而且是存在的。人们有时候会说“快活似神仙”,对某种气质非凡的人会称颂其“仙风道骨”等。长生,就是延年益寿,现在老年人中有的说“一个中心,两个基本点”,这是指以健康为中心,生活要潇洒一点,糊涂一点,这是符合道教思想、符合神仙思想的。就是从现在保健药品的发展中,也可以看到葛洪当时炼金丹大药的影子。这并非牵强,人们始终在探索延年益寿之方,也许总有一天会有一个比较满意的结果。

至于修神仙之功德,就是劝人为善,功德无量的人,自是“仙风道骨”的。大家都争做善事,难道不有利于当今社会的发展吗?

人皆可以为神仙,有诸?曰:然!

(本文作者系华中师范大学历史文化学院教授)

略谈老子的自由思想

许抗生

关于老子的“自由”思想问题，我曾经在《道、自然、自由、和谐——略谈老子道家的基本思想》与《略论先秦道家的自由思想》两文中做过一些讨论，但都没有能对老子的自由思想做深入的探讨。在此，我想对老子的自由思想再做一些研讨。

对于“自由”这一思想，我曾在《略论先秦道家的自由思想》一文中说，按照汉字的词义来说，就是指人的一切思想与行为都由自己做主，自己做决定，不受限制和束缚，能根据自己的意志去行事。如《礼记·少仪》“请见不请退”郑玄注说，“去止，不敢自由”，就是指的这个意思。但“自由”这一概念在中国思想史上出现较晚，在唐代的禅宗思想中曾经出现过“自由”或“自由人”的概念。然而有关“自由”的思想应当说早在先秦哲学中即已有之，确切地说，在老子思想中即已涉及，庄子则用“逍遥游”来表达一个人的精神自由自在，不受任何的束缚。关于庄子的“逍遥”说，我们研究得较多了，而对于老子的“自由思想”，却研究得不多，这是我们应当补上的。

可能有人会说，老子《道德经》五千言中，既没有谈到“逍遥”，更没有谈到“自由”这一概念,怎么能说老子思想中已有“自由”的思想呢?确实《老子》中这两个概念都没有出现,老子哲学的核心概念是“道”,主张“道法自然”,而老子的“自由”思想就蕴含在“道法自然”的思想里。在老子《道德经》中,自由思想与“自然”思想联系密切,是直接从“道法自然”的思想中推演出来的。何谓“道法自然”呢?道法自然就是指道性是自己而然的,道是自己存在的,是自己运动变化的,它是不以神或人的意志为转移的。天地万物(包括人在内)皆为“道”所生,它们身上也都体现了“道性自然”这一普遍的原则,皆有着自己存在、变化发展的法则。因此,“道”产生了天地万物后,道与天地万物的关系是“生而不有”“长而不宰”,完全是因循着万物自然生长的。为此,老子多次告诫国家的最高领导者应当实行因循万物(老百姓)自然发展的无为而治。由此,老子说:“是以圣人……以辅万物之自然,而不敢为。”(《老子》第六十四章)又说:“故圣人云:‘我无为,而民自化;我好静,而民自正;我无事,而民自富;我无欲,而民自朴。”(《老子》第五十七章)这就是说,圣人治国治民的原则是“辅万物之自然”,不敢主观妄为,只有实行无为、好静、无事、无欲的顺应民心(“圣人无常心,以百姓心为心”),不妄加干扰民事的无为而治,这样老百姓自己就能做到“自化”“自正”“自富”“自朴”,即老百姓自己就能发展,自己就能走上正道,自己就能富足,自己就能纯朴。这也就是说老百姓的行为由自己做主,自己做决定,自己求得发展,自己走富足之路,自己求得纯朴。要给予老百姓以自由的思想,这也是领导者充分相信老百姓的表现。至于老百姓自己出了问题,出现了贪欲,那么又该怎么办呢?老子的回答是:“道常无为而无不为。侯王若能守之,万物将自化。化而欲作,吾将镇之以无名之朴。镇之以无名之朴,夫将不欲,不欲以静,天下将自正。”(《老子》第三十七章)如果老百姓在“自化”中产生了贪欲,那么还得用无名之朴的“道”来教化他们,安定他们,使老百姓能按照“道”来行事,去掉自己的贪欲,做到“见素抱朴,少私寡欲”,这样老百姓自己就能端正自己的行为了。由此可见,在上的统治者要遵循“道”来治理天下,在下的老百姓也要按照“道”来行事,上下皆“法道而行”。这样,在下的老百姓就能得到自由的发展,在上的统治者也就能治理好天下,使天下得到安宁,达至社会的和谐。这就是老子哲学所追求的目的。

然而在下的老百姓都要得到自由的发展,这是要有一定的社会条件的。这一社会条件就是要有公正、平等的社会环境。如果没有公正平等的社会环境,社会处于不公的森严的不平等制度之下,那么人们的自由发展也就成了一句空话。对此,老子似有察觉,所以在《道德经》中,他特别重视公正平等的思想。老子说:“天地不仁,以万物为刍狗;圣人不仁,以百姓为刍狗。”(《老子》第五章)王弼注说:“天地任自然,无为无造,万物自相治理,故不仁也。”苏辙则注说:“天地无私,而听万物之自然。故万物自生自死……”对此,陈鼓应先生注“天地不仁”说:“天地无所偏爱。”(《老子注译及评介》)我想陈先生这一注解是符合老子思想的。“天地不仁”即指“天地无所偏爱”,对天下万物皆一视同仁,平等相待。“仁”本有“亲亲,仁也”之义,有私亲之义。所以,“不仁”即有无私、亲无偏爱之义。由此可见,所谓“圣人不仁,以百姓为刍狗”,也即是说,圣人对于老百姓也是无所偏爱,一视同仁,平等相待的。可见,老子在这里确实是提倡公正平等的思想的。为此老子又说:“圣人无常心,以百姓心为心。善者,吾善之;不善者,吾亦善之,德善。信者,吾信之;不信者,吾亦信之,德信。”(《老子》第四十九章)圣人待人不分善与不善、信与不信，皆一视同仁善待之。这里也体现了老子的平等待人思想。所以《老子》第二十七章说："是以圣人常善救人，故无弃人；常善救物，故无弃物。是谓'袭明'。"圣人对人对物都一律平等，善于救人救物，这是因循了常道的智慧。老子更提出了用契约的方式来治理国家的思想。《老子》七十九章说："是以圣人执左契，而不责于人。有德司契，无德司彻。天道无亲，常与善人。""契"，即"契卷"，就如现今的"合同"，是一种契约的关系，"彻"，即周代的税法，官吏掌管收税，强迫老百姓缴税。契约与强行收税不同，契约带有双方平等自愿的原则，并不强行收取。可见有德者司契，犹如"天道无亲"（无私亲），平等待人，宽容待人，而不苛求于人。

以上就是我所见到的我国古代哲人老子思想中的自由与平等思想。

（本文作者系北京大学哲学系教授）

上古文化精神与先秦文学类型

郑杰文

一、上古史研究的一大误区

司马迁《史记》是我国第一部纪传体通史，它“上始轩辕，下讫天汉”，“实为吾国史事第一次有系统之整理”（顾颉刚语①），对于后人认识上古史，功莫大焉。尤其是《尚书》中的《虞书》和《夏书》被后人证为“伪书”，而《史记》却不断被考古发现及研究证明其史学价值（例如王国维继罗振玉之后用“二重证据法”证明《史记·夏本纪》所载夏后世系不误，陈直以出土材料证《史记》与之相合者数百条②），《史记》更被人们奉为研究上古史的必读书。

但是，《史记》在为我们勾画上古史的同时，却在客观上引导我们走向一个误区——即“上古史单一化”的误区。司马迁自谓作《史记》的目的之一是“通古今之变”（《史记·太史公自序》），故在《周本纪》前有《殷本纪》，《殷本纪》前有《夏本纪》，勾画了三代相

① 顾颉刚：《史记白文本序》，见《史记》（白文本）书首，国立北平研究院史学研究会 1936 年版。

② 陈直：《史记新证》，天津人民出版社 1979 年版。

传而王天下的历史格局；而在《夏本纪》前又有《五帝本纪》，述黄帝、颛顼、帝喾、尧、舜相代而长天下事；这便给人一个“自黄帝起便有一个华夏一统王朝掌管天下”的印象，无怪乎连梁启超也讲，自《史记》起人们“始认识历史为整个混一的，为永久相续的”①。在司马迁此一思想引导下，又有司马贞作《三皇本纪》，更增加了这种“三皇五帝到于秦，中华王朝单线存”的古史印象，造成了后人对上古史那“单线一统”的错误认识，使后人往往以“一统政权，单线更迭”的片面上古史观为基础，去研究上古思想史、学术史、文学史，妨害了我们对于上古思想史、学术史、文学史的正确把握。

随着出土考古资料越来越丰富，我们对上古史的认识越来越全面。不同史前考古遗迹告诉我们，毋庸说母系氏族时代在华夏大地上部落林立，即便是在父系氏族时代也是部落联盟众多，直至方国社会，华夏大地上依旧“万国诸侯”并存；即使是传说中的夏王朝，还有甲骨文向我们诉说着的殷商王朝，充其量也不过是形成了一个轴心国对其他方国可部分发号施令的政治格局，也没有一个在政治上完全一统的权力王国出现，更没有在思想上、学术上完全统一的文化王国出现。就传世文献资料较多的两周时代看，彼时虽然在政治上相对一统了，但在文化上、学术上，却依旧“壁垒林立”，其最为主要者，是农耕文化培养出来的姬周族的社稷守文化和原始手工业培养出来的荆楚的山川守文化的并存和对立。

关于此两种文化系统，孔子曾做过论述。《国语·鲁语下》载，吴使聘鲁，向孔子询问“大骨专车”后，又问“谁守为神”。孔子答曰，“山川之灵，足以纪纲天下者，其守为神；社稷之守者，为公侯：

---

① 梁启超：《要籍解题及其读法》，清华周刊丛书社 1925 年版，第 38 页。

皆属于王者”,并谓汪芒氏之君防风氏即山川守。孔子所言,为我们追寻上古文化面貌提供了一条难得的线索。

章太炎先生曾就孔子所论研究过山川守国,认为,似守封嵎山之防风汪茫氏这类的山川守国,周时尚多,然其“鲜与公侯好聘,故方策不能具”;这类方国“不务农战”,“不守社稷,而亦不设兵卫”,故“及其见并,盖亦摧枯拉朽之势已”。(《太炎文录·封建考》)杨向奎先生据此考证像禹之防风氏、周时“祀有济”的任、宿、须勾、颛臾等山川守国的首领,即孔子所谓的“其守为神”之“神”,并非神灵,“他只是一种职守”,即掌部落事务特别是通于神人之间的部落首领①。联系《国语·鲁语下》之“禹致群神于会稽之山”而杀防风氏,但《韩非子·饰邪》却作“禹朝诸侯之君会稽之上”而杀防风氏,一作“群神”,一作“诸侯之君”,杨说信然。

研究证明,社稷守文化重群体,重人际关系,尊王权,重历史文献,推崇实证思维;山川守文化重敬神,重天人关系,尊神权,重神话传说,想象型思维发达。② 尊神权的山川守文化和尊王权的社稷守文化,在两周时虽呈并存的状态,但是它们产生的时代却先后不一。尊神敬神是脱离蒙昧状态的上古先民们的主要精神生活,其社会形态由人人通神的、弗雷泽所说的“个体巫术”阶段,伴随着脑力劳动和体力劳动分工而发展到“公众巫术”阶段③,进而发展到

---

① 杨向奎:《自然哲学与道德哲学》,济南出版社 1995 年版,第 319 ~ 320 页。

② 见郑杰文《上古两大主导文化系统及其思想影响》,载《孔子研究》2001 年第 2 期。

③ [英]詹·乔·弗雷泽:《金枝》,大众文艺出版社 1998 年版,第 92 ~ 93 页。

通神的大巫兼做酋长的神权政治时代，出现了类似于后世少数民族地区“鬼主”（见《新唐书·南蛮传下》《宋史·蛮夷四》）的“山川守”。此亦是古人所谓的“家为巫史”而经“重黎绝地天通”到“民神异业”（见《尚书·吕刑》《国语·楚语下》）的社会形态转化时代。此种社会，积淀出山川守文化重敬神、重天人关系、尊神权、重神话传递、想象型思维发达的文化特点。

社会发展使原始农业在某些上古部落中出现，从而使一部分人世代定居某地，这便带来了三方面的社会效应：其一，地域势力范围的观念使争夺战争日益频繁，人在战争取胜中的作用日益显露；其二，争取农业收获的努力，使人在生产劳动中的重要作用日益显露；其三，世代群居，使人际关系的调整居于社会治理的首要位置。由此三方面特点形成了社稷守文化重群体、重人际关系、尊王权、重历史经验、推崇实证思维的文化特点。

这两种各具特点的上古文化，对于不同类型先秦文学作品的产生有极重要的作用。

二、上古文化精神与先秦文学类型

使文学传之久远的载体是文字。文字是人类文明进程的产物，是为了适应人们的社会需求而产生的。考古所见我国最早的雏形文字是诸城前寨、莒县陵阳河等大汶口文化遗址出土陶器上的17个合体象形文字，据研究，其与太阳祭祀等上古宗教活动有关①。文字的不断发展和逐渐丰富，使文学作品的记录成为可能。

---

① 参见王树明《谈陵阳河与大朱村出土的陶尊“文字”》，见《山东史前文化论文集》，齐鲁书社1986年版，第249～308页。

但是,无文字的史前阶段比有文字的历史阶段要漫长得多,仅据文字记载难以准确研究文学的起源问题。好在 20 世纪"二重证据法"的使用和"三重证据法"的提倡,扩大了古代文史研究的视野和取材范围。应用到文学研究方面,我们可以用现存原始部落的文学活动去比照逝去已久的我国史前文学的状况。1971 年,菲律宾棉兰老岛上发现了一个与世隔绝的、只有三把粗糙石斧作为生产工具的旧石器时代部落,称为"塔桑代人"。据实地考察者 K. 麦克利什报道,塔桑代人还没有形成人格神崇拜和灵魂崇拜,但在挖掘主食"比京"时,却"唱着一支'比京'之歌,表达寻到食物的感激心情,并向植物致谢"①。这种由原始崇拜的最初级状态——植物崇拜催生出"比京之歌"的文学现象,可引导我们去研究《山海经》对众多植物乃至动物的神秘描述,去探讨文学起源的诸多问题。

社会生产力的发展使人类从原始采集进入狩猎时代。《吴越春秋》卷五记载了一首古老的《弹歌》,可能是那个时代的遗留之作。其辞曰,"断竹,续竹;飞土,逐宍(肉)",活化了制造狩猎工具到驱逐猎兽的全过程。由歌词可见,这时人们不再像原始采集时代那样关注和歌颂获取的对象,而是关注获取者自身。较之于"比京之歌"的这一微小变化,可能经过了几万年到几十万年的孕育过程。它们都是有文字记录前的口头文学保留到现在的珍贵作品,有着极其宝贵的解析价值。

"比京之歌"的文学作用主要像 K. 麦克利什所说的"表达寻到食物的感激心情,并向植物致谢",是为歌颂超人的神秘力量而产

① 刘达成等编译:《当代原始部落漫游》,天津人民出版社 1982 年版,第 14 页。

生的，是情感性的作品。而《弹歌》的文学作用主要是记述社会生活片段以“垂教”于后世，是为歌颂人的活动与生活而产生的，是功用性的作品。非现实的、情感性的浪漫文学类型，和社会现实的、功用性的现实文学类型，在文学系统演化中都有非常重要的“初始作用”，后世文学主要是沿袭这两大文学类型发展而来的。

山川守文化的主要社会精神生活是祈福拜神、敬神娱神，举行各种祭祀活动。在祭祀中，鼓舞演唱是主要项目。演唱娱神中，或描述神灵的飘逸可爱，或诉说神界的富丽堂皇，或渲染地府的阴森可怕，在屈原、宋玉的辞赋作品中，不乏此类事例。这种现象的产生当与交感巫术有关。宗教民俗学家弗雷泽曾指出，交感作用是巫术赖以存在的思想原则，想象和现实在巫者的信念中往往是合二而一的①。在歌舞娱神的演唱中，施术者的思绪随神灵的飞翔、随神境的转换而飘游，上天入地，穷极八荒。山川守文化祭神中的这种特点，导致了其先民那种关注外界、思路开阔、精于想象的思维特点。而歌舞娱神中的所谓神界，实际上是天地自然万物在人们意识中的曲折反映。如《离骚》之天界巡游，自苍梧出发，历县圃而止于崦嵫；由羲和驾车，望舒、飞廉、雷师任凭驱使，都是通过想象来曲折地表现自己的情感。

浪漫奇想的山川守文化使其先民们在思考问题时把眼光更多地投向人身之外的奇幻世界和自然万物。在山川守文化影响下产生的方物著述，重形象、偏奇异，山川、草木、鸟兽、神怪莫不入篇，表现出对自然的深切关注，如《山海经》；在山川守文化影响下产生

① 见[英]詹·乔·弗雷泽《金枝》，大众文艺出版社 1998 年版，第 69 ~ 70 页。

的诸子著作,以自然和社会为双重关注对象,重在讨论天人关系,如《老子》《庄子》;在山川守文化影响下产生的文学创作,以社会、人生、天地、草木、神界等为多重表现对象,如屈原、宋玉的辞赋之作。它们多属于先秦文学中的浪漫型文学。

社稷守文化则特别关注社会政治与人间生活。社乃土地的象征,稷乃谷物的象征。社稷守文化是由原始农耕文化催生而出的,姬周族可谓此种文化的代表。姬周族建立的周王朝以及由它分封出的鲁、晋等姬姓国更多地保持着这种文化传统。原始农耕文化那聚族而居的地缘文化特点,造就了社稷守文化重人际关系的特点;日出而作、日入而息、春种秋收、周而复始的农耕文化特点,导致了社稷守文化的循序思维方式。重人际关系的思想内容和循序思维方式,成为社稷守文化的两大主要特点。

社稷守文化的重功用特点和循序思维方式使其先民们在思考问题时把眼光更多地投向人间生活。因而在社稷守文化影响下产生的史书,表述历史时以社会事件为主要内容,重在表现人与人之间的社会斗争,如《春秋》《左传》《国语》等;在社稷守文化影响下产生的子书,以社会问题为主要关注对象,重在讨论人际关系,如《论语》《孟子》《荀子》《韩非子》等;在社稷守文化影响下产生的文学作品,也主要以先王事迹、朝廷政治、民众生活为中心内容,如《诗经》中的"历史诗""政治诗",反映人民生活和情感的"民生诗"①,以及《穆天子传》等。它们多属于先秦文学中的现实型文学。

---

① 详参郑杰文《诗、骚精神与原始宗教》,见《第四届诗经国际学术研讨会论文集》,学苑出版社2000年版,第952~959页。

总之,山川守文化那重神灵、重祭祀的文化特点和关注外界、思路开阔、精于想象的思维方式,导致先秦文学中歌颂神秘力量和抒发情感作品的产生;社稷守文化的重功用特点和循序思维方式,导致先秦文学中以先王事迹、朝廷政治、民众生活为中心内容的功用性作品的产生。它们分别造就了先秦文学作品的不同文学类型,即神秘的、情感性的浪漫文学类型和社会的、功用性的现实文学类型。

三、研究文化精神与文学类型间关系的意义

研究上古不同文化系统的文化精神与先秦文学不同文学类型间的关系,对于先秦文学研究的深入发展具有极为重要的理论指导意义。

首先,研究上古不同文化系统的文化精神与先秦文学不同文学类型间的关系,可使我们更加准确地追寻先秦文学作品的不同文化渊源,推求先秦文学作品的不同社会文化背景。由于受司马迁所总结的"一统政权,单线更迭"的片面上古史观的影响,我们在追寻先秦文学作品的文化渊源,在推求先秦文学作品的文化背景时,往往不能明确区分不同上古文化系统的相异文化影响;往往不能从族源文化精神差异角度,去分析先秦文学作品的思想内容差异、文学风格差异和表现手法差异的思想文化原因;往往不能确切地从族源文化差异所导致的不同上古文化圈的生产方式、生活习俗、宗教信仰、语言习惯等社会生活差异中,去推寻产生先秦文学作品思想内容差异、文学风格差异和表现手法差异的社会现实原因。

其次,研究上古不同文化系统的文化精神与先秦文学不同文

学类型间的关系，可使我们更为明确、主动地寻绎先秦文学作品所体现的作者的族源思想文化流别，以更加深刻地认识和阐释先秦文学作品。在那交通相对不发达的上古时代，人们的眼界相对狭窄，生活范围相对狭小，因而受族源文化的影响就更为深重，所体现出的族源文化的影响就更加明显。这一切都会不自觉地表现在他们作品的思想内容中，都会不自觉地出现在他们作品的文学风格中，都会不自觉地表露在他们作品的表现方法中。当我们明白了不同上古文化系统的不同文化精神和相异文化特点对不同文学类型之形成的影响，就可以更加明确地依据作者所属的不同文化系统，去研究不同文化精神如何通过作者这一中介环节，影响到作品的思想内容、文学风格、表现方法，进而更加准确地理解和阐释文学作品。

再次，研究上古不同文化系统的文化精神与先秦文学不同文学类型间的关系，可使我们更加全面地把握先秦文学的发展、递变乃至其在文学发展史上的作用。上古文化精神差异所导致的文学作品思想内容、文学风格、表现方法的不同，大概到魏晋南北朝时还未消除殆尽。我们若能够区分上古不同文化系统之文化精神差异对先秦文学、两汉文学乃至魏晋南北朝文学作品的不同影响，就可以更加准确地把握不同文学思想传承、不同文学风格发展、不同文学手法递变乃至文学体裁演变间的区别和联系，在更为广阔的思想文化层面和社会文化层面上，探寻它们传承、发展、递变与演变的原因，以使我们对先秦文学、两汉文学乃至魏晋南北朝文学发展演变的把握更加接近真实。

（本文作者系山东大学儒学高等研究院教授）

论《庄子》的国家治理思想及其现代意义

吕锡琛

今传的《庄子》一书是庄周及其后学的著作汇编,庄学既是对老学的继承和发展,又综合了道家各派的思想主张。一般认为,《内篇》基本为庄子本人所作,《外篇》和《杂篇》主要出自庄子后学,但亦包含了庄子的思想。身处战国动乱之世,庄子对当时政治黑暗的社会现实深感失望,转而追求精神上的逍遥自适和人格的独立,故对当权者采取不合作的态度,婉拒同宗楚威王之聘,成为中国古代隐逸派的代表人物。尽管如此,但愚意以为,庄子及其后学绝非不问政治且逃避社会责任的人。同时,本人也不同意将疏离政治生活的隐者一概视为“非政治性的动物”。

愚意以为,以庄子为代表的隐者虽然“能仕而不仕”,远离政治上的浊流漩涡,向往精神上的逍遥自适,但却在内心渴盼政治清明和社会公正,他们用不同的方式、从不同的角度深切地关注政治,故能够超越“身在此山中”的局限,以旁观者的清醒和睿智,思考社会、人生的诸多问题。庄子及其后学深刻而激烈地抨击了“掯仁义者寡,利仁义者众”等社会弊病和“窃国者为诸侯”等罪恶现象,围绕着国家治理方式的合理性和正义性等问题进行诸多论述。追求

“利泽万世”的治理目标,倡导“帝王无为而天下功”的治理模式,论述为政者的理想型范,提出天下“共利”“共给”的经济要求。折射出庄子学派的政治理想,反映着道家阵营中的隐逸派出世而又入世、遁世却不忘天下的社会关怀。

一、利泽万世的治国理想

庄子学派继承了老子对仁义礼智的批判态度,对儒家以仁义礼智为中心的社会治理主张进行了更为激烈的抨击。其认为,仁义礼智违背人的自然本性:“屈折礼乐,呴俞仁义,以慰天下之心者,此失其常然也。”(《庄子·骈拇》)以仁义礼智等固定的道德规范框架来约束具有不同性格的人们,这就使他们失去了正常的状态,从而扼杀了人的自然本性。他认为道德应该是维持人的常然状态,而不是用外在的规范去进行强制。面对当时的政治黑暗现实,作者以激烈的言辞抨击说,儒家推崇的仁义是万恶之源,仁义与窃国相通,是统治者蒙骗人民,将国家据为己有的工具。“彼窃钩者诛,窃国者为诸侯,诸侯之门而仁义存焉。”(《庄子·胠箧》)作者还揭露说,仁义礼智已经变成了人们渔利的工具:“爱、利出乎仁义,捐仁义者寡,利仁义者众。夫仁义之行,唯且无诚,且假乎禽贪者器。”(《庄子·徐无鬼》)这些言辞完全否定了儒家以仁义礼智为核心的德治模式,固然有其偏颇之处,但却也深刻地揭露了当时统治者利用仁义礼智窃国谋私的丑恶现象。

庄子不满儒家建立在“爱有差等”和血缘关系基础之上的仁、孝等伦理道德规范,故提出了“至仁无亲”的原则。他指出,世俗的仁主要是指父母和子女相亲相爱,这是虎狼禽兽都能做到的,而最高的仁德是混万物而为一,无往而不亲,即“至仁无亲”。庄子阐述说:“夫至仁尚矣,孝固不足以言之。此非过孝之言也,不及孝之言也。”(《庄子·天运》)这句话的意思是说,至仁是最高的道德,孝本来就不足以说明至仁。这并非由于孝超过了至仁,而是因为孝与至仁本是不相及的。因为孝只是局限于血缘关系以内的道德规范,而“至仁”则是一种“利泽施于万世”的道德行为。因此二者是无法相比的。

为了说明“孝”与“至仁”之间的差异,庄子进一步区分出“敬孝”“爱孝”“忘亲”“使亲忘我”“兼忘天下”“使天下兼忘我”等不同的道德境界,并依次进行了比较。文中说:“以敬孝易,以爱孝难;以爱孝易,以忘亲难;忘亲易,使亲忘我难;使亲忘我易,兼忘天下难;兼忘天下易,使天下兼忘我难。”(《庄子·天运》)这就是说,外在的行动上尊敬父母,这是“敬孝”,是容易做到的,从内心热爱父母,这是“爱孝”,是较难做到的;但“爱孝”虽难,犹未脱离世俗的血缘关系和血缘道德,而“忘亲”则是超脱了血缘亲情,注目于血缘家庭之外,当然又难一筹;但要能够使双亲不为子女挂念则更难;而做到无亲疏差别,亲疏远近一概皆淡然处之则难而又难;要使天下之人皆淡忘掉我这个君主,自足自适,日用而不知,则是最难的了。作者根据世俗道德生活的实际情况而逐级揭示各种不同道德境界,如江河之波浪,一层高一层,层层推进,最后展现“使天下兼忘我”这一最高道德境界,这是对以上境界的全面超越,“利泽施于万世,天下莫知也”(《庄子·天运》)。为政者努力将福利恩泽施于万世之后,但却无人知道恩泽由何而自,发自何人,这种“使天下皆忘我”的至仁境界何其感人!他出自内心地深切关切民众的利益,为最广大的民众谋福利却毫不张扬,不图回报,这是一个伟大政治领袖的崇高道德形象。庄子笔下的这一道德楷模既表达出他对理想政治人物的期盼,更是对当时为政者的劝诫:作为社会管理者应该超越家庭、家族和政治集团的局限,“利泽施于万世”,无为不争,让人民各得其所,自得自足。从现代社会治理的角度来说,“利泽施于万世”的治国理想更启示为政者,在从事治理活动时,应该具有对后代负责、为子孙造福的担当精神和长远眼光,而不应只是为了眼前的政绩而忙忙碌碌,更不能以破坏环境或牺牲后人的利益为代价,利用所谓“政绩工程”为自己谋取私利或博取名声。

如果说,“利泽万世”主要表现为一种对子孙后代的负责精神,那么,“利泽万世”的同时还要做到“天下莫知”则更是展现了为民造福而毫不居功自傲的服务精神。这里所蕴含的道德价值和社会意义是儒家所标榜的仁政或以孝治天下等具有差等性的治理模式所不能相比的。

这种为功于民却不居功自傲的思想在书中多处皆有论述。例如,在《庄子·应帝王》中,阳子居向老子请教什么是“明王之治”,老子做如是回答:“明王之治:功盖天下而似不自己,化贷万物而民弗恃;有莫举名,使物自喜;立乎不测,而游于无有者也。”这里又一次告诫为政者,一个真正伟大的统治者应该将为天下立功业、为民众谋幸福视为自己自然而然的本分,而不应居功自傲,自夸自耀。

与上述治国理想相联系,《庄子》一书中在多处描绘了“至德之世”的理想道德境界,以下这两段话语是较为典型的:

> 至德之世,不尚贤,不使能;上如标枝,民如野鹿;端正而不知以为义,相爱而不知以为仁,实而不知以为忠,当而不知以为信;蠢动而相使,不以为赐。是故行而无迹,事而无传。(《庄子·天地》)

> 夫至德之世,同与禽兽居,族与万物并。恶乎知君子小人

哉？同乎无知，其德不离；同乎无欲，是谓素朴。素朴，而民性得矣。(《庄子·马蹄》)

在这一“至德之世”，人人品德高尚，贤能之人各当其位，因而不需要尚贤使能。统治者虽然身居高位，但如树林之梢，未见其尊。人民如野外之兽那样自由自在。人们品德端正却无“义”的观念，相亲相爱却无“仁”的观念，诚实无欺却无“忠”的观念，言行当理却无“信”的观念，互相帮助而无“赐”的观念。人们的一切活动均出于自然本性，而不靠人为的教化。君民淳朴，上下和平，故当时的活动事迹没有留下任何痕迹。在道德最高尚的时代，人们与鸟兽共处而彼此相安无事。在这个世界里，没有君子和小人的概念和区别。人人都守质朴，无智诈，无欲望，不失自然之本性。

从庄子对于“至德之世”的描画中，我们可以看到，他虽然认为仁义礼乐的产生是自然之道被破坏的结果，不是理想的道德境界，但却并非笼统地排斥仁、义、忠、信等道德规范，而是强调道德之实重于道德之名。在至德之世，人民虽然不知仁、义、忠、信等道德规范之名，但却具有端正、相爱、诚实、守信、相助等美德之实，这才是最重要的。作者赞赏“端正而不知以为义，相爱而不知以为仁”的状况，这似乎具有反对启发民众道德自觉的意向，但其良苦用心却在于告诫为政者摒弃道德形式主义，防止人们为争夺仁义之名而弄虚作假，更反对借仁义之名而谋取私利；力图倡导在道德实践中出乎自然、真朴无华、不图回报的崇高品德，追求人与人之间坦诚相待，互助互爱，保持人与自然万物之间的和谐共处。这里的积极意义是不言而喻的：谁都不可否认，具有端正、相爱、诚实、守信、相助等道德之实，远远胜于徒具仁、义、忠、信之虚名和标榜仁义以沽名钓誉的道德骗子。

《庄子》批判封建礼制那套繁文缛礼对于自然本性的束缚，摒弃在道德实践中的虚伪做作行为，追求“利泽万世”却不图回报，追求人与自然万物之间的和谐共处，人与人之间的互助互利，向往超越血缘关系、超越礼法束缚的“至仁”“贵真”优俗良俗。为了实现以上治国理想，作者又提出了一系列具体的治理主张。

二、“帝王无为”的治理模式

为了实现“利泽万世”“至德之世”等社会理想，庄子学派继承了老子无为而治的主张并进一步发展为“帝王无为”的治理模式，这些主张集中体现在《庄子》内篇的最后一篇《应帝王》中。应当具有什么样的品德才能成为治理天下的帝王呢？那就是能够听任自然、顺乎民情、行不言之教的人。

文中通过肩吾拜会隐士接舆时两人的交谈，表达了自己的治国主张。其文曰：“肩吾见狂接舆。狂接舆曰：‘日中始何以语女？’肩吾曰：‘告我：君人者以己出经式义度，人孰敢不听而化诸！’狂接舆曰：‘是欺德也。其于治天下也，犹涉海凿河，而使蚊负山也。’”在这段话中，肩吾的老师日中始所倡导的治国主张是一种典型的专制型模式，在这里，国君仅仅凭借自己的意志制定规矩、法度强迫民众服从，这种“孰敢不听而化诸”的服从，只是民众迫于强权而无奈的服从，这种表面上的秩序与服从并不是真正的社会稳定，是不可靠的。因此，接舆毫不客气地批评这种主观妄为的专制政治，说这是一种蒙骗民众的“欺德”，如此治理天下，就好像徒步下海开凿河道，让蚊虫背负大山一样。接着，庄子通过接舆之口表达了自己的治国主张：“夫圣人之治也，治外乎？正而后行，确乎能其事者而已矣。”（《庄子·应帝王》）作者反问道，高明的圣人难道只是停留于“治外”，即仅仅依靠法规刑律从外在去规范民众吗？他们会首先端正自己且顺应民众的本性而后感而化之，让民众各尽其能而已。因此，为政者将自己的意愿强加于民，强迫人们服从主观制定出来的“经式义度”，这是毫无政治合法性的。

庄子及其后学极大地发挥和丰富了自然无为的治国主张，在《天道》中，作者又针对儒家“恤穷困、悯妇孺”的社会理想提出了不同看法，认为这并非是最理想的治国之道。文中指出，君主能够不傲视和抛弃穷苦无告之人，悲悯死者，善待小孩，同情妇女，这固然算是好的统治，然而，“美则美矣，而未大也”，最伟大的社会治理应当如是：

> 天德而出宁，日月照而四时行，若昼夜之有经，云行而雨施矣……古之王天下者，奚为哉？天地而已矣！（《庄子·天道》）

君主效法天地自然而然的客观规律则天下安宁，如同日月的照耀，四季的转换，昼夜的交替，雨水的普降，社会合乎规律、公平无偏私地运行，因而天下之人皆各得其所，各有所归，不需要统治者刻意地去恤贫幼，悯死者。可见，古代帝王只需效法天地自然而然的客观规律而治天下——“天地而已矣”。这种依循天地自然之道而为的管理思想是一种低耗高效的管理模式。这一思想贯穿于《庄子》的全篇之中。即使是在讨论养生的“庖丁解牛”的寓言中，作者同样表达了顺道而为则可低耗高效的道理：那位庖丁十九年牛刀如新，可谓低耗也；“动刀甚微，謋然已解，如土委地”（《庄子·养生主》），可谓高效也。何能如此？奥妙就在于，庖丁能够“依乎天理……因其固然”，在宰牛活动中注重探寻规律，顺道而为，“臣之所好者道也，进乎技矣”。庖丁解牛的寓言表面上是谈养生之理,其实也是论做事之道,特别是彰显了依乎天理、顺道而为的道家治道之显著功效!

庄子所推崇的效法天地之道,也即无为而治,在《天地》篇中,作者更明确地表达了这一思想:"玄古之君天下,无为也,天德而已矣。以道观言,而天下之君正;以道观分,而君臣之义明;以道观能,而天下之官治;以道泛观,而万物之应备。……故曰:古之畜天下者,无欲而天下足,无为而万物化,渊静而百姓定。"(《庄子·天地》)这段话以古之君主为旗号,将无为而治的天道("天德")具体推行于政治治理的各个领域。以无为之道来考察官员之所言,就会辨别忠奸,去邪用良,使君主守于正道;以无为之道来考察君臣的职分,上下之义就会明确;以无为之道来观察官员的能力,就会使其很好地完成各自的职责;以无为之道博观万物,则万物也将以自然无为而应之,从而悉皆备足,各应其用,因此古代治天下者,无欲无为,虚静自然,就能使天下富足而百姓安定。

因此,作者将"无为"奉为"帝王之德"。在《庄子·天道》篇中,进而提出了君无为而臣有为的主张。何以要做如此区分呢?文中分析说:"夫帝王之德,以天地为宗,以道德为主,以无为为常。"因为无为才能发挥天下之人的力量,让自己处于"用天下而有余"的主动地位,而有为则会被他人所用,陷入"为天下用而不足"的被动困境。故践行无为和有为的行为主体是有所区别的,如果君臣上下皆践行无为,则是"下与上同德,下与上同德则不臣";如果皆实施有为,则是"上与下同道,上与下同道则不主"。也就是说,君臣上下各有其职以及与之相应的行为原则,如果不做区分,统而行之,则会产生臣而"不臣"、主而"不主"的失序现象。因此,作者将"无为"界定为处上者的行为,文中强调说:"上必无为而用天下,下必有为为天下用。此不易之道也。”(《庄子·天道》)这就第一次对实施“无为”的行为主体做出了严格而具体的规定,明确指出“无为”乃最高管理者以之“用天下”的治理之道;而各级下属则需要履行各自的职能“为天下用”,二者不能混淆,更不能颠倒。这一思想为《淮南子》“君无为而臣有为”的主张奠定了理论基础。

从《庄子》一书来看,“无为”这一“帝王之德”的基本内容包括以下几方面:

第一,宽容治民,顺应人性,给民众一个自由自在发展的空间。这是庄子无为而治主张中最有现代价值的思想。这一思想在《庄子·在宥》中有集中的表述。文中说:“闻在宥天下,不闻治天下也。在之也者,恐天下之淫其性也;宥之也者,恐天下之迁其德也。”在这里,庄子提出了一个与“治天下”的方式不同的“在宥天下”的管理方法,这里所说的“在”是悠游自在的意思,“宥”是宽容自得的意思,“在宥天下”就是在社会管理问题上追求自在宽容的方式,让天下之人自由地发展。而这里所谓的“治天下”,则是统治者以主观意愿制定“经式义度”控制民众,从而实现“孰敢不听而化”的专制统治。但是,这种借助强制手段的治理方式只是一种“治外”的方法,它让人“淫其性”“迁其德”,是不能够实现长治久安的。

庄子认为,治理天下应该“安其性命之情”,根据各人的不同特点而用之。因为万物各有其特性,众人也各有其长处,统治者不能让他们做同样的工作,书中说:“鱼处水而生,人处水而死。彼必相与异,其好恶故异也。故先圣不一其能,不同其事。名止于实,义设于适,是之谓条达而福持。”(《庄子·至乐》)鱼有水才能自下而上，而人在水中却要被淹死。他们相互各有特性，好恶本来就不相同。因此，先圣不将他们的能力、才能看作一样，不使他们的工作相同。名义限于与实际相符，义理要确定得适宜，这样就能使天下之事有条不紊，使天下之人心情舒畅，从而使国家长保幸福。

第二，君主不自言其德，不自恃其功。《知北游》中说："天地有大美而不言，四时有明法而不议，万物有成理而不说。圣人者，原天地之美而达万物之理。是故至人无为，大圣不作，观于天地之谓也。"天地虽然对万物施予了很多好处，但却从不自言其德；四时转换有明确的规律，不需议论；万物运行各遵内在的固有之理，不需解说。天地万物如此和谐有序地运行，一切皆自然天成！于是，圣人体悟了天地成就万物却不自夸的美德，明白了万物自化的无为之道，因此任物自成，不加妄作，不恃己功。庄子认为，为政者能够如此也就掌握了治天下的根本，"天下莫能与之争美"（《庄子·天道》）。

第三，君主不自恃聪明，不自逞其能。《天道》中通过对古代王者的描画而表达这一主张说："古之王天下者，知虽落天地，不自虑也；辩虽雕万物，不自说也；能虽穷海内，不自为也。天不产而万物化，地不长而万物育，帝王无为而天下功。……故曰：帝王之德配天地。此乘天地，驰万物，而用人群之道也。"古代的帝王虽然无所不知，智慧过人，能言善辩，才能超群，但却能够充分发挥臣下的积极性，自己不用心智，不自恃聪明，不自恃其能，而是给天下之人留下实现成功任事的空间。

更为可贵的是，作者明确地提出了"无为也则任事者责矣"这一结论，从而清楚地厘清了无为这一极易引起误解的概念。根据这一观点，所谓无为，就是最高管理者委职责于臣下，让属下各任其职,各负其责,因此而天下大治。无为而“任事者责”的局面又是如何可能的呢?我们不妨顺着作者的思路继续往前追寻。作者指出,“静则无为”,那么,如何才能“静”呢?作者剖析说,圣人并非认为安静是好的因此才守静,而是由于他修养深厚,故具有不被万物所扰乱的沉稳气度,“万物无足以铙心者,故静也”(《庄子·天道》)。在这里,作者简略的几句话就为人们描画了沉稳而不浮躁,善于统领全局而游刃有余的为政者气度。也就是说,君主沉稳安静,善于用人,就能给“任事者”留下主动履行职责的空间。显然,这是一种最高管理者宏观把握全局,下属分层负责的分层管理思想,从某种意义上说,汉代名臣陈平“各有主者”的做法正是对这一理论的实践。

第四,合并为公,无所偏私。这一思想集中体现在《则阳》篇中:

> 是故丘山积卑而为高,江河合水而为大,大人合并而为公。是以自外入者,有主而不执;由中出者,有正而不距。四时殊气,天不赐,故岁成;五官殊职,君不私,故国治;文武殊能,大人不赐,故德备;万物殊理,道不私,故无名,无名故无为,无为而无不为。(《庄子·则阳》)

这段话的宗旨最终落到了“无为而无不为”这一结论上。在作者看来,无为是由一系列宽容而公正无私的行为带来的自然而然的结果:丘山积累低卑才得以成其高峻,江河汇合众多支流才得以成为大川,高明的为政者合并众人的意见才成其公正。所以,善于从他人那里吸收智慧到心中,就能有主见而不固执成见;由自己心中说出道理,即使很正确却也不拒绝他人的意见。四时有不同的气候,但上天却不偏私某一个季节,所以四时之序得以形成;五官各有不同的职能,但君主却不偏私某一个官职,所以国家才能得到治理;文武各有其不同的才能,明君却不偏私某一方,所以文治武功之德行齐备。万物各有其不同的规律,大道却不偏私于某物,所以没有名状。无所名状就自然无为,自然无为就能让万物各为其为,无所不为。从这番话可以看出,《庄子》的作者进一步发展了老子的“无为而治”治理模式,赋予其顺应人性、宽容于物、不自恃功、不执己见、公正无偏等更为丰富的内涵。

三、“共利”“共给”的分配原则

建立合理公正的社会分配机制是实现长治久安的基础,故这是《庄子》社会治理主张的重要内容。作者关于社会分配原则的构想是建立在其哲学思想基础之上的。

书中沿袭了《老子》的道论,认为“道”是天地万物的根源和基础,宇宙间的一切都是以“道”为其最初本源和最大共性的有机统一整体。天地万物虽然形态各异,但其在本源上却是相同的,他们“假于异物,托于同体”(《庄子·大宗师》)。“天地虽大,其化均也”(《庄子·天地》),天地虽然广大,但它们的演化是均匀和谐的。

由上述万物同源、天地化均的思想直接引出了分配上“共利”“共给”的主张:既然不同的个体在本源上是相同的,既然天地的演化是均匀和谐的,那么,人类社会就应该不分贵贱,不分贫富,天下之人就应该共同享用大自然的恩惠和社会的财富。在《天地》中,庄子通过谆芒对苑风的一番话,表达了这一经济平等的思想。文中说:“四海之内共利之之谓悦,共给之之为安。……财用有余而不知其所自来,饮食取足而不知其所从”。在这一制度下,统治者与四海的老百姓共同享受一切利益,向四海的老百姓提供生活资财,这才称得上愉快和安乐。作者又通过尧与华地一位守封疆之人的对话,从另一个角度表达了不为私分的主张。当尧经过华地之时,此地有个守卫者见尧有圣人之德,故对他发出“使圣人富”的祝愿。然而尧却不愿意接受这一祝愿,认为“富则多事”。这位普通的守卫者开导他说,“富而使人分之,则何事之有”(《庄子·天地》)。的确,为政者拥有太多的财富很可能会令他人觊觎,滋生事端;而在物质财富极其有限的社会中,财富向社会高层的聚集必然加剧社会下层的贫困,从而生发各种难以预料的事变。而为政者如果能够不为私分,及时地调节社会财富的分配,“使人分之”,藏富于民,才能减小贫富分化,令天下安定。作者通过这位小人物,表达出社会下层重新分配财富以实现社会稳定的诉求,似乎相类于现代经济学中关于财富的二次分配的思想,颇有合理性。

在《庄子·山木》中,作者还通过市南宜僚所说的“建德之国”的状况,更完整地表达了天下共利、共给的社会分配理想。文中描述说:“其民愚而朴,少私而寡欲;知作而不知藏,与而不求其报;不知义之所适,不知礼之所将;……其生可乐,其死可葬。”“建德”即大德,“建德之国”即具有高尚道德的国家。这里的人民愚昧而纯朴,很少有个人的私欲;他们只知道劳动耕作,而不知将劳动成果私藏起来;他们慷慨地施舍于人,而又从不希求别人的报答;他们自由自在地生活着,生时非常快乐,死后可以安葬。这一理想社会包含以下几方面的内容:第一,人们勤恳劳作;第二,无私欲、无私财;第三,纯朴自然,无礼义、道德的束缚;第四,和睦无争,各得其乐。这真是一个人人劳动、各得其所的美好社会!

作者向往共利、共给、无私财的社会分配制度，故对于那些为个人聚敛财富的行径表示了鄙薄的态度。其认为，多积财富不仅无任何益处，反而会危害宝贵的身体。他说："夫富者，苦身疾作，多积财而不得尽用，其为形也亦外矣。"（《庄子·至乐》）汲汲于为个人积蓄财产的人往往会由此而产生各种苦恼，损害宝贵的身体，这实在是一种舍本求末的愚昧行为，因此，占有物质财富的所谓富人其实是很可悲的。在作者看来，真正的"富"并非指个人占有很多资财，而是指能够毫无偏私地包容不同的万物，"有万不同之谓富"。因此，君子不应该汲汲于积蓄个人私财，而应该"藏金于山，藏珠于渊；不利货财，不近贵富……不拘一世之利以为己私分……"（《庄子·天地》）

为了敦促为政者认识聚敛民财的危害，作者又通过魏国隐士徐无鬼教诲魏武侯的寓言，阐发了摒除私欲以颐养精神的道理，试图制止为政者搜括天下民财以足一己之私欲的行为。一开始，魏武侯询问徐无鬼，是否厌于山林生活而希望到此享受荣华富贵，徐无鬼不卑不亢地回答说，无鬼生于贫贱之家，并非欲求君王之厚禄，反而是来慰劳您的精神与身体。接着，他委婉地批评魏武侯"苦一国之民"以足己之私欲。其文曰："天地之养也一，登高不可以为长，居下不可以为短。君独为万乘之主，以苦一国之民，以养耳目鼻口，夫神者不自许也。"在这里，作者不是单纯从治国的视角来论述聚敛民财的弊端，而是强调这种行为对身心健康的危害："夫神者不自许也"，因为心神是"好和而恶奸"，"夫奸，病也"，武侯深陷此病，"故劳之"（《庄子·徐无鬼》）。面对君王居高临下的姿态，徐无鬼这番悲天悯人的话语不仅得体地回敬了君王的气势，更是巧妙地以"神者，好和而恶奸"之说来劝谏君王。何谓和，何谓奸？郭象于此注释说“与物共者，和也；私自许者，奸也”①。也就是说，与天下之人共享财富才能达到和谐，而聚敛民财满足一己之私，则是偏私之举，是有害于心神的病态，故应当放弃。在这个寓言中，作者虽未交代魏武侯是否接受了徐无鬼的批评，但他从养生的视角来劝谏为政者停止聚敛民财，与民共财以颐养心神，反映出作者“共利”“共给”的分配主张以及对道家学派身国同治、以养生促育德等治国主张的继承与发展。

在《天运》篇中，作者又说：“至贵，国爵并焉；至富，国财并焉。”“并”，通摒，即舍弃之意。此话的意思是说，能够舍弃国君爵位之人是最高贵的人，能够舍弃全国资财之人是最富有的人。此语的深意在于告诫为政者，只有一心为民众谋利益，不贪恋权位，不将国家的公共资源视为己有的人，才是至尊至贵、最充实富有、最有资格成为一国之君的人。

欲实现合理公正的社会分配正义，这需要建立和完善一系列与之相应的制度安排，《庄子》在这方面的思考基本只是停留于思想观念的层面，这显然是十分有限的。但在贫富分化极其严重的封建社会中，书中蕴含的共利、共给、不为私分等社会分配原则仍然是令人注目的。

四、“绝圣弃智”的治理途径

倡导和实践、推行仁义礼智，这是儒家实现其社会理想的重要途径，《庄子》对于仁义礼智持批判态度，当然也就决定了其社会治

---

① 郭象注，见〔清〕郭庆藩辑《庄子集释》，中华书局 1961 年版，第 826 页。

理在实践方式上与儒家迥异。通过为政者的自我约束和道德修养以实现国治民安,这是《庄子》国家治理的重要实践途径。从自然道论出发,作者认为,人类应该效法自然,体合天道,如此,才能达到天下大治的理想治理局面。那么,如何促使为政者体合大道呢?作者提出"绝圣弃智"等具体途径。

《庄子》的作者发展了老子"绝圣去智"的主张,他告诫说,帝王如果不能无为清虚,体合天道,而以智诈统治天下,则天下必然大乱:"上诚好知而无道,则天下大乱矣。"作者以捕捉鸟兽为例,说明了攻之愈密、避之愈巧,巧诈愈多,悖乱愈盛的道理。由此,文中总结说:"故天下每每大乱,罪在于好知","甚矣,夫好知之乱天下也!"(《庄子·胠箧》)只有"绝圣去智""绝仁弃义",这才是体合天道的重要途径。这些思想是对当时天下逐鹿,竞相逞智,尔虞我诈现状的批判和反思。

这种批判和反思引出了诸多激愤之词:"绝圣弃知,大盗乃止;擿玉毁珠,小盗不起;焚符破玺,而民朴鄙;掊斗折衡,而民不争;殚残天下之圣法,而民始可与论议……大巧若拙。削曾、史之行,钳杨、墨之口,攘弃仁义,而天下之德始玄同矣。"(《庄子·胠箧》)抛弃睿圣和智慧,窃国大盗就不会再出现;扔掉珠玉,小偷就不会产生;焚烧砸掉表示诚信的符玺,狡诈之人就无法利用其欺世盗名,于是人民归于纯朴;劈碎、折断斗和秤,人们就不会争利;彻底摧毁天下之圣法,才可能与人民谈论大道。自然纯朴,不着人为,才是最高明的巧。铲除曾参、史鱼那种孝顺忠直的品行,钳闭杨朱、墨翟那样的弘辩之口,攘弃仁义,天下之人才能保全本性,达到老子所说的与天道混同的玄同境界。这些话语,当然失之过激,但也表现出庄子强烈的社会批判意识。

还必须指明的是,庄子学派虽然主张“绝圣弃智”“削曾、史之行”,但却并未否定为政者践行道德的示范作用,反而更深化了这方面的思考。作者剖析现实生活中虚伪欺诈之风盛行的原因说,由于为政者隐匿事物真相而愚弄广大民众,加重任务而处罚力不能胜任的人,从而导致“民知力竭,则以伪继之,日出多伪,士民安取不伪”。出于对为政者苛求于民、欺世盗名等黑暗现实的批判和反思,《庄子》的作者倡导为政者扎扎实实地践行道德,为民作范,用身教而不用言教,以自身的榜样教化百姓,而不能苛责于臣民。《则阳》中说:“古之君人者,以得为在民,以失为在己;以正为在民,以枉为在己。故一形有失其形者,退而自责。”古代的君主总是将成功和正确归于百姓,将失败和错误归于自己,物之形性若有亏失,君主则退而自责。《人间世》中更是点明了为政者不能反求诸己的弊端说:“古之至人,先存诸己,而后存诸人。所存于己者未定,何暇至于暴人之所行?”古代的有道之君,先在自己身上确立起“道”的原则,然后再去培养别人。自己尚且动摇不定,何能教育感化残暴之人,阻止他们做坏事呢?这些思想大大地深化了《老子》“行不言之教”“我无为而民自化”等治国主张。

与“绝圣弃智”的实践途径相一致,庄子及其后学深刻认识到保持心灵的虚静恬淡对于为政者的重要意义。他们继承了《老子》致虚守静的思想,视虚静恬淡为“万物之本”,是“为君”“为臣”皆应持守的:“以此处上,帝王天子之德也;以此处下,玄圣素王之道也。以此退居而闲游,则江海山林之士服;以此进为而抚世,则功大名显而天下一也。……此之谓大本大宗,与天和者也;所以均调天下,与人和者也。”(《庄子·天道》)

为了保持心灵的虚静,书中提出了“无己”“坐忘”“养神”等主张。“无己”，即从精神上超脱一切自然和社会的限制，泯灭物、我，泯灭我之好恶之情，以致达到“形若槁骸，心若死灰”。此又称之为“丧我”“坐忘”，也就是忘却仁义礼乐，抛却外物，“堕肢体，黜聪明，离形去知，同于大通”（《庄子·大宗师》），与自然之道合一。“养神”的具体要求是“纯粹而不杂，静一而不变，淡而无为，动而以天行，此养神之道也”。

以上主张试图通过为政者恬淡虚静，闭门修养，体合天道，绝圣弃智，复归纯朴本性，从而实现社会风气的纯朴，“均调天下”，上下相和，作者将理想社会的实现寄托于为政者个人的心性修养和品德完善之上，这当然是不切实际的幻想，亦反映出中国古代社会人治政治的巨大投影。毋庸讳言，这是庄学的国家治理思想之局限性，但其要求为政者淡化争名夺利的私欲，不聚私财、俭啬寡欲、摒伪去诈、冷静淡泊，显然又包含了不少值得珍视的思想火花，它有助于为政者在社会治理活动中收敛私欲、崇俭抑奢、修德自律、尊重民意、开诚布公、由控制、强制转为协调与服务。这不仅在中国政治思想史上具有积极意义，同时也与现代反腐倡廉、还政于民、服务行政等治理思路相一致，是构建中国特色国家治理理论的重要文化资源。

（本文作者系中南大学公共管理学院教授）

论老子的和谐思想

刘固盛

南宋道教学者李嘉谋曾说:“《老子》五千言,以之求道则道得,以之治国则国治,以之修身则身安。”(《道德真经义解》卷二)这里概括了老子思想的主要方面,即求道、治国、修身,亦即哲学、政治、养生三个方面。当然,老子的思想博大精深,所涉内容极其广泛,但从这三个方面出发,大致可以把握其主要内容。我们发现,老子的哲学思考与对礼制文化以及生命价值的思考紧密联系在一起,在老子对道乃至对社会与人生的探求过程中,自始至终贯彻着一个中心思想,那就是“和”。《老子》第五十五章云,“知和曰常”,王弼解释说:“物以和为常,故知和则得常也。”确实,老子思想中充满了和谐的智慧,对此,本文拟做简要论述。

一、天地之和

老子在中国思想史上第一次建立起了以“道”为核心的哲学体系,从宇宙论的角度讲,道是天地万物之本原,这是《老子》书中反复加以阐述的,如,“道冲而用之,或不盈。渊兮似万物之宗”(《老子》第四章),“道生之,德畜之,物形之,势成之。是以万物莫不尊道而贵德……故道生之,德畜之,长之育之,亭之毒之,养之覆之”(《老子》第五十一章)。道是万物之宗,天地万物、宇宙间的一切,都是由道生育而成的,而道这种生生不息的作用,又是以“和”为基础的。例如对于道生万物的过程,老子用极其精辟的语言概括说:

> 道生一,一生二,二生三,三生万物。万物负阴而抱阳,冲气以为和。(《老子》第四十二章)

这既是指道创生万物的具体过程,同时又是一种高度的抽象,这里的“一”“二”“三”并非简单的数字,而是具有丰富的内涵。而且,为什么是“三生万物”呢?看来这个“三”是十分特殊的,严遵《老子指归》将“三”释为“和、清、浊”,《河上公章句》则云,“道始所生者,一也”,“一生阴与阳也”,“阴阳生和、清、浊三气,分为天、地、人也”(《河上公章句》卷三)。河上注把“三”解释成和、清、浊三气,由此演化为天、地、人三才。受河上注的影响,以后很多《老子》注家直接把“三”理解为三才,当然,三才的形成乃是以和作为基本条件的。

不过,在老学史上,还有一种十分流行的观点,即直接把“三”解释为“和”或者“和气”。如唐代李约云,“三者,阴阳相感通而生和气也”,“三生万物”即“和气聚而生万物也”。(《道德真经新注》卷三)李约的注解颇具代表性,宋代许多解《老》的学者也有类似的观点。如司马光用“济以中和”解释“三”,陆佃则云:“道生一,太极也。一生二,阴阳也。二生三,冲气也。有阴有阳,而阴阳之中又有冲气,则万物于是乎生矣,故曰三生万物。”(李霖《道德真经取善集》卷七)冲气也就是和气,如范应元云:“冲,虚也,和也。”(《老子道德经古本集注》卷下)这些老学研究者认为,为什么三能够生万物呢?是因为三代表“和”,万物正是由“和”或“和气”而形成的。这种观点强调了“和”在道生万物这一创生过程中的重要作用，应该说，这是比较符合老子原旨的。由此也可以推知，既然天地万物由“和”而产生，那么天地万物本身也当然是和谐有序的。

老子之道的另一层含义，当指事物运动变化的规律，而宇宙之内一切事物变化发展的规律，无不以“和”为特征。《老子》第二章讲到事物发展的对立统一：

> 天下皆知美之为美，斯恶已；皆知善之为善，斯不善已。
>
> 有无相生，难易相成，长短相形，高下相盈，音声相和，前后相随，恒也。

通行本无“恒也”两字，据帛书本加。“恒也”两字十分重要，说明事物的存在不是单一的，而是以有无、难易、长短、高下、音声、前后之类形成相对存在，且彼此之间相互依赖，相互转化，由此体现出了“和”的法则。又如以下的论述：

> 曲则全，枉则直，漥则盈，敝则新，少则得，多则惑。
>
> 是以圣人抱一为天下式。（《老子》第二十二章）
>
> 祸兮，福之所倚；福兮，祸之所伏。孰知其极？其无正也。正复为奇，善复为妖。人之迷，其日固久。（《老子》第五十八章）

这都是讲事物对立转化的规律。在《老子》书中，相互对立的概念非常多，除上面提到的有无、祸福、枉直等以外，又如大小、轻重、雄雌、死生、强弱、刚柔、是非、智愚、治乱等，以上诸因素的运行变化，都遵循道的法则，一言以括之，即：

> 反者，道之动。（《老子》第四十章）

道的运动，使一切事物都向相反的方向变化，这是老子对事物发展变化规律的深刻表述。该命题表明，宇宙万物的变化，都要走向自己的对立面，这是一个普遍的法则。而且，这种变化是循环往复，永不停息的，也是和谐发展的，因为道“独立而不改，周行而不殆”，强名之曰“大”，“大曰逝，逝曰远，远曰反”（《老子》第二十五章）。万物的运行，总是要“复归其根”，回到其本始状态，道循环往复的运动是和谐的运动。

从道生万物到道的运动，都体现出了和的原则，而道本身最大的特点也是和，和即自然。《老子》第二十五章云：“人法地，地法天，天法道，道法自然。”对这几句话，《河上公章句》解释曰，“人当法地安静和柔，种之得五谷，掘之得甘泉，劳而不怨，有功而不置也”，“天淡泊不动，施而不求报，生长万物，无所收取”，“道清静不言，阴行精气，万物自成也”，“道性自然，无所法也”。（《河上公章句》卷二）王弼注曰：

> 法谓法则也。人不违地，乃得全安，法地也。地不违天，乃得全载，法天也。天不违道，乃得全覆，法道也。道不违自然，乃得其性，法自然者，在方而法方，在圆而法圆，于自然无所违也。自然者，无称之言，穷极之辞也。用智不及无知，而形魄不及精象，精象不及无形，有仪不及无仪，故转相法也。道顺自然，天故资焉；天法于道，地故则焉；地法于天，人故象焉。

河上注较为简要，但也抓住了要害，即“道性自然”，也就是说，道的本性就是自然。由于道的作用，那么宇宙万物及社会人事都应顺着自然的品性去发展。王弼注更为详细，并深得老子思想的要旨：“法自然者，在方而法方，在圆而法圆，于自然无所违也。”可见，自然是去掉外界的干扰，任事物顺着自身的状况去发展。自然是“穷

极之辞”,除此,没有更好的言辞来描述道的特性了。道性自然,天、地、人最终所取法的都是自然:

> 希言自然。(《老子》第二十三章)
>
> 道之尊,德之贵,夫莫之命而常自然。(《老子》第五十一章)
>
> 悠兮其贵言。功成事遂,百姓皆谓我自然。(《老子》第十七章)
>
> 是以圣人欲不欲,不贵难得之货;学不学,复众人之所过,以辅万物之自然而不敢为。(《老子》第六十四章)

以上所说的自然,都是指一种顺任自然的状态。这些描述,从宇宙、社会、人事各方面表现出了老子之道的具体内涵,也体现出了老子之道的和谐特征。

二、社会之和

老子深刻地认识到,儒家的礼制文化造成了社会的不和谐,所以指出,“大道废,有仁义;智慧出,有大伪;六亲不和,有孝慈;国家昏乱,有忠臣”(《老子》第十八章),“绝圣弃智,民利百倍”(《老子》第十九章),“民之难治,以其智多”(《老子》第六十五章)。老子认为,如果要使社会真正归于宁静与和谐,就必须对以仁义为中心的政治伦理信条进行反思。他说:

> 上德不德,是以有德,下德不失德,是以无德。
>
> 上德无为而无以为,下德无为而有以为。
>
> 上仁为之而无以为,上义为之而有以为。
>
> 上礼为之而莫之应,则攘臂而扔之。
>
> 故失道而后德,失德而后仁,失仁而后义,失义而后礼。

夫礼者,忠信之薄,而乱之首。(《老子》第三十八章)

老子指出,只有那些对道有真正领悟的上德之人才能无为而无不为,相反,那些对道没有领悟的下德之人则难免有所局限,而现实生活中普遍的虚伪和混乱,正是由儒家的礼制文化所造成的。

老子认为,要想使社会回归到和谐的状态,人们需要换一种生活方式,于是他提出了其理想政治。老子理想的政治是道治,道治的主要内涵是无为。老子政治思想的核心内容,即无为而治,无为而治的社会,一定是和谐的社会。由此可见,"无为"的观念,在老子思想体系中占据着极为重要的地位,如陈鼓应先生所指出的:"老子著书立说最大的动机和目的就在于发挥无为的思想。甚至于他的形上学也是基因于'无为'思想而创设的。"①

老子无为的思想贯穿全书,典型表述如第五十七章:

我无为,而民自化;我好静,而民自正;我无事,而民自富;我无欲,而民自朴。

"无为"是老子政治思想的总纲,"好静""无事""无欲"都可视作"无为"的内涵,按其本意,即对事情不加干预,顺任自然,正所谓"圣人……以辅万物之自然而不敢为"。"无为",是针对"有为"来说的,如:

民之饥,以其上食税之多,是以饥。

民之难治,以其上之有为,是以难治。(《老子》第七十五章)

天下多忌讳,而民弥贫;人多利器,国家滋昏;人多伎巧,

---

① 陈鼓应:《老子注译及评介》,中华书局1984年版,第33页。

奇物滋起;法令滋彰,盗贼多有。(《老子》第五十七章)

社会上的种种不和谐,都是“有为”造成的,这里的“有为”,实际上就是“妄为”。由于统治者的妄为,使得民众贫困,国家昏乱,以至难以治理了。因此,老子强调,高明的统治者,应该“处无为之事,行不言之教”(《老子》第二章),“不行而知,不见而明,不为而成”(《老子》第四十七章)。

当然,老子倡导的无为,并非消极的无所作为,而是在自然的原则下不妄为,最后的结果则是“无为而无不为”,即如第三十七章所示:

道常无为而无不为。侯王若能守之,万物将自化。化而欲作,吾将镇之以无名之朴。镇之以无名之朴,夫将不欲。不欲以静,天下将自正。

又如第四十八章所云:

为学日益,为道日损。损之又损,以至于无为。

无为而无不为。取天下常以无事,及其有事,不足以取天下。

看来,“无为”是一种手段、方法,而“无不为”才是真正的目的,侯王体道,以无为的原则进行治理,“天下将自正”。这里顺便指出,由于帛书甲、乙本第三十七章首句作“道恒无名”,而不是“无为而无不为”,而四十八章的“无为而无不为”六字,帛书甲本、乙本则全残,故有学者指出,“道恒无名”是老子原文,老子谈“无为”,但不谈“无不为”,如高明先生即认为:“今本‘无为而无不为’句,世传本中出现的次数不同而皆有之,已成《老子》中之名言。但在帛书《老子》《甲》《乙》本中,均无此痕迹。帛书《老子》只有‘无为而无以为’,而无‘无为而无不为’。‘无为而无不为’本不出于《老子》,它是汉初黄老学派之产物。”①这一观点得到了很多学者的认同。然而，郭店楚简《老子》的出土，证明此观点并非确论，如廖名春认为，郑良树、高明据帛书甲、乙本推断王弼本第三十七章“无为而无不为”中“而无不为”四字系衍文，为后人篡改所致，这一看法是正确的，因为竹简《老子》此处亦作“道，恒无为也”。但并不能够由此得出《老子》原本没有“无为而无不为”思想的结论，因为今本《老子》第四十八章“无为而无不为”之文，楚简正作“亡为而亡不为”。可见，从荆门楚简本《老子》看，今本《老子》关于“无为而无不为”的几处记载虽在流传过程中不免有错讹存在，但今本《老子》第四十八章的“无为而无不为”说肯定是“《老子》原本之旧”。结合楚简本《老子》，再从帛书甲、乙本、严遵《指归》本、《老子》一书的思想体系和思维方式看，否定老子有“无为而无不为”说都是不能成立的②。

显然，无为而无不为确是老子的思想，无为是顺其自然发展，无不为则是自然而然地成功了，这就是《老子》第三章所说的“为无为，则无不治”。

与无为相关的另一概念是清静，司马迁评价老子时用的是“无为自化，清静自正”八个字，清静、无为实际上是密不可分的，《老子》第十六章曰：

致虚极，守静笃。

万物并作，吾以观复。

---

① 高明：《帛书老子校注·序》，中华书局1996年版，第5页。

② 参廖名春《〈老子〉“无为而无不为”说新证》，见《中国哲学》第20辑，辽宁教育出版社1999年版，第148~159页。

> 夫物芸芸，各复归其根。归根曰静，静曰复命。复命曰常，知常曰明。不知常，妄作凶。
>
> 知常容，容乃公，公乃全，全乃天，天乃道，道乃久，没身不殆。

虚静是道性的一种描写。万物的生长发展，是一个循环往复的过程，最后要回归到静的状态，静即本根，这是由道的特性所决定的。道的这一特性，决定了老子在政治上的主张是清静无为。所以他说：

> 不欲以静，天下将自正。（《老子》第三十七章）
>
> 静胜躁，寒胜热。清静为天下正。（《老子》第四十五章）

老子主张清静无为，反对的是急躁烦扰，所以他认为“治大国，若烹小鲜”（《老子》第六十章）。对于此句，王弼注曰：

> 不扰也。躁则多害，静则全真。故其国弥大，而其主弥静，然后乃能广得众心矣。

王弼的理解，可谓把握了老子思想之要旨。

与清静无为相关的另一主张，那就是提倡“不争”。《老子》第六十七章云：

> 我有三宝，持而保之。一曰慈，二曰俭，三曰不敢为天下先。
>
> 慈故能勇；俭故能广；不敢为天下先，故能成器长。
>
> 今舍慈且勇；舍俭且广；舍后且先，死矣。

老子把“不敢为天下先”视为“三宝”之一，可见他对“不先”“不争”的重视。老子以水、江海为喻，阐明了“不争”的道理：

> 上善若水。水善利万物而不争，处众人之所恶，故几于道。

居善地，心善渊，与善仁，言善信，政善治，事善能，动善时。

夫唯不争，故无尤。（《老子》第八章）

江海之所以能为百谷王者，以其善下之，故能为百谷王。

是以圣人欲上民，必以言下之；欲先民，必以身后之。是以圣人处上而民不重，处前而民不害。是以天下乐推而不厌。以其不争，故天下莫能与之争。（《老子》第六十六章）

老子尚水，以水喻道，因为水是不争的，然而“天下莫柔弱于水，而功坚强者莫之能胜”（《老子》第七十八章），所以老子得出结论，“天之道，不争而善胜”（《老子》第七十三章），人效法天之道，故“人之道，为而不争”（《老子》第八十一章）。

值得注意的是，老子的不争，并非放弃，并非消极退让，而是“夫唯不争，故无尤”，“以其不争，故天下莫能与之争”，可见，不争只是手段、策略，“天下莫能与之争”才是结果，这与无为的思想是一致的，即无为而无不为。

最后还要谈到的是老子“小国寡民”的政治理想，第八十章云：

小国寡民。使有什伯之器而不用；使民重死而不远徙。虽有舟舆，无所乘之；虽有甲兵，无所陈之。使民复结绳而用之。

甘其食，美其服，安其居，乐其俗。邻国相望，鸡犬之声相闻，民至老死，不相往来。

此章为老子思想带来许多是非，曾被普遍指责为消极落后、开历史的倒车。现在看来，这种指责显然是片面的。“小国寡民”的理想社会虽然带有对历史的追忆，并且不可能实现，但仍然有其积极的意义。有学者指出，老子的理想社会，相当于中国古代井田制度的时期,反映了老子崇古的倾向与对过去公社生活的憧憬,并且,这不是老子一人的特点,而几乎是先秦诸子的共同向往①。有人认为,"小国寡民"集中体现了老子的各项基本政治原则,是老子用以解决他的时代的迫切问题的总方案,老子试图通过这一方案来消除战乱,为人民提供一种纯朴自然、安全、宁静的生活,这是符合当时人民的要求与愿望的,也是人民所渴望的②。这些看法都有一定道理。老子通过他的理想设计,希望人民回到一种纯朴和谐的生活中,能够"自化""自正""自富""自朴",其实这也是《老子》第六十五章"古之善为道者,非以明民,将以愚之"之意。应该指出,这章历来被认为是老子在推行愚民政策,这也是有违老旨的。其实,这里的"愚"并非指愚昧,而是淳朴、质朴的意思,如范应元的解释:

> 将以愚之,使淳朴不散,智诈不生也。所谓"愚之"者,非欺也,但因其自然,不以穿凿私意导之也。(《老子道德经古本集注》卷下)

范解是非常有道理的,老子所说的"虽有舟舆,无所乘之……使民复结绳而用之",正是"淳朴不散,智诈不生"的具体表现。"因其自然,不以穿凿私意导之",即无为而治;无为而治的结果,即"甘其食,美其服,安其居,乐其俗"。由此可见,老子"小国寡民"的政治理想,体现了老子对和谐社会的构想,与他的无为而治思想是完全一致的。

---

① 参见胡曲园《从〈老子〉说到中国古代社会》,载《复旦学报(社会科学版)》1987 年第 1 期。

② 参见杨鸿儒著《无为自化——重读老子》,四川人民出版社 1997 年版,第 57 页。

三、个体生命之和

《老子》一书中含有丰富的养生思想，其中既有养生学的基本原则，也有具体的养生方法，因此，道教、医家等都把老子尊为养生的祖师。老子之道，既是世界本根的自然之道，又是“清静无为”的治国之道，还是“深根固柢”的“长生久视之道”。

首先值得关注的是，老子明确提出了养生的概念。《老子》第五十章云：

> 出生入死。生之徒，十有三；死之徒，十有三；人之生，动之于死地，亦十有三。
>
> 夫何故？以其生生之厚。盖闻善摄生者，陆行不遇兕虎，入军不被甲兵；兕无所投其角，虎无所用其爪，兵无所容其刃。夫何故？以其无死地。

“善摄生者”就是善于养生的人。人生在世，有一部分经历着自然的生死过程，还有一部分，由于求生过度，反而伤害了生命，只有极少数善于养生的人，才能经受住各种考验，得以长生。这里顺便讨论一下“十有三”的含义，在老学史上主要有两解：一种理解为十三，如韩非子《解老》认为指“四肢与九窍”，河上注亦认为是“九窍四关”，还有解为“内五脏，外八使”或“五脏、五形、三田”（李约《道德真经新注》卷三）等，内容各异，但不离十三之数，此类解释，似显牵强。另一种观点则把“十有三”解释成十分之三，如王弼即认为是“十分有三分”。王弼的理解有其合理之处，但也产生了一个问题：生、死之徒以及“人之生，动之于死地”之徒各十有三，总计为十分之九，那么还有十分之一哪里去了呢？很多解《老》者认为十分之九乃是大约言之，当然也可以说通，但并非确解。个人认为苏辙的解释颇有可取之处，他说：

> 生死之道以十言之，三者各居其三矣，岂非生死之道九，而不生不死之道一而已乎？不生不死，则《易》所谓“寂然不动”者也。老子言其九，不言其一，使人自得之，以寄无思无为之妙也。（《道德真经注》卷三）

苏辙认为十分之九言生死之道，剩下的十分之一乃指不生不死之道，即超越生死之道，这一解释也许更加切合老旨。

在第五十九章，老子进一步阐述了“长生久视之道”：

> 治人事天，莫若啬。
>
> 夫唯啬，是谓早服；早服谓之重积德；重积德则无不克；无不克则莫知其极；莫知其极，可以有国；有国之母，可以长久；是谓深根固柢，长生久视之道。

这一章反映了老子思想中把养生与治国结合起来的特点，在治国方面，可以理解为爱惜形神、无知无欲、实行无为的政治，即可长久地治理好国家。但此章也可以从养生的角度理解，如《河上公章句》云，“国身同也。母，道也。人能保身中之道，使精气不劳，五神不苦，则可以长久”，“人能以气为根，以精为蒂，如树根不深则拔，叶蒂不坚则落。言当深藏其气，固守其精，无使漏泄”，“深根固蒂者，乃长生久视之道”。河上公注所突出的老子养生思想的特点，在这里也得到了体现。

老子养生之道的精髓，概言之，仍然在于“和”。而要达到个体生命之和，则有以下几个方面需要注意：

其一，养神。

老子认为，人的生命是魂和魄的和谐统一，如果精神与形体合一不离，则形神相依，可以长寿。所以，老子的养生思想重视养形，但更重视养神。例如第六章说：

> 谷神不死，是谓玄牝，玄牝之门，是谓天地根。绵绵若存，用之不勤。

这一章历来为研究老子养生思想的学者所重视。谷神所指为何，乃理解此章的关键。《河上公章句》云：

> 谷，养也，人能养神则不死，神谓五脏神：肝藏魂，肺藏魄，心藏神，肾藏精，脾藏志。五脏尽伤，则五神去矣。

河上公将“谷神”解释为“养神”，十分独特，而从养生的角度来看，这一解释还是可取的。的确，养神在老子养生思想中占据十分重要的地位，它是养生的关键之所在。

其二，保守精气。

《老子》第十章指出，“专气致柔，能婴儿乎？”强调守气在养生中的重要性。对于这句话，金代的赵秉文有一注解：

> 神不治则气乱，强者好斗，弱者善畏，不自知也。神治则气不妄作，喜怒各以其类，是之谓专气。神，虚之至也。气，实之始也。虚之极为柔，实之极为刚，纯性而亡气，是之谓致柔。婴儿不知好恶，是以性全，性全而气微，气微而体柔，专气致柔能如婴儿，极矣。（《道德真经集解》卷一）

此解颇得老子之旨。老子所谓的守气，与养生是密切相关的，养神要虚，守气要柔，如能达到婴儿的状态，当然是最为理想的。因为婴儿“骨弱筋柔而握固。未知牝牡之合而朘作，精之至也”（《老子》第五十五章），婴儿筋骨柔弱而精气充沛，因而生命力旺盛。

怎样保守精气呢？赵秉文认为“气微而体柔”，这也是很有道理的，其方法即如老子所言：“绵绵若存，用之不勤。”《河上公章句》曰，“鼻口呼吸喘息，当绵绵微妙，若可存，复若无有”，“用气当宽舒,不当为急疾勤劳"。(《老子河上公章句》卷一)河上公这里谈的是具体运气的方法,所体现的基本原则,向来为养生家所认可。

其三,复归于朴。

老子认为,养生不仅要养神守气,还须少私寡欲,从而复归于朴。《老子》第五十章说到,为什么"人之生,动之于死地,亦十有三"呢?那是因为"以其生生之厚",即奢侈淫佚,奉养过厚。《老子》第十二章又云:

> 五色令人目盲;五音令人耳聋;五味令人口爽;驰骋畋猎,令人心发狂;难得之货,令人行妨。
>
> 是以圣人为腹不为目,故去彼取此。

此章集中说明多欲伤身,不利于养生。是故老子又指出:"甚爱必大费;多藏必厚亡。故知足不辱,知止不殆,可以长久。"(《老子》第四十四章)人对物质的追求,切不可过度,而应该"见素抱朴,少私寡欲"(《老子》第十九章)。

为了复归于朴,既要反对多欲,还要善于守静。老子认为,治国要清静,养生亦须清静。"夫物芸芸,各复归其根。归根曰静,静曰复命。"(《老子》第十六章)可见,生命的源头,是以虚静为根基的,养生只有恢复到生命的原始状态,即虚静的境界,才与常道相合。养生者如果真的能够"致虚极,守静笃",那肯定能够和谐自然,与道合真,从而"长生久视"了。

四、余论

自二十世纪八十年代以来,老学研究有了很大的发展,对《老子》的研究已涉及哲学、宗教、政治、美学、史学、气功、养生、管理、谋略、处世、自然科学、环境保护、建筑、军事、经济、法律、教育、伦理、医学、心理学、语言学、逻辑学、文学、文献学、老学史等二十多个方面①，尽管这些研究成果并不排除研究者的个人认识与主观发挥，但仍足见老子思想的丰富多彩及其重大的现实价值。崔大华先生曾指出："在现代观念背景下，道家思想在获得新的理解和确认的同时，则显示出它可能会是属于未来高文化、高理性人类的一种哲学选择。"②任继愈先生则认为，只有站在时代的前沿，具有向前看的眼光、恢宏的学术气度、深厚的科学素养，才能真正读透《老子》，才能真正发掘老学乃至中国传统文化的内在价值。③ 确实，老子思想具有永恒的、普遍性的意义，其和谐思想在今天同样可以给我们诸多启示。

（本文作者系华中师范大学历史文化学院教授）

---

① 参熊铁基等《二十世纪中国老学》，福建人民出版社 2002 年版，第 338 页。

② 崔大华：《道家思想及其现代意义》，载《文史哲》1995 年第 1 期。

③ 参见张岂之《老子思想研讨的新收获》，载《华夏文化》1994 年第 1 期。

论道家、道教中和均平的社会发展观

孔令宏

道家具有以道为本的相对价值观。道体现在社会秩序方面，如帛书《原道》所说："贵者必以贱为号，而高者必以下为基……得一之道，而以少正多。"这就是说，社会各阶层、各职业的形形色色的人是相互依存、缺一不可的。这是一切政治活动的出发点。只有各方都能生存，各种人都满意，社会秩序才会和谐。由此出发，道家、道教提出了中和均平、坚持社会正义的主张，力图从多个方面构建和谐社会。

与儒家谈中庸近似，道家、道教主张中和。《管子·宙合》说，"中正者，治之本也"，这是把中正视为治道的根本。《管子·正第》具体发挥说："中和慎敬，能日新乎……能服日新，此谓行理。"《管子·五辅》进而要求人君说，"为人君者中正而无私"，这是主张最高统治者人格自身应该是中正无私。道家著作《老子指归》谈论"和"是非常全面而且深刻的。唐少莲概括了《老子指归》之论"和"①。其一，生成论意义上的"和"：这起源于《道德经》所谓的

① 唐少莲：《道家"道治"思想研究》，中国社会科学出版社2011年版，第130页。

“万物负阴而抱阳,冲气以为和”。在继承此论的基础上,《老子指归》指出,阴阳二气之“和”:“春生夏长,秋收冬藏;阴阳和洽,万物丰盛”,“天地未始,阴阳未萌,寒暑未兆,明晦未形,有物三立:一浊一清,清上浊下,和在中央。三者俱起,天地以成,阴阳以交,而万物以生”,“一清一浊,与和俱行”,“清浊以分,高卑以陈,阴阳始别,和气流行,三光运,群类生。有形脔可因循者,有声色可见闻者谓之万物”。① 其二,方法论意义上的执中和谐:“导之以精神,和之以法式”,“恶者性变,浸以平和”,“摄精畜神,体和袭弱”,“睹纲知纪,动合中和”。② 其三,政治之道中的“和”:上德之君“动作伦于太和”,下德之君“动作近于太和”,上仁之君“神气和顺”“法禁平和”,上义之君“性和平正……和而不淫”,上礼之君“性和而情柔……顺心从欲,以和节之”。其四,达到最高境界是“太和”,此时“是以圣人,柄和履正,治之无形”。其五,“和”是处理刑德关系之具:“阳气主德,阴气主刑,刑德相反,和在中央。”③其六,“和”的地位与功用:“故,和者,道德之用、神明之辅、天地之制、群生所处、万方之要、自然之府、百祥之门、万福之户也”,“和气洋溢,太平滋生”,“天心和洽,万物丰熟,嘉祥屡臻,吉符并集”,“世主无为,涣如俨容,天地为炉,太和为橐,神明为风,万物为铁,德为大匠,道为工

① 〔汉〕严遵著,王德有译注:《老子指归译注》,商务印书馆 2004 年版,第 315、331、53、54 页。

② 〔汉〕严遵著,王德有译注:《老子指归译注》,商务印书馆 2004 年版,第 43、115、151、152 页。

③ 〔汉〕严遵著,王德有译注:《老子指归译注》,商务印书馆 2004 年版,第 172 页。

作，天下青青，靡不润泽”①。

道教经典《太平经》继而详论中和之道。它说：“古者圣人治致太平，皆求天地中和之心。一气不通，百事乖错。”②这里主张效法“天地中和之心”治理天下。它解释说：

> 故古者圣人深知天情，象之以相治。故君为父，象天；臣为母，象地；民为子，象和。天之命法，凡扰扰之属，悉当三合相通，并力同心，乃共治成一事，共成一家，共成一体也，乃天使相须而行，不可无一也。一事有冤结，不得其处，便三毁三凶矣。故君者须臣，臣须民，民须臣，臣须君，乃后成一事，不足一，使三不成也。故君而无民臣，无以名为君；有臣民而无君，亦不成臣民；臣民无君，亦乱，不能自治理，亦不能成善臣民也；此三相须而立，相得乃成，故君臣民当应天法，三合相通，并力同心，共为一家也。比若夫妇子共为一家也，不可以相无，是天要道也。此犹若人有头足腹，乃成一身，无可去者也；去之即不足，不成人也。是天地自然之数也。③

在《太平经》看来，君、臣、民三者相互依存，缺一不可。三者应该效法天、地、人之间的中和关系一样而存在。如果说这样解释艰涩的话，它又以家庭来比喻说，君如父亲，臣如母亲，民如子女，三者关系融洽，“家和万事兴”；如果三者关系不畅不通，或者三者地位错乱，则必定“三毁三凶”。所以，三者应该“三合相通，并力同心”，这

① 〔汉〕严遵著，王德有译注：《老子指归译注》，商务印书馆2004年版，第331、64、85、116页。

② 〔汉〕严遵著，王德有译注：《老子指归译注》，商务印书馆2004年版，第43页。

③ 王明编：《太平经合校》，中华书局1960年版，第150页。

样,家庭才能兴旺,国家才能繁荣昌盛。由此看来,中和的实质就是不走极端,多种事物紧密联系,相互依存,关系和谐融洽,共同发展。

基于中和的主张,道家、道教在政治理论上追求公正,缩小差距,营造和谐。

首先,他们认为,一定的物质财富是生存和发展所必需的。其中,衣食是生存的第一需要。道教指出:“民之所以生活,衣与食也;事周于衣食则有功,不周于衣食则无功。”能否解决老百姓的衣食问题,是政治是否有功的判断标准。道教进而从衣食问题引申开来:“食者民之本也,民者国之基也。故人君者上因天时,下尽地理,中用人力,是以群生以长,万物蕃殖。”①这就是说,能否协调天、地、人三者间的关系而让“万物蕃殖”,是政治的根本问题。《洞灵真经》说:“所谓天下者,谓其有万物也。所谓邦国者,谓其有人众也。夫国以人为本,人安则国安。故忧国之主,务求理人之材。”这里把“万物蕃殖”的宏大叙事具体化到民生的经济问题上,指出了“理人之财”的重要性。徐灵府总括上述观点说:“为治之本,务在安人;安人之本,在于足用;足用之本,在于不夺时;不夺时之本,在于省事;省事之本,在于节用;节用之本,在于去骄;去骄之本,在于虚无。”②“不夺时”“省事”“节用”“去骄”“虚无”,都是针对君主而言的,都是无为政治的内容。这就是说,道家、道教劝诫统治者实行与民休息的无为政治,首先是为了让老百姓保有生存和发展所

① 《通玄真经》,见《道藏》第16册,上海书店出版社、文物出版社、天津古籍出版社1988年版,第721页。

② 《洞灵真经》,见《道藏》第11册,上海书店出版社、文物出版社、天津古籍出版社1988年版,第561页。

需的物质财富。黄老道家进而提出，要随顺老百姓的欲望。帛书《十六经》说："夫民之生（性）也，规规生食与继（生育）。不会不继，无与守地；不食不人，无与守天。"老百姓对食物和生育的欲望并非邪恶，而是天经地义的，应该顺应，而非遏制。"养生""生财"很重要，帛书《经法》指出，"民富则有耻，有耻则号令成俗而刑罚不犯"，老百姓富了，就很少会去做法律禁止的事，社会秩序就会稳定得多。

追逐物质财富是每个人都会有的欲望。但现实中，由于每个人的能力、资本、社会地位等的差异，导致求财求利的结果大不相同，从而引起贫富差异。贫富差距过大，人们心理不平衡，必然导致社会矛盾和冲突，影响社会和谐。所以，道家、道教主张把社会差距控制在一个适当的程度。《庄子·天道》提出了"均调天下，与人和"的主张。道教继承了这一思想。《鹖冠子》明确提出了"唯道之法，公政以明"①的政治主张。《太平经》主张财富平均，强调政府不能与民争利，富人不能对穷人巧取豪夺。它说，"调和平均，使各从其愿，不夺其所安"②，"皆自平均，无有怨讼者"③，要让全体人民没有争夺，没有怨恨，没有法律诉讼，一片祥和。《太平经》进而明确主张社会公正，认为一切社会财富都是天地与人共同拥有的，不应该为少数人所独占，应当在社会生活之中流通分配，使人人都能获得满足基本生活所需要的财富。对于财物的流通与分配，《太

① 《鹖冠子》，见《道藏》第27册，上海书店出版社、文物出版社、天津古籍出版社1988年版，第207页。

② 王明编：《太平经合校》，中华书局1960年版，第616页。

③ 王明编：《太平经合校》，中华书局1960年版，第544页。

平经》提出“推通周足”①的做法，即把财富分配给全社会所有的人，满足每个人的生活需要。具体方法，一方面可以由政府通过公平的财经政策实行调配，尤其应当给予饥寒者以衣食等的接济；也可以通过富有者散发财物以“周穷救饥”，或以慈善基金的形式帮助困难者；还可以“见人穷厄，假贷与之，不责费息”②，即集体提供无息借贷以使贫穷者得到帮助，使欠发达地区尽快得到发展。反之，如果富有者不散发钱财以周穷救饥，造成饥寒者因此亡命，这种富有者必会遭到天谴，得到报应。

除了减少物质财富方面的社会差距，道家、道教还主张减少其他方面的差距，在整个社会形成互相关心、互相帮助、共同提高、共同发展的良好社会风尚。《太平经》反对强欺弱、智欺愚、年轻人虐待老人，说，“或多智反欺不足者，或力强反欺弱者，或后生反欺老者，皆为逆”。因为“智者当苞养愚者，反欺之，一逆也。力强当养力弱者，反欺之，二逆也。后生者当养老者，反欺之，三逆也。与天心不同，故后必凶也”。③ 强者欺侮弱者，当然要受到谴责；年轻人如果不赡养老人，反而欺辱他们，同样应当受到正义的谴责；智者欺侮愚者是犯了罪逆，即使那些“积道无极，不肯教人开蒙求生”和“积德无极，不肯力教人守德养性为谨”④的聪明人，他们的罪也是不能免除的。《太平经》主张：“诸神相爱，有知相教，有奇文异策相与见，空缺相荐相保。有小有异言相谏正，有珍奇相遗。”⑤有知识

① 王明编：《太平经合校》，中华书局1960年版，第242页。
② 王明编：《太平经合校》，中华书局1960年版，第625页。
③ 王明编：《太平经合校》，中华书局1960年版，第695页。
④ 王明编：《太平经合校》，中华书局1960年版，第241、242页。
⑤ 王明编：《太平经合校》，中华书局1960年版，第539页。

的人应该把知识传授给他人，拥有阐述养生方法或有利于社会的书籍应该给别人看，有空缺职位时应该互相举荐，有好的建议应该知无不言，言无不尽，有珍奇之物应该互相馈赠。总之，人们应该在物质上和精神上都彼此互相帮助、互相爱护。人应该效法天道，自然无为，不强求争功夺利。《道德经》八十一章提出："圣人不积，既以为人，己愈有，既以与人，己愈多。"用自己的能力和德行帮助别人，会感觉自己的精神和道德更富有；把自己的精神或物质财富施舍给别人，自己反而能拥有更多。这样，从各个方面缩小人与人之间的差距，整个社会和乐欢欣的局面自然就会形成。

道家、道教力图通过中和均平的种种措施去努力建构理想社会。

道家、道教对于人与他人、人与社会和谐关系的展望进而表现为对理想社会的憧憬与向往。老子给人们描绘了人与人之间"无欲""无为""无争"，宽大为怀，人际关系简单，彼此和谐相处，人人"甘其食、美其服、安其居、乐其俗"，人不为物所役的理想社会。庄子发挥这一思想而提出了"至德之世""建德之国"的与道合一的理想社会形态。魏晋时期，玄学家郭象在《庄子·逍遥游注》中指出，在理想的社会中，应该实现"物任其性，事称其能，各当其分"。这与柏拉图的公正理念颇为吻合。柏拉图对于公正的解释是，"每个人必须在国家里执行一种最适合他天性的职务"，各人只做各自的工作而不去干涉别人的事务，各司其职，各得其所，城邦国家才能安定而有效地运作。"使所有的琴弦都和谐一致"，"合奏一支交响曲"，在国家治理中正义或公正就占了优势，从而才能构建出一个正义的国家。道教继承道家而描绘出了多种理想社会的蓝图。《太平经》明确提出了人人平等的主张,说:“人无贵无贱,皆天所生。”①据此,它设计了一幅“太平”盛世的理想社会蓝图。它主张人人各尽其责,人尽其才,才尽其用,物“各畅茂”,不让“万物不得其所”②的情况出现,地尽其利,货尽其流,物尽其用,君臣民同心互爱,“人各自衣食其力”③,君、臣、民同乐,有福同享,财富平均,无灾无难,“无冤民”④,人际关系和乐顺畅。

道教反对以力治国,即用威权、高压、刑罚等强迫人民服从。在它看来,政治的关键在于政府是否与民争利,是否剥削人民,是凌驾于人民之上还是与人民平等相处。唐末五代道士谭峭以蝼蚁类比人类社会,说:“蝼蚁之有君也,一拳之宫,与众处之;一块之台,与众临之;一粒之食,与众蓄之;一虫之肉,与众咂之;一罪无疑,与众戮之。”在道教看来,是否公开、公平、公正地进行社会公共事务的管理,是政治的基础。不同社会阶层的民众应该做到“心相通而后神相通,神相通而后气相通,气相通而后形相通……我病则众病,我痛则众痛”⑤。在谭峭的眼中,理想、和谐的社会应当是人人和谐相处的“大公”社会,在那里,人人平等,没有斗争,彼此心心相印,关系融洽。这其中的关键是处理君、臣、民三者间的关系。对此,《太平经》提出的方案是:“日象人君,月象大臣,星象百官,众贤共照,万物和生。故清者着天,浊者着地,中和

① 王明编:《太平经合校》,中华书局1960年版,第576页。

② 王明编:《太平经合校》,中华书局1960年版,第204页。

③ 王明编:《太平经合校》,中华书局1960年版,第36页。

④ 王明编:《太平经合校》,中华书局1960年版,第206页。

⑤ 《道藏》第23册,上海书店出版社、文物出版社、天津古籍出版社1988年版,第599页。

着人。"①如此"君臣民相通，并力同心"②，"相与合策共理致太平"③。

道教也吸收了一些儒家以德治国的观点为已所用。例如，《妙真经》主张用"道德"治身、治家、治乡、治国，它认为，理想的社会景况表现在家族中是："父慈子孝，夫信妇贞，兄宜弟顺，九族和亲"，这样，每个人都扮演好社会伦理关系中的角色，都安于本分，人人各得其所，人际关系和谐；表现在政治活动中，是"白黑分明，曲直异理，是非自得，奸邪不起"；表现在社会领域，则"国富民实，不伐而强，宗庙尊显，社稷永康，阴阳和合，祸乱不生，万物丰熟，界内大宁"。④ 显然，《妙真经》的理想社会比谭峭所设计的更为具体，更为强调和谐。

为了实现人与他人、人与社会的和谐，道教强烈反对统治者轻率发动战争、肆意杀戮平民百姓；在统治阶级与被统治阶级的关系上，道教倡导君主讲"道德"而臣子讲"忠顺"，希望君主尊道贵德而仁慈，臣民顺服而温和；在家族内部，则要求以忠孝、和顺、仁信等原则作为处理家庭成员关系的基本准则，父慈而子孝，兄义而弟悌，建立起一种人人对等和谐相处的理想社会。总之，人与人和睦相处是和谐社会的核心。和谐社会需要健康的人际关系，而宽容、平等、公平、互利是和谐、健康的人际关系的重要标志。

---

① 王明编：《太平经合校》，中华书局 1960 年版，第 15 页。

② 王明编：《太平经合校》，中华书局 1960 年版，第 149 页。

③ 王明编：《太平经合校》，中华书局 1960 年版，第 217 页。

④ 《道藏》第 25 册，上海书店出版社、文物出版社、天津古籍出版社 1988 年版，第 141 ~ 142 页。

从上可见，道教吸收了一些儒家伦理学的思想，但基于自己的哲学观，强调人性本自天然，没有忽视人与自然界和谐相处，并把它作为社会和谐的一个外在条件，这又彰显了它不同于儒家以德治国观的独到特色。

（本文作者系浙江大学道教文化研究中心教授）

“无为”:从“道”本体到“无”本体的中介

李延仓

在老庄哲学中,“道”是宇宙万物的最终根据,是形而上的本体。由于老、庄皆表现出以“无”释道的倾向,故“无”在其哲学中实则充当了形上本体之角色。尽管如此,“无”本体或者说“无”本论思维并未在其中清晰地全幅呈现出来。以老子哲学为例,一个很重要的证据就是,“在老子中,‘无’字出现一百余次,绝大部分是形容词或副词,仅有一两处用作名词”,而“一个词是否名词化是判断它是否已经转化为哲学概念的第一步……《老子》中的‘无’很少用作名词,说明老子还没有明确的‘无’的哲学概念”。① 老庄的“无”本论之所以没有明晰化、透显化,一个很重要的原因在于,老庄哲学的本体论与本原论是糅合在一起的,本体论在很大程度上被本原论所湮没了。事实上,“无”本论真正确立于魏晋玄学。然而,从老庄的“道”本论过渡到玄学的“无”本论则经历了一个“无为”的中介环节。

---

① 刘笑敢:《经典诠释与体系建构——中国哲学诠释传统的成熟与特点刍议》,载《中国哲学史》2002 年第 1 期。

一、“治国”之无为

老子哲学虽然着力批判和消解仁义礼法等世俗规范，但对国家治理表现出相当的关心，并且侧重讲治国的方法。老子政治观的一个最大特征就是讲“无为”，其“无为”的治国思想在《老子》书中多见。这里不避其烦，抄录数条：

> 是以圣人处无为之事，行不言之教；万物作而弗始，生而弗有，为而弗恃，功成而不居。夫唯弗居，是以不去。（第二章）
>
> 是以圣人之治，虚其心，实其腹，弱其志，强其骨。常使民无知无欲。使夫智者不敢为也。为无为，则无不治。（第三章）
>
> 爱民治国，能无为乎？（第十章）
>
> 是以圣人无为，故无败；无执，故无失。（第二十九章）
>
> 无为而无不为。取天下常以无事，及其有事，不足以取天下。（第四十八章）
>
> 我无为，而民自化；我好静，而民自正；我无事，而民自富；我无欲，而民自朴。（第五十七章）

那么，老子为什么主张治国要“无为”“无事”“无执”“不言”呢？这是因为，“无为”乃是以本体之“无”（“道”）为形而上之根据。老子曾明确地说，“道常无为而无不为”（《老子》三十七章），就是认为“道”（“无”）是贯通形而上下的终极根据。老子深刻地认识到：“有”都是有限的、有规制性的，而任何有规制性的“有”都有被异化的可能性，而不能成就圆融、圆通的价值，它只能成就相对的价值、呈现相对的意义。换言之，任何法规、政策及制度运作都是“有”，在其实施过程中都有产生异化的可能性，故君主必须慎重地决策。正因为如此，所以老子才讲以“无”治国，亦即以“无为”治国。

老子之后，庄子哲学在整体上表现出对人间政治的冷漠，甚至对治理天下进行了严厉的批判。由于他的“道”比老子更多内化为人生境界，故其哲学突显了主体的境界意义，转向了对主体生命境界的建构与阐发。与庄子不同，形成于战国中期前后并盛行于汉初的黄老之学则继承了老子的治国思想，并发展成为一个最主张以“无为”治国的学派。黄老学继承了老子哲学虚无无形的形而上的本体之“道”，从战国黄老学的理论著作《黄老帛书》、《管子》四篇到秦汉黄老学著作《吕氏春秋》《淮南子》等，都把大道作为其治国的终极原理与价值根据。关于道为万物的本原、本体的论述，在其哲学中都占有重要的位置。如《黄老帛书》曰：“虚无刑(形)，其(督)冥冥，万物之所从生。”(《经法》)“天弗能复(覆)，地弗能载。小以成小，大以成大。盈四海之内，又包其外。在阴不腐，在阳不焦。一度不变，能适规(蚑)侥(蛲)。鸟得而蜚(飞)，鱼得而流(游)，兽得而走。万物得之以生，百事得之以成。”(《道原》)可见，《帛书》仍然是承袭老子理路，认为“道”作为宇宙之根不同于经验界具体之万物，它没有任何规制性，但万物、万事得之却可以获得各自的独特的功能。质言之，道超越于任何具体的限定性属性，它的本质就是“无”。因此，黄老学以“道”作为最高的治国原则，实际上就是具有了形上之“无”的境界。对于黄老学的理论特点，司马谈在其《论六家要旨》中做了精辟的概括：“道家无为，又曰无不为……其术以虚无为本，以因循为用。无成势，无常形，故能究万物之情。不为物先，不为物后，故能为万物主。”这里，司马谈所说的“道家”，学界一般认为就是指“黄老”道德之学。其所谓“无为”

“无常势”“无常形”“不为物先，不为物后”，实即揭示了黄老学的治国理论已经具备了本体之“无”的形上理境。因此，黄老学以“道”治国的思想，实际上就是以“无”治国。

但是，说黄老学具有“无”的形上理境，并不是说它已经在哲学意义上建立起了“无”本体。由于黄老学关注的焦点在于现实的社会治理，因此它并没有把“无”作为哲学概念真正从宇宙、人生的高度提升出来，让人们以“无”作为终极的价值原则与根据，把“无”作为宇宙统一性的最终本体。黄老学关心的是社会的仁义礼法之施行，关心的是现实的国家政治，在此意义上黄老学与老子哲学表现出一定的差异。老子偏重于从形而上之“道”的高度关注社会，即他偏重于以形上之“道”的绝对价值标量世俗价值，把“道”作为评判社会价值的根据，以此反显世俗价值的失落与异化。因此，其哲学表现出对现实的仁义礼法价值的负向批判。如谓“大道废，有仁义”（《老子》第十八章），“故失道而后德，失德而后仁，失仁而后义，失义而后礼”（《老子》第三十八章），“绝圣弃智，民利百倍；绝仁弃义，民复孝慈”（《老子》第十九章）。从某种意义上说，只有以批判的视野关注社会，以试图超越现实的价值异化为理论焦点，在哲学上才更有可能向抽象思辨的方向发展，进而建立起形而上的、理想的绝对价值原则。但是黄老学则不然，它更关注现实，并以一种积极入世的心态寻求使社会有序运转的合理治理方式与原则。因此，黄老学更关注仁义礼法，关注政策、法规、名教的设计与实施。质言之，黄老学更注重对仁义礼法存在的合法性的论证。如《黄老帛书》曰：“道生法。法者，引得失以绳，而明曲直者也。故执道者，生法而弗敢犯也，法立而弗敢废也。”（《经法》）《淮南子·说山训》曰：“升之不能大于石也，升在石之中。夜之不能修其岁也，夜在岁之中。仁义之不能大于道德也,仁义在道德之包。”所谓“道生法”“仁义在道德之包”,实际上就是对仁义礼法具有合理性、合法性存在价值的论证。正是在黄老学融合仁义礼法的意义上,司马谈《论六家要旨》曰:“道家使人精神专一,动合无形,赡足万物。其为术也,因阴阳之大顺,采儒、墨之善,撮名、法之要,与时迁移,应物变化,立俗施事,无所不宜,指约而易操,事少而功多。”由于黄老学之“道”兼融了仁义礼法,其视域集中于“应物”“立俗施事”上,故其“道”实际上成了现实中社会规范、礼法制度等技术性操作所依据的理想原则。概言之,黄老学治国之“道”的形上理境义只是直接继承老子而已,并没有对之做进一步的形而上的哲学思辨,而是着眼于形而下的应用。如果说老子重“道”、重“体”,那么黄老学则重“德”、重“用”。因此,黄老学尽管在“用”中显示出了“无”(或“道”)的形上理境,但是并没有使“无”本体真正从其“用”中剥离出来,进而使之成为宇宙统一性的形上根据。

二、“驭臣”之无为

老子的“无为”观念不仅影响了黄老学的治国思想,而且影响了其对君臣关系理论的建构。之所以如此,是因为老子的“无为”治国思想,本来就是指统治者的“无为”,也理所当然具有标识君主的理想行为方式之意涵。李泽厚先生就曾从“君道”的角度解释老子的“无为”:

> 所谓“无为”乃是一种“君道”:君主必须“无为”才能“无不为”,表面不管,实际却无所不管。否则,如果不是“无为”,而是“有以为”,统治者不是处“无”,而是占“有”,那就被局限,就不可能总揽全局了。因为任何“有”,尽管如何广大,总

> 是有限定的、能穷尽的和暂时的，它只能是局部。只有“无”、“虚”、“道”，表面上似乎只是某种空洞的逻辑否定或混沌整体，实际上却恰恰优胜于、超越于任何“有”、“实”、“器”。因为它才是全体、根源、真理、存在。而这就正是君主所应处的无上位置，所应有的优越态度，所应采的统治方略。①

这里，李先生所说的无、虚、道与有、实、器的区别，在本质上就是本体之“无”与形下之“有”“道”“物”的区别。有、实、器因为有限定性而不能成就“圆通”、“圆满”、“圆盈”或“圆融”的绝对之价值，只有无、虚、道才能以其无规制性属性而有此功能。“君道”固然是老子哲学的本然意蕴，如高亨先生曾说：“老子之言皆为侯王而发，其书言‘圣人’者凡三十许处，皆有位之圣人，而非无位之圣人也。……故《老子》书实侯王之宝典，《老子》哲学实侯王之哲学也。”②依高先生之意，《老子》实际上是以“侯王”为中心来思考问题的，亦是为“侯王”立言的。但由于老子哲学偏重于对虚无空灵道体的体认及与道合一的主体境界之论述，甚至多有对现实政治的批判，因此其“无为”难以从正面发展出系统的君主驾驭臣下的“君道”理论。

黄老学则继承老子的“无为”思想，并发展出一种“君道无为而臣道有为”的理论。它认为君无为而臣有为是君臣关系最理想的存在状态，它可以使君臣之间保持一种稳定、有效的张力，从而确保君主的绝对权威。如《管子·心术》就提出了一种“静因之道”的

---

① 李泽厚：《中国古代思想史论》，生活·读书·新知三联书店2008年版，第88~89页。

② 高亨：《重订老子正诂》，见《高亨著作集林》第5卷，清华大学出版社2004年版，第99页。

心术修养方法以作为君主驾驭臣下的工具:“不怵乎好,不迫乎恶,恬愉无为,去智与故……其处也若无知,其应物也若偶之,静因之道也”;“心术者,无为而制下也”。《心术》“静因之道”的实质就是让君主保持一种“喜怒不形于色”的心灵虚静状态与行为方式,认为只有这样君主才能始终保持一种不为人所知的神秘感,不为臣下掌握自己的心理。从哲学思辨的层面看,“静”其实就是“无”,是形而上的本体之“道”或“无”观照下的一种理想行为模式。

黄老学的君道“无为”思想,被法家积极推阐而得到发展。在治国的观念上,法家提出了“法”“术”“势”诸论题,他们认为君主威势的保持需要律令与权术的成功运行与使用。但“法”与“术”是不同的,韩非曰:

> 法者,编著之图籍,设之于官府,而布之于百姓者也。术者,藏之于胸中,以偶众端而潜御群臣者也。故法莫如显,而术不欲见。是以明主言法,则境内卑贱莫不闻知也,不独满于堂;用术,则亲爱近习莫之得闻也,不得满室。(《韩非子·难三》)
>
> 术者,因任而授官,循名而责实,操杀生之柄,课群臣之能者也,此人主之所执也。法者,宪令著于官府,刑罚必于民心,赏存乎慎法,而罚加乎奸令者也,此臣之所师也。君无术,则弊于上;臣无法,则乱于下,此不可一无,皆帝王之具也。(《韩非子·定法》)

可见,韩非认为“法”是要公之于众的,因为只有如此人们才会“有法可依”,在生活中以之规范自身的行为。而“术”则是不能公开的,所谓“法莫如显,而术不欲见”。“术”能够发挥作用就在于其“无形”,因为“无形”才令人琢磨不透,才能够“课群臣”,成为“御臣之资”。“无形”是权术最根本的内涵,对于这种“无形”之属性,韩非子又称之为“鬼”:“故明主之行制也天,其用人也鬼。天则不非,鬼则不困。”(《韩非子·八经》)对此,冯友兰先生说:“‘明主之行制也天’,言其依法而行,公而无私也。‘其用人也鬼’,言其御人有术,密而不可测也。”①权术“无形”的根据在韩非看来就是形而上的“道”,他认为君主之权术必须效法大道之属性:

> 夫道者,弘大而无形;德者,核理而普至。……道不同于万物,德不同于阴阳,衡不同于轻重,绳不同于出入,和不同于燥湿,君不同于群臣。凡此六者,道之出也。道无双,故曰一。是故明君贵独道之容。君臣不同道,下以名祷。君操其名,臣效其形,形名参同,上下和调也。(《韩非子·扬权》)

> 道者,万物之始,是非之纪也。是以明君守始以知万物之源,治纪以知善败之端。……故曰:君无见其所欲,君见其所欲,臣自将雕琢;君无见其意,君见其意,臣将自表异。故曰:去好去恶,臣乃见素;去旧去智,臣乃自备。……道在不可见,用在不可知。(《韩非子·主道》)

韩非之所以把“无形”的根据归于“道”,就是因为他认为只有“道”才具有“无”的属性,而只有“无”才没有任何的规制性,不为人们所认知、所了解。君主一旦掌握了“无”,才能够避免被臣下了解甚至为其所制。反之,君主一旦不能“无”而被臣下掌握了其好恶之“欲”,则必然落于“有”而受制于臣下,从而丧失了自己的威势。可见,法家关于权术无形的主张,背后所涉及的哲学问题也是所谓的

---

① 冯友兰:《中国哲学史》(上),华东师范大学出版社 2000 年版,第 239 页。

“无”与“有”的问题。

《吕氏春秋》与《淮南子》也继承了黄老学这种君道“无为”的思想。如《吕氏春秋·分职》曰:“夫君也者,处虚素服而无智,故能使众智也;智反无能,故能使众能也;能执无为,故能使众为也。无智、无能、无为,此君之所执也。”《淮南子·主术训》曰:“有道之主,灭想去意,清虚以待。不伐之言,不夺之事,循名责实,使有司任而弗诏,责而弗教。以不知为道,以奈何为宝。”二书都主张君主应当虚素无为、清虚自守,在社会活动中采取一种“因任”的行为方式。然而,此种“因任”的行为方式就是在形而上的本体之“无”所观照下的一种境界。只有“无”才能够具有应物无方、通权达变的圆通智慧,在任何时候都能把主动权掌握在自己手中。然而,由于局限于具体的君道之权术,“无”本体仍然没有得以提升出来。

概言之,黄老学的“无为”包含两种意义,一是侧重于国家治理的治国之无为,一是侧重于君道、臣道对立中的君主驭臣、治人之无为,这两种意涵实际上都是以“无”的形上本体之理境作为立论的依据。但由于其侧重于人道或人间政治之具体事务,与老庄之学相比对抽象思辨缺乏应有的兴趣,故而并未把“无”真正提升为本体,“无”本体被隐含在了“无为”治国、治人之“用”中。①

三、“才性”之无为

汉代实行名教之治,在政治上采取察举、征辟的选官制度,但到汉末却出现了名实相乖的严重社会弊病。如王符《潜夫论·考

---

① 汤用彤先生在《玄学与中华佛学(提纲)》(载《佛学研究》2000年)一文中也把黄老学的君人南面之术、无为之术作为玄学起源的重要理论中介。

绩》曰:“群僚举士者,或以顽鲁应茂才,以桀逆应至孝,以贪饕应廉吏,以狡猾应方正,以谀谄应直言,以轻薄应敦厚,以空虚应有道,以嚣暗应明经,以残酷应宽博,以怯弱应武猛,以愚顽应治剧,名实不相副,求贡不相称。”在这种“品藻乖滥”“名不准实”(《抱朴子·名实》)的情况下,汉末社会批判思潮兴起,诸多学者展开综核名实的工作,遂引发了名理学的兴起。如徐干说:“名者,所以名实也。实立而名从之,非名立而实从之也。故长形立而名之曰长,短形立而名之曰短,非长短之名先立而长短之形从之也。仲尼之所贵者,名实之名也。贵名乃所以贵实也。”(《中论·考伪》)实际上,这种试图改变名不准实的社会现状而使名实趋于一致的主张是当时社会的普遍要求。汉末魏初由于“好法术”“贵刑名”而实行名法之治、重视人才,固然也非常重视综核名实、循名责实的工作,但魏初的名理学与汉末甚至先秦名家名理学一样,基本上都是一种讲名实对应的“名实”名理,即“名”一定是要指向现实中某种具体的物、事之“实”。随着曹魏学术的发展,“名实”名理逐步改变了“名”涉具体的倾向,思辨性进一步增强,进而向“才性”名理发展。之所以如此,乃在于道家思想的重新兴起。两汉时期,道家思想并没有中断。尽管在西汉中期以后,道家黄老学因儒术独尊而退出政治舞台,“但它作为一种学术思想文化却仍在活动着,并作为两汉儒学正统学术的一种暗流而表现着自己”①。不仅如此,由于法家与黄老学的亲缘关系,黄老学在曹魏名法之治中也以法家思想为载体而得以传播。刘劭的《人物志》就是接受道家思想而在当时重视人才、评论人才的环境中产生的。

---

① 丁原明:《黄老学论纲》,山东大学出版社1997年版,第303页。

《人物志》从整体上说是一部人才学或鉴人学之作,其最终的目的是为了品鉴人物,使各类人才各得其位、各尽其才。其内容涉及品鉴人物的内在根据、人物才性的不同类型、品鉴人物的困难及解决方法等问题。按理说,鉴人首先面对的是人的形体、面貌,它们都属于具体的品鉴对象。然而随着鉴人学的发展,愈益重视品鉴对象的风韵、神气,其理论随之走向了抽象化、玄虚化。《人物志》认为最高的才性人格是"中庸"之德或"中和"之德,其他的才性人格则各有所"短"、所"困"、所"偏"、所"失"、所"蔽"、所"滞"等不足。如谓"中庸也者,圣人之目也","凡人之质量,中和最贵矣"。(《九征》)那么,"中庸"之德或"中和"之德具有什么样的特征呢?其云:

> 是故中庸之质……包以淡味。(《九征》)
>
> 夫中庸之德,其质无名……能威能怀,能辩能讷,变化无方,以达为节。是以抗者过之,而拘者不逮。(《体别》)
>
> 中和之质,必平淡无味,故能调成五材,变化应节。(《九征》)

可见,"中庸"或"中和"的特征就在于"平淡""无味""无名"。关于此种论述在《人物志》中多见,又如,"主德者,聪明平淡……若道不平淡,与一材同用好,则一材处权,而众材失任矣"(《流业》),"凡偏材之人,皆一味之美。故长于办一官,而短于为一国。何者?夫一官之任,以一味协五味。一国之政,以无味和五味"(《材能》)。可知,《人物志》认为只有"平淡""无味""无名"的才性形态才可以充任圣人、君主之位。然而"平淡""无味"等并不是平凡、平庸之义,而实指一种不显山、不露水,没有任何形象、没有任何主角的才性境界。只要具备了这种平淡无味的境界,就能在现实社会的实践活动中通权达变，无所偏执、滞溺，其应接事物则左右逢源、游刃有余、应变无方。然中庸以下之众材，却不能通物，而是各有所宥或拘执，在处理问题时，只能表现出一定的能力，既有所作为，又有所不能为，甚至因为拘执或狂狷而导致害物、塞物的不良后果。《人物志》关于才性“平淡”“无味”等的论述已经不同于“名实”名理，因为它所指涉的并非外界的具体事物或对象，而是指人的主观境界或某种生命姿态。对此，牟宗三先生曾说：“才性名理，则既是品鉴人品、才性，则在原则上，名与实即不能一一相对应，此即含：名言不是指谓的名言，而是品鉴的名言、欣趣的名言，而‘实’亦不是外在的形物、一定的对象，而是生命之姿态。”①依牟先生，“才性”名理在抽象思维程度上已经超越了“名实”名理的理论形态。“才性”名理不关心纯客观性对象，不关心对象的具体形态或属性，而是一种关涉主体生命的品鉴的、审美的理论形态。质言之，“平淡”“无味”所指的实际上就是一种“无”或“无为”的主体境界。反之，不能“平淡”“无味”者则是没有脱离为“物”、为“有”的藩篱，没有达到“无”的境界。可见，《人物志》“才性”名理所隐含的哲学问题仍然是所谓“无”与“有”的问题。

《人物志》关于“无味”“平淡”之才性境界的论述受到了道家思想的影响。对此，汤用彤先生曾说：“《人物志》中道家之说有二：一为立身之道，一为人君之德。”②汤先生所说的“人君之德”就是《人物志》所认为的“平淡”“无味”的最高才性形态，亦即理想君主的人格境界。《人物志》关于“君德”境界的论述，无疑受到了汉代

① 牟宗三：《才性与玄理》，广西师范大学出版社 2006 年版，第 208 页。
② 汤用彤：《魏晋玄学论稿》，上海古籍出版社 2001 年版，第 18 页。

《老子道德经河上公章句》《老子指归》等关于主体治身养性的人生哲学理论的影响。在某种意义上，如果说道家黄老学的“无为”治国、“无为”驭臣偏重于从动态的主体行为过程来说“无”，那么《人物志》的“无为”才性则偏重于从静态的行为主体的人格境界视角来说“无”。基于此，把《人物志》关于“无为”才性的论述看作是黄老学之后合乎逻辑的发展也未尝不可。

如上，《人物志》关于“无为”才性的论述涉及本体之“无”的形上理境。并且，其所谓平淡无味之“圣君”可以“总达众材”，“无味”可以“和五味”，实际上就是认为“无”可以统“有”、“一”可以驭“多”。无疑，这种思路与其后的玄学理论是相通的。以王弼为例，他在解释《论语·述而》“子温而厉，威而不猛，恭而安”时说：“温者不厉，厉者不温；威者心猛，猛者不威；恭则不安，安者不恭，此对反之常名也。若夫温而能厉，威而不猛，恭而能安，斯不可名之理全矣。故至和之调，五味不形；大成之乐，五声不分；中和备质，五材无名也。”（《论语释疑》）在王氏看来，《论语》之所以把相反的概念放在一起描述孔子，而不对孔子进行或温、或厉、或威、或猛、或恭、或安的肯定，就是因为一旦做了肯定，孔子就不是“中和备质”之圣人了。换言之，肯定本身就包含了对自己的否定，只要有所肯定，就会在意义或价值上落入“一曲”。引人注意的是，王弼在这里的思路不仅同于《人物志》，甚至其论述中也出现了“中和”之语。

但是，由于《人物志》在整体上毕竟是主要作为一种人才学理论出现的，主要侧重于综核名实、辨才论官之社会具体问题，故它还不能脱离具体社会事务而剥离出本体之“无”，即把“无”提升为指导宇宙人生的总根据、总原理。质言之，“无为”才性也只能作为从“道”本体向“无”本体发展过程中的一个中介理论环节。

四、结语

综上所述，老庄哲学之后“无”本体被隐含在了具体的治国、驭臣、择人等“无为”之术中，并未得以真正确立。学界周知，“无”本体最终由王弼等人确立于魏晋玄学时期。正如《晋书·王衍传》所谓，“魏正始中，何晏、王弼等祖述老庄，立论以为天地万物皆以无为为本。无也者，开物成务，无往不存者也。阴阳恃以化生，万物恃以成形，贤者恃以成德，不肖恃以免身，故无之为用，无爵而贵矣”。而“无”本体的确立，恰恰印证了黑格尔的话：“从一个范畴，通过缺点的指出，推进到另一个范畴，在我们是很容易的，——但是在历史的历程中，这却是很困难的。〔世界精神从一个范畴到另一个范畴，常常需要好几百年。〕”①质言之，我们认为正始玄学之前的“无为”中介环节，尽管在一定程度上突显了“无”的形上本体之意义，但严格来说此阶段只有所谓的“道”本体，而没有“无”本体。

（本文作者系山东大学哲学与社会发展学院教授）

① ［德］黑格尔著，贺麟、王太庆译：《哲学史讲演录》第1卷，商务印书馆1959年版，第101页。

朱熹的《周易》观

王新春

《周易》是中国传统文化发展史上的一部重要原典,备受历代人士尊崇,涌现出不同理解视域下的《周易》观,引发了日新不已的易学延展长河,以此而对传统文化的形成与发展,发挥了其他典籍所罕能与匹的作用,赢得了"六经之首""大道之源""三玄之一"等美誉。生当南宋时期的一代理学宗师朱熹(1130—1200),基于以往的易学延展,以其高度的学术问题意识之自觉和鲜明的学术主见,本着尊重历史本真之所是的基本精神与为学态度,不盲从权威,不迷信成说,拨开以往理解、诠释纷纭复杂的重重迷雾,溯源析流,从探究"本义"的角度切入,正视、推重《易》的"本义",并进而据以衡判各种对于《易》的理解、诠释,从而推出了他独具特色且深具影响力的《周易》观。这一诠释视域及《周易》观,自其面世之日起,即因朱子学术地位之显赫,而触发了来自正反两个方面的不同回响,称其激起了易学界的巨大震荡乃至带来了对理学后续发展的不小冲击,一点也不为过。因之,其对于易学与易学史的研究,对于宋明理学的研究,都属一个不可轻易越过、值得深入探讨的重要问题。有鉴乎此,本文谨据朱子的易学著作《周易本义》和《易学启蒙》,以及讲学记录《朱子语类》和书信的相关内容,尝试对此问题做一番粗浅的探讨。

一

朱子将他系统诠释《周易》的著作命名为《周易本义》,突显了《易》的"本义",反显了易学发展演变过程中对于此一"本义"的偏离,昭示了他《周易》研究的"本义"切入点和究明"本义"的基本诉求,以此而确立起他独特的《周易》观。而对"本义"的探究,首先具体落实为对于《周易》成书、作者及其基本性质的分析。

众所周知,传世的《周易》通行本,包括经与传两个组成部分。经即六十四卦的卦画与卦爻辞系列,分为三十卦的上经与三十四卦的下经两篇。传则有《彖传》上、下,《象传》上、下,《系辞传》上、下,《文言传》,《说卦传》,《序卦传》以及《杂卦传》七种十篇,汉代之后称"十翼"。由《晋书·束皙传》所载西晋战国魏王墓《易》书之发现,到近年来马王堆帛书《周易》、阜阳竹简《周易》、上海博物馆藏楚竹书《周易》等简帛佚籍之面世,以及一些可能与筮占相关的所谓筮数或数字卦的出土可知,经传十二篇这个面目的形成,经历了一段相当长的过程。大致而言,在汉代儒者的最后整理编纂下,于宣帝年间基本确立。①《汉书·艺文志》所谓:"《易经》十二篇,施、孟、梁丘三家。"②就此十二篇的成书与作者,在《系辞下传》"古者包牺氏之王天下也,仰则观象于天,俯则观法于地"云云与"《易》之兴也,其于中古乎?作《易》者,其有忧患乎?"以及"《易》

---

① 详参王新春《卜筮与〈周易〉》,载《周易研究》2003年第6期。

② 〔汉〕班固:《汉书》,中华书局1962年版,第1703页。

之兴也,其当殷之末世、周之盛德邪?当文王与纣之事邪?”云云的基础上,该《艺文志》曾有过成为传统主流共识的经典性表述:“《易》曰:‘宓戏氏仰观象于天,俯观法于地,观鸟兽之文,与地之宜,近取诸身,远取诸物,于是始作八卦,以通神明之德,以类万物之情。’至于殷、周之际,纣在上位,逆天暴物,文王以诸侯顺命而行道,天人之占可得而效,于是重《易》六爻,作上下篇。孔氏为之《彖》《象》《系辞》《文言》《序卦》之属十篇。故曰:《易》道深矣,人更三圣,世历三古。”①此一见解认为,《周易》经传先后由宓戏(伏羲)、文王、孔子三位距离汉代可谓上古、中古与下古的圣人作成。其中,伏羲首画八卦,文王重叠八卦为六十四卦,并作卦爻之辞,析六十四卦的卦爻画与卦爻辞系列为上下两篇,孔子则作《彖传》等七种十篇。

就重卦之人与卦爻辞作者,后世微有歧见。就此,唐孔颖达在《周易注疏》卷首八论中做了初步总结。他说,“重卦之人,诸儒不同,凡有四说:王辅嗣等以为伏牺画卦,郑玄之徒以为神农重卦,孙盛以为夏禹重卦,史迁等以为文王重卦”②,又说,“其《周易》系辞凡有二说:一说所以卦辞、爻辞并是文王所作……郑学之徒并依此说也。二以为验爻辞多是文王后事……验此诸说,以为卦辞文王,爻辞周公。马融、陆绩等并同此说,今依而用之。所以只言三圣,不数周公者,以父统子业故也”③。

---

① 〔汉〕班固:《汉书》,中华书局1962年版,第1704页。

② 〔魏〕王弼、〔晋〕韩康伯注,〔唐〕孔颖达疏:《周易注疏》,上海古籍出版社1989年版,第23页。

③ 〔魏〕王弼、〔晋〕韩康伯注,〔唐〕孔颖达疏:《周易注疏》,上海古籍出版社1989年版,第25页。

朱子赞同四圣作《易》之说，称："周，代名也。《易》，书名也。其卦本伏羲所画……其辞则文王、周公所系，故系之周。以其简帙重大，故分为上、下两篇。《经》则伏羲之画，文王、周公之辞也。并孔子所作之《传》十篇，凡十二篇。"①可见，他认为六十四卦为伏羲所画，卦辞作于文王，爻辞作于周公，传文作于孔子。只是其对于四圣之《易》相互关系及内涵的理解，后文将及，迥异乎学界的一般观点。

就《周易》一书的性质，《汉书》的《艺文志》与《儒林传》尝言，"及秦燔书，而《易》为筮卜之事，传者不绝"②；"及秦禁学，《易》为筮卜之书，独不禁，故传受者不绝也"③。同时，《艺文志》又称："六艺之文：《乐》以和神，仁之表也；《诗》以正言，义之用也；《礼》以明体，明者著见，故无训也；《书》以广听，知之术也；《春秋》以断事，信之符也。五者，盖五常之道，相须而备，而《易》为之原。"④于是，在卜筮之书的外壳下，《易》即此被汉代经学推尊为经中之经，奉为法天地以设政教的最高王者之书。礼乐刑政之王道义理，遂成为其核心内涵。魏晋玄学兴起，《周易》又被玄学化的义理易学视为玄学义理的载体。而自从理学开山周敦颐《通书·诚上第一》断言"大哉《易》也，性命之源乎"⑤之后，《周易》又成为以心性论为根基的贯通天人的理学思想的深层理论根底，着眼心性义理以说《易》，

---

① 〔宋〕朱熹：《朱子全书》第1册，上海古籍出版社、安徽教育出版社2002年版，第30页。

② 〔汉〕班固：《汉书》，中华书局1962年版，第1704页。

③ 〔汉〕班固：《汉书》，中华书局1962年版，第3597页。

④ 〔汉〕班固：《汉书》，中华书局1962年版，第1723页。

⑤ 〔宋〕周敦颐：《周敦颐集》，中华书局1990年版，第13页。

又成为理学家解读、阐发《周易》之强势主流。

朱子认同《易》为卜筮之书的观点，但对以礼乐刑政的王道之义理解读之的做法并不赞同，也不接受玄学义理、理学心性义理的解读。他受北宋欧阳修对于《乾》《坤》两卦“用九”“用六”之辞所做诠释的启发，证立了这一观点。欧阳修称，“乾、坤之用九、用六，何谓也？曰：乾爻七、九，坤爻八、六，九、六变而七、八无为。《易》道占其变，故以其所占者名爻”①。这就揭示了，《易》中爻题的“九”“六”字眼，透露出的就是筮占的意涵。借助筮占操作，可得九、八、七、六四个数，九、六为阴阳之变爻，七、八为阴阳之不变爻。爻辞对应九、六之变爻，故爻题称九、称六而不称七、八。朱子由衷感佩欧阳修之见：“此说发明先儒所未到，最为有功。”②在他看来，《易》并不玄虚，本来平实简易，就是一种开示借助筮占操作预决吉凶的卜筮之书。此书创始于伏羲，因文王、周公之努力，令伏羲的六十四卦符号系列增添了卦爻辞的文字系列，而使《易》之为书深深烙上了周代的印记，有了《周易》之称。伏羲之《易》有符号而无文字，文王、周公之《易》符号、文字互诠互显，二而归一。但是有一条是共同的，即伏羲之《易》与文王、周公之《易》皆为卜筮之书。不但如此，及至孔子作《十翼》，《易》仍然保持着卜筮之书的基本品格。他认为，四位《周易》经传的作者，皆是围绕卜筮这一中心从事其画卦、系辞、释义的，“《易》本卜筮之书……想当初伏羲画卦之时，只是阳为吉，阴为凶，无文字。某不敢说，窃意如此。后文王见

① 〔宋〕朱熹：《朱子全书》第1册，上海古籍出版社、安徽教育出版社2002年版，第257~258页。

② 〔宋〕朱熹：《朱子全书》第1册，上海古籍出版社、安徽教育出版社2002年版，第258页。

其不可晓,故为之作彖辞。或占得爻处不可晓,故周公为之作爻辞。又不可晓,故孔子为之作《十翼》。皆解当初之意"①。伏羲画卦为了卜筮,文王作卦辞也是为了诠显六十四卦所蕴含的吉凶祸福之意,周公作爻辞则是为了进一步揭示六十四卦下的三百八十四爻动变所符示的吉凶祸福之意,孔子作《十翼》的核心目标亦是为了开显各卦各爻所符示、卦辞爻辞所诠释的吉凶祸福意涵及其所以然。

就历史发展的实际而言,《周易》古经本系卜筮之书,《易传》各篇的先后问世,则将其提升为一部具有高度哲学性天人之学内涵的经典。从此,以此天人之学为其基本学术品格的易学成熟起来,并且有了学与术的划分。着眼于上述高度哲学性的天人之学解读、运用《易》的,归于学之列;仅仅从卜筮的角度解读、运用《易》的,则归于术之列。后者渐渐为主流士人所鄙薄,乃至人们逐步形成了这样一种识见,即将《易》视为卜筮之书,乃是对这部经典的亵渎,是对创作这部经典的圣人的不敬。朱子深有见于这一点,他说,"《易》只是为卜筮而作……古人于卜筮之官立之,凡数人。秦去古未远,故《周易》亦以卜筮得不焚。今人才说《易》是卜筮之书,便以为辱累了《易》;见夫子说许多道理,便以为《易》只是说道理。殊不知其言'吉凶悔吝'皆有理,而其教人之意无不在也"②,又说,"《易》本为卜筮设。如曰'利涉大川',是利于行舟也;'利有攸往',是利于启行也。《易》之书大率如此。后世儒者鄙卜筮之说以

---

① 〔宋〕朱熹:《朱子全书》第 16 册,上海古籍出版社、安徽教育出版社 2002 年版,第 2181 页。

② 〔宋〕朱熹:《朱子全书》第 17 册,上海古籍出版社、安徽教育出版社 2002 年版,第 3446 页。

为不足言,而所见太卑者,又泥于此而不通。故曰:《易》者,难读之书也"①。《易》为卜筮之书,这才是历史的真实。而从汉代起,诠《易》过程中所揭示的无论是汉唐经学礼乐刑政的王道之义理,魏晋的玄学义理,还是理学的心性义理,皆非《易》之"本义"。上述义理,其谬误者自不待言,其正确者也仅有其自身的价值,而与《易》本身基本可谓了不相涉。此等义理阐发,本可独立进行,不必用以牵合附会《易》。正因此等牵合附会,《易》越说越玄,其本真之所是则被遮蔽。即此而言,唐代孔颖达的经学扛鼎之作《周易注疏》虽又名"正义"而非正;而即使先儒程子伊川,其《程氏易传》对《易》的诠释,所言义理甚为精当,但却并非《易》之"本义",虽有独立价值,亦不可混同于《易》:"《易传》明白无难看,但伊川以天下许多道理散入六十四卦中,若作《易》看,即无意味。唯将来作事看,即句句字字有用处。"②

二

《易》既然属于卜筮之书,那么从卜筮的角度审视之,即可进一步理解其"本义",确立正确的《周易》观。于是就有了朱子卜筮视域下的《易》。

就卜筮而言,《系辞上传》曾叙述过一种运用蓍草筮占的"大衍筮法":"大衍之数五十,其用四十有九。分而为二以象两,挂一以象三,揲之以四以象四时,归奇于扐以象闰,五岁再闰,故再扐而后

① 〔宋〕朱熹:《朱子全书》第16册,上海古籍出版社、安徽教育出版社2002年版,第2195页。

② 〔宋〕朱熹:《朱子全书》第16册,上海古籍出版社、安徽教育出版社2002年版,第2216页。

挂。……是故四营而成易，十有八变而成卦。八卦而小成。引而伸之，触类而长之，天下之能事毕矣。”这一筮法成为传世的《周易》之经典权威筮法。该筮法基于《易传》的如下天人关系理念：作为阴阳二气尚未分化的宇宙本始之太极，分化衍生出天地人物，而天地人物息息相通，相连一体，构成一生化日新的有机世界，天、地、人三才为此世界的核心，人则与此世界的一切可以感通为一体。借助筮占操作，即一实现感通的有效途径。透过此一途径，人直下即可接通天地，感通天地人物，明了此一世界的当下情状、格局、态势与未来走向，从而预决吉凶。在此基础上，朱子赋予该筮法理学语境下以往所不曾有过的借助筮占接通太极之天理的新内涵：以往筮占首先接通的是宇宙本始状态的太极，朱子则将太极理解为最高终极之理，因而有了筮占接通之的新理解与新期许。

他认为，筮占中，取五十策蓍草，“置其一不用以象太极，而其当用之策凡四十有九。盖两仪体具而未分之象也”①。将五十策蓍草取来，置其一策不用，意味着筮占过程开始之初，接通了天地万物、整体大宇宙背后终极所以然根基、根据与理则的太极之理。太极之理与气相即不离，其始也气浑然为一，太极之理在其中。五十去一之后的四十九策蓍草浑而未分，即意味着筮占接通了天地尚未分化的宇宙本始的浑然一气。而将四十九策蓍草信手分为两份，分置左右，左天右地，则意味着筮占接通了天地。所谓“分而为二以象两”，而“两谓天地也”。② 继之自两份中右边象征地的蓍草

① 〔宋〕朱熹：《朱子全书》第1册，上海古籍出版社、安徽教育出版社2002年版，第247页。

② 〔宋〕朱熹：《朱子全书》第1册，上海古籍出版社、安徽教育出版社2002年版，第130页。

内取出一策，放到左手小指与无名指之间，以之象征人，意味着接通了人，从而天、地、人三才皆进入了感通过程，所谓“挂一以象三”。《易》的核心，是天、地、人三才之道，于是三才之道得以接通彰显。接下来先后四策四策地分数左边、右边分别表征天与地的蓍草，而将余策或一或二或三或四，分别夹于左手的第四指、第三指间，亦即无名指与中指之间、中指与食指之间。四四分数，意味着接通了四时，所谓“揲之以四以象四时”。余策置于手指之间，意味着接通了闰月，所谓“归奇于扐以象闰”。奇，奇零，谓余策。中国传统历法，实为一阴阳合历。二十四节气属于阳历，共有三百六十五又四分之一日；月建属于阴历，一个平年三百五十四日。一岁之间二者即相差十一又四分之一日。故而三年置闰一次，五年则再度置闰一次（十九年而七闰）。筮占要接通之，故需继续操作。所谓“四营而成易”，即四度经营操作完成一变：“四营者，四次经营也。分二者，第一营也。挂一者，第二营也。揲四者，第三营也。归奇者，第四营也。易，变易也，谓揲之一变也。四营成变，三变成爻。”①此同于三国吴陆绩的理解②。自将四十九策蓍草信手分为两份，至将左右蓍草四四分数后的余策夹于左手相应指间，完成了筮占操作的一变。四营之前的操作，接通的是太极之理与天地尚未分化的浑然一气；四营所接通的，则是人直下置身于其中的以天地为造化之本的处于往复循环的春生夏长、秋收冬藏过程之中的大千世界。这一世界，一次的春生夏长、秋收冬藏构成一岁，岁岁

① 〔宋〕朱熹：《朱子全书》第 1 册，上海古籍出版社、安徽教育出版社 2002 年版，第 255 页。

② 〔清〕李道平：《周易集解纂疏》，中华书局 1994 年版，第 586 页。

交替之间又有闰月的出现,筮占皆接通之。第一变结束之后,进入第二变。乃将第一变终了以四十九策除去挂一之策与左右四四分数一过的余策(所谓挂扐之策)之后之策,所谓过揲之策,再来一次四营。四营结束,随之进入第三变。乃将第二变终了后的过揲之策,再来一次四营。四营结束,即产生出第三变的挂扐之策与过揲之策。第二变是第一变的接续,从这一变开始,到第三变,无须再与太极之理和天地未分的浑然一气接通,而已然与之接通,直接进行四营,直接从接通天地出发,接续以往的变而继续与人置身于其中的永恒流转的大千世界进行感通。三变完成,呈现每一变的挂扐之策与过揲之策,依据三变的三种挂扐之策数九或五、八或四、八或四,抑或第三变的过揲之策数三十六或三十二或二十八或二十四,即可确定一爻。依据后者,皆除之以四,即有九、八、七、六的阴阳老少之数;依据前者,九、八为偶而五、四为奇,即有三偶的老阴或三奇的老阳或两奇一偶的少阴或两偶一奇的少阳。一爻确定,再重新合拢五十策蓍草,一如上述,再来一同样的三变,又可确定一爻。如此接续进行六度这样的三变操作,十八变下来,即可确定一个六爻之卦,并据之论断占问事项的吉凶祸福了。①

这里,朱子指出,运用大衍筮法进行筮占操作的过程,就是人借助蓍草实现与太极之理、浑然一气以及天地分化后以天地为造化之本的永恒流转的大千世界感通的过程,就是接通之而最终与之感通为一的过程。接通进而感通为一,其具体格局与情势即呈现于所得的卦中。卦中爻的变与不变、爻性的阴与阳、爻与爻间的

---

① 〔宋〕朱熹:《朱子全书》第1册,上海古籍出版社、安徽教育出版社2002年版,第246~256页。

关系格局,即符示着占问事项的吉凶祸福情势,据之即可断占了。上述识见,基于他视域下的总体天人宇宙图景,后文将及之。南宋宁宗庆元元年(1195),韩侂胄擅权,朱子草成数万言的密封奏章,极陈奸邪蔽主之祸,诸弟子劝谏勿上奏,以防不测,朱子不听。蔡元定请以蓍决,筮遇遯卦(䷠)变家人卦(䷤),变爻为初、四两爻。遯卦初、四两爻之辞分别是"遯尾,厉","好遯,君子吉,小人否"。于是朱子"默然,退,取奏稿焚之,更号遯翁"。① 显示他对蓍筮的敬畏与信从。此所反映的,是他的卜筮信念与信仰。而这一信念与信仰背后作为其支撑的,则是其理性视域下由《易》之符号系列所符示的一切。

三

通行本《周易》由八卦、六十四卦的符号系统与卦爻辞以及《十翼》的文字系统构成。符号系统与文字系统互诠互显,二而为一。汉代的象数易学家以及北宋邵雍看重前者,在象数优位的理念下严格持守本乎象数诠释义理之理路;玄学义理易学代表王弼与北宋儒门义理易学典范程颐则看重后者,有着以象数为工具、义理为目的的高度学术自觉,乃至有"得于辞,不达其意者有矣;未有不得于辞而能通其意者也"②之论。朱子则在《系辞上传》"圣人设卦观象,系辞焉而明吉凶"与《系辞下传》"是故《易》者象也,象也者像也"论断的基础上,扬以往象数易学看重象数之长,避义理易学轻

---

① 〔宋〕朱熹:《朱子全书》第25、27册,上海古籍出版社、安徽教育出版社2002年版,第4849、387页。

② 〔宋〕程颢、程颐:《二程集》,中华书局2004年版,第689页。

视象数之短,突显符号象数的重要意义,以此进一步揭示《易》的本真面目或“本义”。依他之见,《易》的核心在于卦,由六十四卦所组成的伏羲有符号而无文字之《易》,才是《易》的根本。这一符号之《易》是最为圆融的《易》,它有无限丰富之内涵。筮占所依据的,就是此等内涵。

众所周知,由八卦与六十四卦的符号系列之符示、由筮占活动之具体应用、在春秋时人诠释运用的基础上,透过《十翼》的系统诠释,上述符号系列成为宇宙人生万物万象万变的符示。基于此,《十翼》充分诠显了宇宙人生万物万象的变易,并在《系辞传》中进一步揭示了整体宇宙的变易生生,揭示了乾天坤地造化万有的简易品格以及造化所成的万物万象尊卑有序而和谐的归趋,这为后世易学解读出《易》之谓“易”的变易、简易与不易三种基本内涵做了铺垫。① 其中,不易昭示的是尊卑有序的价值期许及其不可改变性。总结以往识见而开其新,朱子则将《易》之谓“易”解读为“交易”与“变易”两种基本内涵。后一内涵大致属于承旧,前一内涵则主要属于开新。

在他看来,作为宇宙人生万物万象符示的八卦、六十四卦的符号系列,由阴阳两种基本爻画构成。由卦所符示的《易》之谓“易”,其内涵有二,所谓“其卦本伏羲所画,有交易、变易之义,故谓之《易》”②。交易、变易反映的是卦所由以构成的阴阳爻画所符示的阴阳彼此之间的关系,“交易是阳交于阴,阴交于阳,是卦图上

① 〔魏〕王弼、〔晋〕韩康伯注,〔唐〕孔颖达疏:《周易注疏》卷首《第一论易之三名》,上海古籍出版社 1989 年版,第 21 ~ 23 页。

② 〔宋〕朱熹:《朱子全书》第 1 册,上海古籍出版社、安徽教育出版社 2002 年版,第 30 页。

底……变易是阳变阴，阴变阳，老阳变为少阴，老阴变为少阳”①。朱子基本接受了邵雍的先天易学之见，认为伏羲当年据太极而分化为的阴阳两仪所画出的奇偶之画，即为《易》爻画之本始。两种爻画的阴阳之上，各分别加以阴阳，即成两画之四象。四象的阴阳之上，各分别加以阴阳，即成三画之八卦。八卦的阴阳之上，各分别加以阴阳，即成四画之十六符。十六符的阴阳之上，各分别加以阴阳，即成五画之三十二符。三十二符的阴阳之上，各分别加以阴阳，即成六画之六十四卦也。当然，阴阳的这种叠加，可无限进行下去。阴阳爻画如此交互叠组遂成你中有我、我中有你之局，并以此格局相互对待。最明显者，莫过于由此所成的先天八卦圆图与先天六十四卦圆图中八卦彼此之间与六十四卦彼此之间的相互对待。八卦圆图中，乾(☰)与坤(☷)一上一下纯阳纯阴相互对待之外，兑(☱)与艮(☶)、离(☲)与坎(☵)、震(☳)与巽(☴)分别以阴中有阳、阳中有阴的格局相互对待。六十四卦圆图中，乾(䷀)与坤(䷁)一上一下纯阳纯阴相互对待之外，左边属阳的诸卦与右边属阴的诸卦，亦分别以阳中有阴、阴中有阳的格局相互对待：“《先天图》一边本都是阳，一边本都是阴，阳中有阴，阴中有阳，便是阳往交易阴，阴来交易阳，两边各各相对。其实非此往彼来，只是其象如此。”②这就是所谓交易：阴阳互涵，错杂一体，而又与另一阴阳互涵、错杂一体者相互对待。例如泰卦(䷊)与否卦(䷋)、归妹卦(䷵)与渐卦(䷴)，两组卦各系阴阳互涵、错杂一体而又因彼此阴阳

---

① 〔宋〕朱熹：《朱子全书》第16册，上海古籍出版社、安徽教育出版社2002年版，第2160～2161页。

② 〔宋〕朱熹：《朱子全书》第16册，上海古籍出版社、安徽教育出版社2002年版，第2160页。

互反而相互对待。所谓变易,则是阴与阳的相互转化。交易昭示的是阴阳已成格局的对待互显,变易昭示的是阴阳流转互通的过程,"'易'有两义:一是变易,便是流行底;一是交易,便是对待底"①。宇宙人生万象,皆可纳入卦中爻画所符示的阴阳的范畴之内,《易》所开示的,约而言之,就是这一阴阳底蕴。故而朱子说:"《易》,只消道'阴阳'二字括尽。"②阴阳范畴,涵括阴阳二气和由之所造化出的天人宇宙间阴阳两大类事物与现象。在朱子看来,对《周易》一书做出诠释而有《伊川易传》传世的程颐,仅仅揭示了《易》的变易之义,而没有揭示其交易之义,这不能不说是一个缺憾:"阴阳有相对而言者,如东阳西阴,南阳北阴是也;有错综而言者,如昼夜寒暑,一个横、一个直是也。伊川言'易,变易也',只说得相对底阴阳流转而已,不说错综底阴阳交互之理。言'易'须兼此二意。"③所谓"错综底阴阳交互"即因阴阳之互涵,而使得阳中更分阴阳、阴中亦更分阴阳。他说,"一物上又各有阴阳,如人之男女阴阳也。逐人身上又各有这血气,血阴而气阳也。如昼夜之间,昼阳而夜阴也。而昼阳自午后又属阴,夜阴自子后又是阳。便是阴阳各生阴阳之象"④,又说,"统言阴阳,只是两端,而阴中自分阴阳,阳中亦有阴阳……男虽属阳,而不可谓其无阴;女虽属

① 〔宋〕朱熹:《朱子全书》第16册,上海古籍出版社、安徽教育出版社2002年版,第2157页。

② 〔宋〕朱熹:《朱子全书》第16册,上海古籍出版社、安徽教育出版社2002年版,第2160页。

③ 〔宋〕朱熹:《朱子全书》第16册,上海古籍出版社、安徽教育出版社2002年版,第2157页。

④ 〔宋〕朱熹:《朱子全书》第16册,上海古籍出版社、安徽教育出版社2002年版,第2159页。

阴,亦不可谓其无阳。人身气属阳,而气有阴阳;血属阴,而血有阴阳"①。

交易令六十四卦除乾坤两卦之外,各阴阳互涵、错杂一体而两两相互对待,从而使此六十四卦呈现三十二对对待互显之格局。变易则令六十四卦流转互通,无有终穷。在朱子看来,借助于爻画之阴阳,《易》透过六十四卦所符示的阴阳交易与变易底蕴,涵摄蕴示了天人宇宙间阴阳之气及由其所造化出的事物、现象、格局,各自的层层无尽的阴阳互涵、错杂一体,与彼此的对待互显;涵摄蕴示了阴阳之气及由其所造化出的事物、现象、格局彼此之间环环相扣、无有终穷的流转互通。当然,正是由于阴阳的上述变易流转,既可将其视之为二,亦可将其视之为一,"阴阳做一个看亦得,做两个看亦得……做一个看只是一个消长"②;"阴阳只是一气,阳之退便是阴之生,不是阳退了又别有个阴生"③。由此,《易》开显出这样一幅整体大宇宙图景:阴阳为造化之源,化生出纷纭复杂、千姿万态的万物万象;万物万象因阴阳之气的造化,而归属于相互对待的阴阳两大类,而它们的属阴属阳,并非单纯简单地因其或为纯阴之物或为纯阳之物,而是阳中层层无尽地分阴阳、阴中也层层无尽地分阴阳,而令两大类阴阳互涵,以其一为主而已——以阳为主者属阳类,以阴为主者属阴类,于是,对待中同时彰显着互涵;阴阳之

① 〔宋〕朱熹:《朱子全书》第16册,上海古籍出版社、安徽教育出版社2002年版,第3127页。

② 〔宋〕朱熹:《朱子全书》第16册,上海古籍出版社、安徽教育出版社2002年版,第2156页。

③ 〔宋〕朱熹:《朱子全书》第16册,上海古籍出版社、安徽教育出版社2002年版,第2156页。

气引发大宇宙中的阴阳两大类势力,这两大类势力此消彼长,流转互通,以此使得彼此阴阳对待互涵的万物万象生化日新,流转互通。

尤有进者,朱子认为,阴阳并非最具究竟意义的因素,阴阳背后的所以然,大宇宙终极的所以然,乃是太极之理。他说:“盖盈天地之间,莫非太极、阴阳之妙,圣人于此仰观俯察,远求近取,固有以超然而默契于其心矣”①。而“太极者,象数未形而其理已具之称,形器已具而其理无朕之目”②。太极为阴阳造化的所以然之理,又成为造化所成的大宇宙、万物万象的终极根基根据。太极之理即阴阳而在阴阳,即阴阳造化所成的万物万象而在万物万象,即阴阳两大类势力的消长过程而在此过程,即上述过程所促成的万物万象的生化日新、流转互通而在此生化日新、流转互通,从而最终落实为整体宇宙大千世界的终极根基根据。所谓“象数未形而其理已具之称”,即谓“自两仪之未分也,浑然太极,而两仪、四象、六十四卦之理已粲然于其中”③,《易》象数符号系统的两种爻画之两仪、两画之四象、三画之八卦、四画之十六符、五画之三十二符、六画之六十四卦尚未显现之前,其所以然之理本已浑然昭著的具备于太极之中了,以此蕴示在阴阳之气分化消长并造化宇宙万物万象之前,其所以然之理本已浑然昭著地具备于太极之中了。而所

---

① 〔宋〕朱熹:《朱子全书》第1册,上海古籍出版社、安徽教育出版社2002年版,第217页。

② 〔宋〕朱熹:《朱子全书》第1册,上海古籍出版社、安徽教育出版社2002年版,第218页。

③ 〔宋〕朱熹:《朱子全书》第1册,上海古籍出版社、安徽教育出版社2002年版,第217页。

谓“形器已具而其理无朕之目”,则谓阴阳所造化的有形有象的万物万象业已出现之后,太极之理也已然内在于其中。于是,整体大宇宙“本只是一太极,而万物各有禀受,又自各全具一太极尔”①;“盖合而言之,万物统体一太极也;分而言之,一物各具一太极也”②。整体大宇宙,万物总体而言,只有一个太极之理,此一理成为整体大宇宙的终极根基根据;具体到万物中的每一个体,各自又完备地禀受了同一个此理,从而皆具备了共同的终极大宇宙根基根据,拥有了终极大宇宙根基根据之支撑。而且,“天地之间,有理有气。理也者,形而上之道也,生物之本也;气也者,形而下之器也,生物之具也。是以人物之生,必禀此理然后有性,必禀此气然后有形”③。气塑造了事物的形体,太极之理则在气造化事物形体的同时,被赋予了事物,直接内化为事物的本然之性。因之,事物的本然之性,就是整体大宇宙的终极根基根据,就是事物的终极大宇宙根基根据之支撑。而太极之理,乃是一绝对至善的令物生生之理,它使大宇宙充满无限生机生意,使万物生化日新:“太极只是个极好至善底道理。人人有一太极,物物有一太极……太极,是天地人物万善至好底表德。”④“太极如一木生,上分而为枝干,又分而生花生叶,生生不穷。到得成果子,里面又有生生不穷之理;生

---

① 〔宋〕朱熹:《朱子全书》第 17 册,上海古籍出版社、安徽教育出版社 2002 年版,第 3167 ~ 3168 页。

② 〔宋〕朱熹:《朱子全书》第 13 册,上海古籍出版社、安徽教育出版社 2002 年版,第 74 页。

③ 〔宋〕朱熹:《朱子全书》第 27 册,上海古籍出版社、安徽教育出版社 2002 年版,第 2755 页。

④ 〔宋〕朱熹:《朱子全书》第 17 册,上海古籍出版社、安徽教育出版社 2002 年版,第 3122 页。

将出去,又是无限个太极,更无停息。"①由此,以太极之理与气的相即不离为造化的大本大原,基于这一太极之理,宇宙万物万象已然而又本然地联通为一体,构成了相互内在而非外在的密切关系,汇而为一、一本而万殊的无限开放、永恒流转、日新不已的有机宏大生存生命的共同体与生命性洪流。这一联通一体、相互内在,也就成为事物彼此之间已然而又本然的关系格局与存在方式。它们正是基于这一关系格局,生动诠释彰显着大千世界的有机统一性与丰富多样性。朱子认为,这才是《易》借助其卦的符号系列所涵摄、蕴示的完整整体大宇宙图景。

在朱子看来,人就置身于上述生存生命共同体之中,这一共同体,即构成人的整个生活的世界和其人生价值终极实现之域。人与其中的一切内在相连一体,进而可以使生命与之感通一体,接通这一共同体。人置身其中的各种情势之下,这些情势相对于他而言,具有着有利不利的价值意义。能否准依太极之理对其做出适切之回应,即成为问题的关键所在。《易》之卦的符号系列,恰恰符示了各种复杂多样而又变化无穷的人置身其中的可能之情势,及基于太极之理所当采取的回应之道与所宜避免的回应失误。符号系列如此符示,《易》可谓包罗宏富,直可说"它是说尽天下后世无穷无尽底事理"②。但这种说尽不是直接具体地就人、就事、就物、就势的就实说尽,而是符号化的笼罩涵盖、涵摄蕴示下的就虚涵实说尽,"《易》自是不惹着事,只悬空说一种道理,不似它书,便各着

① 〔宋〕朱熹:《朱子全书》第16册,上海古籍出版社、安徽教育出版社2002年版,第2567页。

② 〔宋〕朱熹:《朱子全书》第16册,上海古籍出版社、安徽教育出版社2002年版,第2227页。

事上说”①;“《易》之所说,皆是假说,不必是有恁地事。假设如此则如此,假设如彼则如彼,假设有这般事来,人处这般地位,便当恁地应”②。这就与另一部经典《春秋》形成了鲜明对照,“《汉书》:‘《易》本隐以之显,《春秋》推见至隐。’《易》与《春秋》,天人之道也。《易》以形而上者,说出在那形而下者上;《春秋》以形而下者,说上那形而上者去”③。《汉书·司马相如传》引述了《史记·司马相如列传》司马迁赞语中的两句著名论断,朱子深受其启发并做出自己独到的精湛阐发。他认为,如果说《春秋》是就具体历史事实而就实说地寄寓褒贬之义,引延至形而上的天人大道,那么,《易》则是就虚涵实说地符号化开示形而下的一切事事物物及其道理,引领人生价值之应然。不难发现,冯友兰先生对《易》的理解与之颇为相通。在致 1984 年武汉《周易》学术讨论会的《代祝词》中,冯先生说,“周易哲学可以称为宇宙代数学。代数学是算学中的一个部门,但是其中没有数目字,它只是一些公式,这些公式用一些符号表示出来。对于数目字来说,这些公式只是些空套子。正是因为它们是空套子,所以任何数目字都可以套进去。我说周易可以称为宇宙代数学,就是这个意思。周易本身并不讲具体的天地万物,而只讲一些空套子,但是任何事物都可以套进去”④。冯先生所

---

① 〔宋〕朱熹:《朱子全书》第 16 册,上海古籍出版社、安徽教育出版社 2002 年版,第 2232 页。

② 〔宋〕朱熹:《朱子全书》第 16 册,上海古籍出版社、安徽教育出版社 2002 年版,第 2242 页。

③ 〔宋〕朱熹:《朱子全书》第 16 册,上海古籍出版社、安徽教育出版社 2002 年版,第 2243 页。原书标点有误,兹订正。

④ 唐明邦等编:《周易纵横录》,湖北人民出版社 1986 年版,第 7 页。

言,一则有其独到价值,一则与朱子之见两相映照,而令后者彻然豁显。

正因如此,朱子申言读《易》绝非易事,“《易》不可易读”①,“《易》最难看,其为书也,广大悉备,包涵万理,无所不有”②。是以,当弟子问及“读《易》未能浃洽,何也”时,他回答说:“此须是此心虚明宁静,自然道理流通,方包罗得许多义理。盖《易》不比《诗》《书》,它是说尽天下后世无穷无尽底事理,只一两字便是一个道理。又人须是经历天下许多事变,读《易》方知各有一理,精审端正。今既未尽经历,非是此心大段虚明宁静,如何见得!此不可不自勉也。”③读《易》一需沉潜宁静广博之心,二需丰富人生阅历与生命感悟,三需基于太极之理的天人宇宙大视域与厚重德性。因此他告诫弟子:“如今不曾经历得许多事过,都自揍他道理不着,若便去看,也卒未得他受用。”④包括程颐等人在内,看来解读《易》时没有很好地意识到这层“不可易读”之意。不难看出,朱子的上述见解多发前人之所未发,精湛绝伦,其对《易》思想的深化无可置疑。

---

① 〔宋〕朱熹:《朱子全书》第16册,上海古籍出版社、安徽教育出版社2002年版,第2225页。

② 〔宋〕朱熹:《朱子全书》第16册,上海古籍出版社、安徽教育出版社2002年版,第2229页。

③ 〔宋〕朱熹:《朱子全书》第16册,上海古籍出版社、安徽教育出版社2002年版,第2227~2228页。

④ 〔宋〕朱熹:《朱子全书》第16册,上海古籍出版社、安徽教育出版社2002年版,第2228页。

四

《易》中八卦与六十四卦的符号系列符示了上述的一切,正是先有了被符示的上述一切,才有了符示之的符号系列。因此,朱子主张,如欲更进一步地理解《易》之“本义”,即需通体真切透悟到符号系列所自来的其所符示的一切。这也就意味着读《易》的最高境界,当是超越《易》之一书,超越其卦的符号系列以及文字系列,而充分地体会出“画前之易”。在这一点上,他又继承、深化、升华了邵雍“须信画前元有《易》”①之说,将对《易》的解读提升到一个新境界,也就再一次空前深化了《易》的内涵。

朱子认为,当年伏羲正是在通体真切体会到大宇宙中交易、变易之深厚底蕴及其所以然,体会到基于此的整体大宇宙图景和人置身其中的人生应然之后,才画出了卦的符号系列,以涵摄蕴示这一切,从而推出了《易》。作《易》圣人以卦的符号系列所涵摄蕴示的这一切,即所谓“画前之易”。读《易》之人如能进而自己体会出这一“画前之易”,才会达致当年作《易》圣人之境界,彻悟《易》之“本义”。此虽甚难,但宜孜孜以求,“看《易》,须是看他卦爻未画以前是怎模样,却就这上见得他许多卦爻象数是自然如此,不是杜撰”②。于是,呼应邵雍“须信画前元有《易》”之说,朱子于一诗中称:“潜心虽出重爻后,着眼何妨未画前。识得两仪根太极,此时方

---

① 〔宋〕程颢、程颐:《二程集》,中华书局2004年版,第45页。

② 〔宋〕朱熹:《朱子全书》第16册,上海古籍出版社、安徽教育出版社2002年版,第2228页。

好绝韦编。”①

以往学界的基本共识,伏羲、文王、周公、孔子四位圣人思想前后一贯,根据孔子的《十翼》就可以、也才会真切理解《周易》古经,由此形成了久远的经传不加区分、以传解经的传统。朱子透过画后之《易》与画前之易的分疏,以大无畏的学术勇气和探寻学术本真之所是的研究期许,对上述传统乃至对圣人文王、周公、孔子提出挑战,推出自己富含真知灼见的观点,在当时可谓惊世骇俗、振聋发聩。

画后之《易》本于画前之易。依朱子之见,伏羲的画后之《易》涵摄蕴示了前述之一切,借助卜筮以显其用。文王、周公系属卦辞、爻辞的文字系列之后,虽未偏离卜筮之用,但已偏于说一番道理了,障蔽了这些道理之外的一切。及至孔子作《十翼》,虽仍环绕卜筮的吉凶祸福问题展开诠释,但铺陈道理的意味更加浓重,前述以交易、变易底蕴为核心的整体大宇宙图景的内涵,更难以全副彰显出来。因此他指出:“今人读《易》当分为三等,伏羲自是伏羲之易,文王自是文王之易,孔子自是孔子之易。读伏羲之易,如未有许多《彖》、《象》、《文言》说话,方见得《易》之本意只是要作卜筮用……及文王、周公分为六十四卦,添入‘《乾》元亨利贞’,‘《坤》元亨利牝马之贞’,早不是伏羲之意,已是文王、周公自说他一般道理了。然犹是就人占处说,如卜得《乾卦》,则大亨而利于正耳。及孔子系《易》,作《彖》、《象》、《文言》,则以‘元亨利贞’为乾之四德,又非文王之《易》矣。到得孔子,尽是说道理,然犹就卜筮上发

① 〔宋〕朱熹:《朱子全书》第20册,上海古籍出版社、安徽教育出版社2002年版,第556页。

出许多道理，欲人晓得所以凶，所以吉。卦爻好则吉，卦爻不好则凶。若卦爻大好而己德相当则吉；卦爻虽吉而己德不足以胜之，则虽吉亦凶；卦爻虽凶而己德足以胜之，则虽凶犹吉。反复都就占筮上发明诲人底道理。”①自文王到孔子，所言之道理本身没问题，但却渐次偏离了《易》的卜筮本意，障蔽了画前之易与伏羲画后之《易》的无限丰富之内涵。他反复申言这一点，并就四圣《易》说并无二致之见提出质疑：“学《易》者须将《易》各自看，伏羲《易》自作伏羲《易》看，是时未有一辞也。文王《易》自作文王《易》看，周公《易》自作周公《易》看，孔子《易》自作孔子《易》看。必欲牵合作一意看不得。今学者讳言《易》本为占筮作，须要说做为义理作。若果为义理作时，何不直述一件文字，如《中庸》、《大学》之书，言义理以晓人，须得画八卦则甚？”②此论对于人们辨析经传之别，不再过分拘执于以传解经，进而理清易学的源流迁变，独立而深入地解读《易》，意义重大。

伏羲画后之《易》契合画前之易，圆融而不拘于、不偏滞于一些道理。拘于、滞于一些道理而读《易》、诠《易》，不但难以充分体认到伏羲画后之《易》与画前之易的丰赡深湛底蕴，而且也会使自己的心灵由阔转狭：“文王之心，已自不如伏羲宽阔，急要说出来；孔子之心，不如文王之心宽大，又急要说出道理来。所以本意浸失，都不顾元初圣人画卦之意，只认各人自说一副当道理。及至伊川，又自说他一样，微似孔子之《易》，而又甚焉。故其说《易》，自伏羲

① 〔宋〕朱熹：《朱子全书》第 16 册，上海古籍出版社、安徽教育出版社 2002 年版，第 2190～2191 页。

② 〔宋〕朱熹：《朱子全书》第 16 册，上海古籍出版社、安徽教育出版社 2002 年版，第 2182 页。

至伊川，自成四样。某所以不敢从，而原《易》之所以作，而为之说，为此也。”①孔子之后，程颐作《易传》，更是专于大谈特谈人事义理，离《易》之本意愈走愈远，所以朱子敢冒对于包括文王、周公、孔子诸圣以及先贤程颐的大不敬之讥，而毅然挺立学术之自我，重新探究《易》之本意，梳理以往易学延展长河，做出自己的识见衡判。至此，他的《周易》观已完整显现出来。

五

综上，朱子审视体认天人宇宙，阅读研判古今《易》著，推出了彰显鲜明学术自我的《周易》诠释视域及在此视域下的《周易》观。依他之见，《周易》由伏羲、文王、周公、孔子所作，本系卜筮之书；人借卜筮可直下接通太极之理，感通天地人物，预决吉凶；作为卜筮基本依据的伏羲无文字的六十四卦符号之《易》，最为圆融，它有交易、变易的丰富内涵；与此符号之《易》相应的，尚有画前之易，透悟之才会深切理解《易》之本义，达致读《易》的最高境界；而自文王、周公、孔子直至程颐等人，则逐渐偏离了《易》之本义，偏于说一些具体义理，因之以传解经并不的当，程颐等人之说偏差更大。他视《易》为卜筮之书，绝不同于一般术士所理解的卜筮之书，而是有其前述画前之易与伏羲画后之《易》的深湛内蕴在；他也不是为了教人单纯用《易》于占筮，而是更着眼于引领人们体认《易》所涵摄蕴示的人置身其中的前述作为其整个生活的世界的生存生命共同体，学会针对不同情势通权达变，生命地了悟并践行基于太极之理

① 〔宋〕朱熹：《朱子全书》第16册，上海古籍出版社、安徽教育出版社2002年版，第2191页。

的人生应然之道，化《易》之道为自身之道，进而完整透悟画前之易，挺立自己生命的主体性，自如追求并实现正大人生之理想。他说："须是以身体之。且如六十四卦，须做六十四人身上看；三百八十四爻，又做三百八十四人身上小底事看。"①《易》的学问最终要落实为一种生命的大学问，而不可仅仅停留于知识化的学术层面。而如果说朱子之前着眼于义理而理解、诠释、阐发《易》的学者更多地彰显出哲学家、思想家的品格，那么视《易》为卜筮之书而衡判伏羲、文王、周公、孔子、程颐等人的他，更多地突显出思想史家、哲学史家的品格。他更多地试图从思想史、哲学史的角度，探明《易》之本然及在后世所发生的理解演变，针砭、力矫人们诠释时的不着边际、捕风捉影、牵强附会。而包括程颐在内的朱子之前的理学家，往往正是借助对于《易》的高度哲学性义理诠释而建构起他们各自的理学体系的，朱子也是在整合会通了他们的理学思想后，才构建起自己的理学体系的。即此而言，朱子可谓接续了他们的诠《易》之果而却实质否定了其诠《易》视域与方法。不但如此，前述朱子对于《易》之太极之理内在于其中的交易、变易底蕴以及画前之易的理解，显然皆不折不扣地融入了相关理学的视域，在此视域下，他又在思想史家、哲学史家的品格背后，含蕴着思想家、哲学家的品格。

朱子在中国文化史上地位显赫，乃至有"前有孔夫子，后有朱文公"之评。他的《周易》诠释视域及由此所开显的《周易》观，对后世产生了重要影响。他申言《易》乃卜筮之书，辨析文字诠说之

---

① 〔宋〕朱熹：《朱子全书》第 16 册，上海古籍出版社、安徽教育出版社 2002 年版，第 2242 页。

偏弊，有助于人们打破经传不分之成见，了解以往的易学史，区分古经、《易传》和后起易学，历史主义地把握《易》之本然，避免牵强无根之谈；同时也使那些不能全面了解他所开示的《易》之底蕴的人错会其意，令部分学者不再深层诠释《易》之高度哲学性天人之学，令一些人专究《易》的卜筮之用，而掏空了其深厚内涵；而对那些超越卜筮、仍倾心开掘《易》的思想义理以构建理学体系及其他体系的人造成莫大冲击，他们或批评朱子，或失去开掘信心。至于朱子对符号之《易》与画前之易的阐述，则具有卓荦的哲学天人之学意涵，无疑同样属于对理学内涵的深化，对知言的学术知音而言启迪颇深，引导人们进而用心“阅读”、体悟无文字的宇宙大《易》，学会《易》眼观万象，卦眼看人生，从而更好地定位环绕三才格局下的一切，追求天人价值应然之境。当然，以今观之，视《易》为圣人之作，未必尽然；他的卜筮信念与信仰，亦当予以理性之审视；他所推出的《易》之“本义”，也只是他理解视域下的“本义”，与原本的《易》之“本义”是两个不尽相同的问题，当然这属于一个颇值得玩味的哲学诠释学问题。

（本文作者系山东大学哲学与社会发展学院教授）

太极视域下东西方文化的关系

戴大明

一、东西方文化“相反”的表现

虽然从最基本的层面说，东方人和西方人都是人，有着基本相同的人性，“东海西海，人同此心，心同此理”，但是东西方文化在许多方面表现出“相反”的特征。简单列举就有如下之多：

1. 衣着方面：传统东方服饰以中国的中山装与日本的和服为典型代表，看上去封闭保守；而西装却明显开放。保守为阴，开放为阳，这是衣着方面无意之中显示出的阴、阳差异。

2. 饮食方面：东方饮食文化以中国菜为代表，其典型当属水饺和包子。水饺和包子以“包”为特色，里面的馅儿含而不露，用水煮着或蒸着吃；西餐之典型者如比萨，所有的馅儿几乎一览无余，用火烤着吃。中餐用筷子，西餐用刀叉。筷子成双，刀叉单用；筷子以

图1　水饺

图2　比萨

竹、木做料,而刀叉以钢、铁为质,一双一单,一柔一刚,一阴一阳。

3. 居住方面:传统的中国民居是四合院,封闭之至;有钱人家的大院则“侯门深似海”,建筑并不多高,但是一定要一层层地深而且广;房顶外形以所谓的“飞檐”为特征,呈弧线状,重心向下,直指大地(地为坤、为阴)。以哥特式为代表的传统西方建筑,没有厚重的围墙,但是一定要高,向上发展,穹顶尖尖,高耸入云,“欲与天公试比高”(天为乾、为阳)。如果说中国建筑的取向是“则地”的话,那么西方建筑的取向则是“法天”,是谓各取所需。这种不经意间由各自建筑样式流露出的价值取向,是人、建筑、环境有意或无意保持统一的结果。

图3　典型的中国式建筑

图4　典型的西方式建筑

4. 行为方面:东方人多静、多内向、多右利手;西方人多动,多外向、多左利手。中国人书写自己的住址、姓名时,一般按从大到小的顺序,西方人正好相反,一般是从小到大。以阴阳属性划分,静、内、右为阴,动、外、左属阳。在军事上,中国人强调人不犯我、我不犯人,一般主张后发制人;西方人往往讲究以攻代守,认为进攻是最好的防御,主张先发制人。对待自然,中国人重顺应,天人合一;西方人重改造,天人相分。

5. 情感表达和时间取向:东方人比较含蓄、委婉、要面子,西方人则比较坦白、直率、更爱自我表现。中国人喜欢怀旧,史学特别发达;西方人更爱创新,科幻格外丰富。

6. 文学方面:中国文学以抒情式的短篇诗歌见长,西方以再现式的充满理性的长篇小说取胜。中国诗歌多咏月之作,极少赞美太阳的诗歌;而西方诗歌中咏月的所占比例比中国少,歌颂太阳的则多得多。中国人对阴性的月亮情愫深厚,可谓“同声相应,同气相求”。

7. 音乐、绘画方面:中国的名曲多与月亮有关,如《二泉映月》《春江花月夜》《花好月圆》等,很少有赞美太阳的名曲;西方名曲中赞美月亮的曲子相对中国音乐要少得多,而赞美太阳的相对较多,《我的太阳》就是其中的杰作。中国传统绘画比较尚虚、尚神似,西方传统绘画比较重写实、重形似。

图5　中国画

图6　西洋画

8. 哲学与伦理方面:中国哲学像诗,重意境和悟性,伦理学比较发达;西方哲学重逻辑、理性,认识论更为完善。孔子讲,“己所不欲,勿施于人”(《论语·颜渊》);在西方广受信徒追随的耶稣则教导说,“己所欲,施于人”(《新约·马太福音》)。前者注重体谅别人,行为被动,有女性思维的特征;后者注重自我,行为主动,乃男性思维的表现。

类似的差异还可以列举许多。可见东西方文化之间的确存在“相反”的表现。

二、前人对于东西方文化关系的主要认识

近代以来,东西方两种文化激烈碰撞,激发不同领域的学者思考、探究这两种文化各自的性质及二者之间的相互关系。翻译家严复先生具有很深厚的中国文化功底,又到英国留学多年,对东西方文化差异的认识比较深刻,他指出,“中国亲亲,而西人尚贤;中国以孝治天下,而西人以公治天下;中国尊主,而西人隆民;中国贵一道而同风,而西人喜党居而州处;中国多忌讳,而西人重讥评”①。他认为西方文化与中国文化的反差非常明显,基本上呈现相反的表现。

20 世纪 20 年代,中国学者关于东西方文化关系的讨论进一步深化。李大钊先生认为,“东西文明有根本不同之点,即东洋文明主静,西洋文明主动是也”,并且论述东洋文明与西洋文明“一为自然的,一为人为的;一为安息的,一为战争的;一为消极的,一为积极的;一为依赖的,一为独立的;一为苟安的,一为突进的;一为因袭的,一为创造的;一为保守的,一为进步的;一为直觉的,一为理智的;一为空想的,一为体验的;一为艺术的,一为科学的;一为精神的,一为物质的;一为灵的,一为肉的;一为向天的,一为立地的;一为自然支配人间的,一为人间征服自然的”②。由此可见,李大钊认为东西方文化(他讲的“文明”相当于今天的“文化”)在性质上呈对立的关系。但与此同时,他还认为二者互相依存。他说:“宇

---

① 严复:《严复集·论世变之亟》,中华书局 1986 年版,第 3 页。

② 李大钊:《李大钊全集》第 3 卷,河北教育出版社 1999 年版,第 39、40 页。

宙大化之进行,全赖有二种之世界观,鼓驭而前……东洋文明与西洋文明,实为世界进步之二大机轴,正如车之两轮、鸟之双翼,缺一不可。”①同时,李大钊还认为,东西方文化各有特长,也各有弱点,因此需要建立“第三新文明”,将上述两种文化相互调和、相互补充、取长补短。可见,李大钊先生的论述中已经包含东西文化对立互补的思想。

此后,尤其是20世纪80年代,尚有一些学者提出东西方文化具有相反的性质。他们提出东西方文化分别属于大陆文化与海洋文化、农业文化与商业文化、农耕文化与游牧文化、月亮文化与太阳文化、女性文化与男性文化等。近来有些西方心理学家,则通过心理实验揭示出东西方文化的差异。例如由美国密歇根大学的社会心理学家理查德·E.尼斯贝特和同事进行的一项研究表明,中国人与美国人的思维方式存在明显差异。以观看图画为例,中国人更多留意图画的背景,较少聚焦前景物体,更具有整体化思维,更加注重事物间的联系;美国人则更多地将目光聚焦在前景中的显著物体,更加以目标为导向,较少关注事物之间的联系。这一心理实验的发现,一定程度上也印证了东西方文化的对立与互补。

那么,是什么原因造成了东西方文化对立互补的关系?有单因素说和多因素说两种解释。单因素说主张者中,李大钊将原因归之于得太阳恩惠之多寡。他解释说,以中国为代表的低纬度亚洲地区太阳直射,受自然的赐予较为厚重,所以其文明善于与自然、同类和平相处;以欧洲为代表的高纬度地区由于太阳更多斜

① 李大钊:《李大钊全集》第3卷,河北教育出版社1999年版,第43页。

射,得到自然的赐予较少,所以其文明就表现出与自然和同类更多的斗争。① 近年也有国内学者提出"地理环境是东西方文化差异的终极原因",东方文化起源内陆大河流域,所以形成封闭、保守、稳定的农耕文化;西方文化起源于沿海地区,因而形成开放、进取、流动的商业文化。② 美国心理学家尼斯贝特和他的同事通过研究发现,东亚人和美国人在视觉习惯方面存在明显差异,并且他们将这种差异归因于两种不同的哲学——东亚哲学的核心思想是"调和",所以东亚人更容易将个体和整体互相联系,而西方人的生活就是为了径直达到目标,他们的思维更注重事物的个体。至于为什么东西方哲学有如此的差异,他们未曾做进一步追问与阐释。

持多因素说的学者中,以北京大学的辜正坤教授为代表。他认为文化受到多种因素制约,这一因素系统包括九个方面:生态环境、语言文字、科技工具、物欲原动力律、情欲原动力律、权欲原动力律、审美递增递减律、阴阳对立转化律、五行选择律等,涉及物理、生理、心理、哲理等方面,是先天的自然条件与后天的人性因素互动互构发展而来的。③

前人对东西方文化关系及其原因的探讨富有启发性,但还并不能完全令人信服。"阳光决定论"不能解释希腊克里特岛和中国

---

① 李大钊:《李大钊全集》第 3 卷,河北教育出版社 1999 年版,第 39 ~ 40 页。

② 袁本华、曹诗图:《东西方文化差异的地理透视与整合分析》,载《世界地理研究》2001 年第 1 期。

③ 辜正坤:《中西文化比较略论》,见《北大讲座》第 1 辑,北京大学出版社 2002 年版,第 226 ~ 253 页。

黄河中下游地区处于同一纬度，但是为什么产生的两类文化差异会如此巨大。“地理环境决定论”难以说明希腊文化与日本文化、斯里兰卡文化同样属于沿海岛屿地区，但是为何那么迥然不同。“哲学决定论”忘记了哲学特质的形成应当还有更深层的依据。“多因素决定论”没有指明哪一种因素是东西方文化对立与互补的根本原因。

三、太极地球理论视域下东西方文化对立互补的根本原因

东西方文化对立性差异形成的原因到底何在？本人认为，从中国古老的太极理论的角度审视，地球就是一个太极球。太极地球上先天存在的阴阳结构决定了东西方文化各自的性质及其互相之间的关系。运用太极地球理论，可以比较系统地解释东西方文化对立互补的成因。

“太极”一词，早见于《周易·系辞上》“易有太极，是生两仪，两仪生四象，四象生八卦，八卦定吉凶，吉凶生大业”。极，这里可以当作“尽头”解，太极就是最尽头、最早的开端的意思。对于太极具体的图式，有不尽相同的解释。通行的“阴阳鱼”太极图如下：

图7　古太极图

据说此图乃古太极图,由宋代的道士传出。“阴阳鱼”太极图极为简洁与形象地表示出了中国哲学的核心思想:世界万物都是由阴阳二气和合构成,阴代表大地、月亮、女性、水、右、小、柔顺、保守、包容、含蓄、内向、安静、综合、形象、直觉等相对被动的方面;阳代表天、太阳、男性、火、左、大、刚强、攻击、独立、正直、外向、好动、分析、抽象、逻辑等相对主动的方面。阴阳性质相反,功能相异,但恰恰互为前提,互相依存,互补互济。阴阳二气交感,化生万物。

太极图反映着传统中国哲人的世界观。孔子在《易传》中提出:“一阴一阳之谓道。”老子曰,“万物负阴而抱阳,冲气以为和”(《老子》第四十二章),指出每一种事物都由阴阳二气构成,阴阳互相交感才能产生和谐。《管子·四时》:“阴阳者,天地之大理也。”认为阴阳是天地之间最大的道理。《管子·枢言》又言,“凡万物阴阳两生而参视”,认为阴与阳交感生化万物,新事物才会出现。《黄帝内经·素问》曰,“阴阳者,天地之道也,万物之纲纪,变化之父母,生杀之本始,神明之府也”,指出阴阳为天地之道,万物之本。总之,在中国先哲看来,阴阳就是天经地义,它是独具特色的能够自圆其说且能解释万事万物的理论体系。中国数千年的历史实践也检验和证明了这一理论体系的合理性。需要指出的是,不可以仅仅视太极图为平面图,而应当作立体图看。换句话说,太极图其实应当被看作是一立体的球,即太极球。太极具有全息性,“其大无外,其小无内”,无论大小事物,大至整个宇宙,小至人的身体都是一太极。正如宋代大儒朱熹总结的那样,“物物一太极”。而地球本身又是一个巨大的、生机盎然的球体,所以我们有理由认为地球也是一个太极球。

太极地球上的阴阳是怎样分布的呢？笔者大胆构想，地球上的阴阳也如古太极图那样分布。下面是笔者所画的太极地球图：

图 8　太极地球图

通过此“太极地球图”，我们可以对东西方文化对立互补做形象的说明。该图形象地揭示了“文化是环境的产物”，东西方文化的分布及其互相关系是由地球先天自然关系禀赋决定的。以欧美为代表的“西方国家”位于阳性半球，所以其文化总体呈阳性特征，以中国为代表的“东方国家”位于阴性半球，所以其文化总体呈阴性特征。至于为什么如此分布，我们现在只能将其归于自然，一如为什么人类的性别分为男性与女性一样，基本只能归之于大自然的禀赋。

与此相类似的自然禀赋也见于人类的左、右脑分工。研究表明，人的左脑长于抽象思维、逻辑推理，右脑则长于形象思维、处理人际关系。从阴阳的角度看，大脑左半球思维呈阳性特征，右半球思维呈阴性特征。人类性别分男性、女性，大脑功能分左脑、右脑，地球上的文化分东方文化、西方文化，在结构和功能上符合“万物负阴而抱阳”“物物一太极”的中国哲学原理。

需要指出的是，此处的“阴阳”只是用来指称性质相反的两类事物，没有褒贬的含义。一如难以区分天地、水火、刚柔等成对事物各自价值的高低大小一样，阴阳所指称的事物双方不存在价值上的贵贱之分，是平等的关系。

太极阴阳理论具有深刻的文化内涵和重要的学术价值。正如《易传》所说，“唯深也，故能通天下之志”，亦如《孟子》所云，“资之深，则取之左右逢其原”。太极地球图与阴阳理论分别从形象、抽象两个维度共同揭示了东西方文化对立互补的深层成因。

四、太极地球理论视域下东西方文化的关系

在“阴阳鱼”太极地球图上，黑色代表阴，白色代表阳；“黑鱼”的白眼代表极阴——表示物极必反，阴极而阳；同理，“白鱼”的黑眼代表极阳——表示物极必反，阳极而阴。阴与阳各占一半，彼此互为反面，但其矛盾的两方面又互相依赖，相反相成，对立而又互补，共成一有机的统一体。而且，阴阳互含，阳极生阴，阴极生阳，与机械的二分法哲学思维有着本质的不同。

在我们居住的中国太极地球上，阴性半球横切面的分布范围是：东起日本北端，向西大致经过黑龙江、蒙古北界、中亚、直到中东，然后渐渐折回，包括南亚、东南亚、澳洲在内的以亚洲为主体的传统意义上的“东方”地区。其他“西方”部分当然就是阳性半球了。由此决定了亚太地区以中国文化为代表的传统文化属于阴性文化；其他属于阳性文化，以欧美文化为主要代表。

地球先天的阴阳二气结构决定了东西方文化的性质差异。这种差异较为系统地表现在思维方式的不同上。对于东西方思维方式的差异，中国前驻德国大使、资深外交家卢秋田先生曾经举了一个例子来说明这一问题：“比如一个美国人给日本人写信，日本人一看马上就上火。因为美国人在信中，总是将自己的要求放在最

前面，开门见山，后而再讲些客套话。”①如果日本人把美国人的来信从后面看起，而美国人看日本人的来信，也倒过来看，这样才符合各自的文化心理和阅读习惯。

中国传统思维方式先综合，后分析，注重综合思维。例如，“道”是中国传统思维的最高范畴。由这一抽象的“道”衍生出的阴阳、五行、河图、洛书、八卦、干支、经络、五运六气等一系列中国特有的理论，涵盖时间、空间、方位、运动方向、形状、颜色、声音、气味等各类事物，可以广泛地对事物进行分辨、解释和预测，也可以用来指导医疗、运动和保健等。

而西方文化中，无论哲学思辨还是科学研究，其基本的思维方式是以理性为基础，以逻辑为规则，通过对具体事物的分析，发现其中的规律，比较重视分析思维。

东西方思维方式的区别与联系，大致可以用表格概括如下：

表1

	研究重点	思维角度	天人关系	学科性质	成熟类型	用脑类型
中国文化	关系	综合	合一	“玄”学	早熟型	右脑型
西方文化	实体	分析	相分	“科”学	晚成型	左脑型

从上表可以看出，传统意义上的东西方的思维方式具有相反的性质。这就意味着，二者各自有独到的优势，但任何一方的思维方式都只是“片面的深刻”，都不是十全十美。二者的存在，事实上是人类思维方式的自然分工；互相搭配，才能构成比较完整、完善的思维方式。呈对立倾向的这两种思维方式，恰恰构成了互补、相

① 卢秋田：《东西方思维方式的特点与差异》，载《新视野》1999 年第 5 期。

反相成的关系,忽视或者夸大东西方之间任何一种思维方式的价值都是片面、短视和有害的。

阴性半球的“鱼眼”所在的位置是日本,这就意味着日本文化是极阴文化。极阴文化一方面有着阴性文化基本性质,另一方面又表现得非常极端,以至于与阳性文化很容易相通,某些方面也呈现阳刚的特征。日本文化“极阴”的表现:注重礼仪,极其谦恭,以90度鞠躬的礼仪为代表;静默而又极具爆发力;特爱面子,特别注重“耻感”;过度包装(例如“艺伎”);善于阴谋,不宣而战;善于将小东西做到极好,但是做大事往往失去方向,把控能力不强;哀婉的音乐;物哀精神,等等。

阳性半球的“鱼眼”在非洲。非洲文化是极阳文化的代表。它处处走向极端,以至于很容易与阴性文化相通,于是某些方面呈现出阴性文化特征。作为“极阳文化”的非洲文化的特点是:言语“碎片化”,似爆竹炸裂一般;长于跺脚、抖腿、扭臀、节奏感很强的舞蹈;音乐中善于敲打各种的鼓;人们善于弹跳;注重个人表现和个性张扬,但集体意识较弱;性格较为直爽;土著民喜欢圆形的房屋,等等。

由此可见,我们这个星球上的人类文化,最基本的类型有两种,即东方的阴性文化和西方的阳性文化;但由于极阴和极阳的存在,实际上可以进一步区分为四种文化类型,它们分别是东方文化、西方文化、日本文化和非洲文化。

五、太极地球视域下东西方文化整合的原则

“太极地球”理论可以为东西方文化的整合提供富有建设性与前瞻性的思路和方法。“太极地球图”揭示,地球上西方的阳性文

化与东方阴性文化的分野，正如大脑分为功能相异的左右两个半球，都是“对立互补”的关系。这种关系正如中国古代经典《易经》中泰卦(䷊)所表示的那样，此乃阴阳交合，万物化生之象。也如中国先哲老子所言，“负阴而抱阳，冲气以为和”。

本来，东西方文化是平等、互相补充的关系。但是西学东渐以来，由于没有实现文化自觉，人们对于文化的选择要么偏向东方文化，要么偏向西方文化。近百年来是“西风压倒了东风”，西方文化大有“全球化”的趋势。如果过分“西化”，让西方文化统治整个世界，那么就会导致人类文化的单一化，不利于文化的保存和进化。

事实上，东西方两种文化缺一不可，而且只有当东方文化的地位相对更高时，像《周易》之泰卦䷊那样——阴在上，阳在下，阳往上升，阴往下降，阴阳交流，才会达成和谐。假若阳性文化高高在上，阴性文化被贬在下，则成为否卦䷋——代表着不通、分裂、灾难和难以为继。因此，整合东西方两种文化，采用东方文化擅长的和谐、仁义、谦让、中庸、天人合一、与时偕行、大同理想等文明成果指导头脑和充实心灵，用西方文化擅长的逻辑、科技、民主、自由、法治等文明成果改造自然和社会，也许是建构理想人格、理想社会的智慧选择。

（本文作者系大理大学教育科学学院副教授）

形而上者谓之道

——《易传》本体论浅析

张汝金

“道”的问题是《易传》思想体系的枢机和精髓。《易传》站在历史主义立场上，提升和改造了“道”这一哲学范畴，借助阴阳观念，把易道诠释成“一阴一阳之谓道”，使之成为最高的哲学范畴，成为宇宙本原和万物根据。在此统摄下，构建了一个本体论体系，并呼应时代要求，对天道做了人文的诠释和解读，使占筮之用变为宇宙根据和道德规范。

一、“易与天地准”：易道的含义及相互关系

通行本《易传》言“道”者102处。《系辞》《彖》《象》《文言》等篇对易道的内容、性质和根据等都有阐述，各篇论道有细微差别，但基本观点一致，从中可以看出大体脉络。

> 《易》之为书也，广大悉备。有天道焉，有人道焉，有地道焉。兼三才而两之，故六。六者，非它也，三材之道也。（《系辞下》）

> 昔者圣人之作《易》也，将以顺性命之理，是以立天之道曰

阴与阳，立地之道曰柔与刚，立人之道曰仁与义。兼三才而两之，故《易》六爻而成卦。（《说卦》）

《谦》，亨。天道下济而光明，地道卑而上行。天道亏盈而益谦，地道变盈而流谦，鬼神害盈而福谦，人道恶盈而好谦。（《谦·彖》）

观天之神道，而四时不忒。圣人以神道设教，而天下服矣。（《观·彖》）

《易传》认为，《易》所体现的“道”包含了天、地、人三才之道，此外还有天地变化之精、鬼神莫名之状的神道四方面内容，从而涵盖了一切宇宙现象和规律。其中，天道、地道，虽然其属性和作用方式有异，“天道下济而光明，地道卑而上行”，但总的说都是自然之道。值得一提的是“鬼神之道”。《易传》出现“鬼”、“神”及“鬼神”连用的情况不多，除以上两例外，具代表性的还有：

夫大人者……与鬼神合其吉凶，先天而天弗违，后天而奉天时。天且弗违，而况于人乎？况于鬼神乎？（《文言》）

日中则昃，月盈则食，天地盈虚，与时消息，而况于人乎？况于鬼神乎？（《丰·彖》）

《易》与天地准，故能弥纶天地之道……精气为物，游魂为变，是故知鬼神之情状。（《系辞上》）

天一，地二……凡天地之数五十有五，此所以成变化而行鬼神也。（《系辞上》）

天地设位，圣人成能。人谋鬼谋，百姓与能。（《系辞下》）

这里“鬼神”有多种含义，最基本的不外乎两种：一是指“精气为物，游魂为变”的阴阳神妙变化；二是指具有宗教巫术意义的鬼神。两种含义，《易传》在诠经时都有所体现，后人解《易》也多继承了这两种基本理解。

《易传》论“鬼神”往往与天、地、人并举。既然“鬼神”与天、地、人是对等并列的关系，那么不难猜想“鬼神之道”（有时只称“神道”）虽然没有直接连用，但明显与“天道”“地道”“人道”相并列，相对待。从“鬼神”与三才之道并列出现一段的行文习惯分析，也能佐证这一问题：用“鬼神”二字与三才之道相匹配，用“鬼神之道”四字则有多余之嫌。所以，易道除天、地、人三才之道，还应包含“鬼神之道”。

《系辞上》第十一章明确论述了易道的主要内容：

> 夫《易》何为者也？夫《易》开物成务，冒天下之道，如斯而已者也。……是以明于天之道，而察于民之故，是兴神物以前民用。

“天之道”与“民之故”，就是易道的主要内容。“天之道”，就是宇宙自然变化的规律、法则和根据，主要内容是阴阳的对待和变化即“一阴一阳”；“民之故”，与“天之道”同义对举，就是“民之道”，是民事的法则和规律，“民之道”即人之道，人道的法则和规范就是“仁与义”。

人道又有夫妻之道，父子、兄弟之道，君臣之道，君子小人之道等。夫妻之道，是人伦之始，延续人类种的繁衍；父子、兄弟之道，维持家庭的和谐和秩序。夫妻之道与父子、兄弟之道，通称家道，是“天地之大义”，是以家庭为基本单元的社会产生、发展的基础和维持家庭社会和谐的根本。男女不交，“妇孕不育”（《渐·象》）。父子、兄弟不睦，就“失其道”，失道，则家道不正，家道不正，就会背离天地之大义，难定天下之大业。故家道，是君臣之道与君子之道的基础，也是天地之道的基础。

阴虽有美，含之以从王事，弗敢成也。地道也，妻道也，臣道也。地道无成而代有终也。(《文言》)

《家人》，女正位乎内，男正位乎外，男女正，天地之大义也。家人有严君焉，父母之谓也。父父，子子，兄兄，弟弟，夫夫，妇妇，而家道正。正家而天下定矣。(《家人·彖》)

君臣之道，也可称王道，是王事之法则。君要明王道，终君事，臣要明臣理，尽臣责，这样才能成就王道事功，天下平治；反之，就会“反君道”(《复·象》)，君臣不交，则用事不成，“天下无邦”。

君子之道与小人之道，是易道的重要组成部分。

《泰》：小往大来，吉，亨。则是天地交而万物通也，上下交而其志同也。内阳而外阴，内健而外顺，内君子而外小人，君子道长，小人道消也。(《泰·彖》)

阳一君而二民，君子之道也。阴二君而一民，小人之道也。(《系辞下》)

在《易传》看来，追求天地和谐、上下秩序是宇宙自然和人类社会的理想，而“崇德广业”是人生的奋斗目标。对于自然来说，要阴阳和谐，“天地交，而万物通”；对于社会来说，要君臣各居其位，父子、兄弟、夫妇长幼有序，内外有别，以此达到“天下有邦”“万国咸宁”；对于个人来说，就是要达到内圣外王，既提升内在道德修养，又拓展外在之事功。追求天人和谐与内圣外王，也正是《易传》诠经的根本目的。要达此目标，最重要的是要明于君子小人之分，遵君子之道，修君子之德。

上引几段论述，揭示了易道的关系：其一，从外延上讲，易道广大悉备，“弥纶天地之道”，包含天道、地道、人道及鬼神之道四者。其二，单从宇宙及人类生成讲，人道及鬼神之道都要顺应天道，以天道为基础,但从形上意义讲,四者本质上是统一的,统一的基础在于"顺天履信"即"履信思乎顺"(《系辞上》)。

其三,四者都是圣人长期仰观俯察的结果,人道能认识天地之道及鬼神之道,所谓"极天下之赜者存乎卦……神而明之存乎其人,默而成之,不言而信,存乎德行"(《系辞上》)。

《易经》通过其特殊的符号体系,不仅是对天地人之道的拟议、摹写和概括,也是对鬼神之道的反映,而主要是对天道与人道的摹写,至于鬼谋和神道则是战国末期巫术迷信思想的残余。《易传》诠经并没有完全摆脱这种影响,但也没有完全走向宗教巫术迷信,而是以人道诠天道,以人道统神道,从而使鬼谋服从服务于人谋,神道从属于人道。这种诠经方法,凸显一种人文主义倾向,由此奠定了易学人文主义诠释的方向和基调。也正因此,方家往往将鬼神之道归于三才之道或干脆略而不谈。

二、"一阴一阳之谓道":易道形而上的提升

《易传》没有停留在三才之道及鬼神之道的简单区分和易道功用的客观描绘上,而是在更高的层面上探求四者的统一和本质,最终把三才之道与神道归结为"一阴一阳之谓道"。

> 一阴一阳之谓道,继之者善也,成之者性也。仁者见之谓之仁,知者见之谓之知,百姓日用而不知,故君子之道鲜矣。显诸仁,藏诸用,鼓万物而不与圣人同忧。(《系辞上》)

《易传》借诠释《易经》发挥自己的思想,故其本体论离不开卦爻的分析和解释。从爻象上讲,阴爻和阳爻分别代表阴、阳,"乾阳物也,坤阴物也"(《系辞下》),"阳卦多阴,阴卦多阳,其故何也?阳卦奇,阴卦耦"(《系辞下》)。如震、坎、艮三卦,皆由一阳爻、两

阴爻组成，阴爻多，阳爻少，故属阳卦，《易传·说卦》称其为“长男”“中男”“少男”。与之相对，巽、离、兑属阴，称“长女”“中女”“少女”。而卦的变化，就在于阴阳爻的变动，所谓“震一索而得男”“巽一索而得女”（《易传·说卦》）。阴阳交感，产生六爻的刚柔变化，刚柔相推，产生八卦，八卦相荡，产生六十四卦，六十四卦体系则代表万物产生变化的过程和规律。

从自然现象讲，阴阳指阴阳二气。《易传》中“气”有三层含义：一指自然之气，水气或云气，即山泽之气；二指精气；三指阴阳二气（“同气相求”“二气感应”“阳气潜藏”）。“精气”，归根到底也可以概括为阴阳二气，是阴阳二气的凝聚或精致作用。孔颖达《周易正义》就认为：“‘精气为物’者，谓阴阳精灵之气，氤氲积聚而为万物也。”①阴阳不管做何种解释，《易传》多是在“二气交感，化生万物”上使用。

> 天地感而万物化生，圣人感人心而天下和平。（《咸·彖》）
>
> 有天地，然后有万物；有万物，然后有男女；有男女，然后有夫妇；有夫妇，然后有父子；有父子然后有君臣；有君臣，然后有上下；有上下，然后礼义有所错。（《序卦》）

天地交相感应，产生万物，人是万物一类，也是天地万物变化的产物。所谓“乾道成男，坤道成女”（《系辞上》），“天地絪缊，万物化醇。男女构精，万物化生”（《系辞下》）。天地交感生化万物，如同男女结合生育子女一样，也如阴阳两爻相推产生六十四卦一样。所以，无论是借助卦变来说明万物变化，还是通过直接描述来

① 〔唐〕孔颖达：《周易正义》，《十三经注疏》本，北京大学出版社 1999 年版，第 267 页。

解释宇宙生成,都承认“天地交感”、阴阳变化是万物之母,是万有的根本和始基。

如果说,直陈天地交感化生万物,还有些宇宙生成论的特征,那么,《易传》提出乾元、坤元的概念,进一步论述“一阴一阳之谓道”,则更具哲学的意蕴。

大哉乾元,万物资始,乃统天。云行雨施,品物流形。大明始终,六位时成,时乘六龙以御天。乾道变化,各正性命,保合大和,乃利贞。首出庶物,万国咸宁。(《乾·彖》)

至哉坤元,万物资生,乃顺承天。坤厚载物,德合无疆。含弘光大,品物咸亨。(《坤·彖》)

对于“乾元”与“坤元”两个概念有多种不同的解释。从《易》卦体系讲,由乾坤演成六十四卦,乾坤是六十四卦之始,是“易之门户”,易之根本和关键,故称“乾元”“坤元”。从哲学含义讲,比较复杂,朱伯崑先生在《易学哲学史》中总结了两派不同的观点①,可概括为阴阳二气说和刚柔说,代表了古人解易最常见的看法。

笔者认为,乾元和坤元应指阴阳二气,刚柔指卦爻的属性,而卦爻的属性因阴阳而得,所谓“阳卦多阴,阴卦多阳”,所以,刚柔也为阴阳的属性和表现。乾元“资始万物”“首出庶物”,宇宙万物凭借乾元而开始,凭借乾元而获得形体、保有性命;坤元“资生万物”“厚德载物”,万物依靠坤元而生长壮大。乾元的作用是为万物提供生的材质和可能,而坤元则是承载万物,使其生长,所谓“乾知大始,坤作成物”(《系辞上》),乾元与坤元虽然作用不同,地位有异,但在宇宙万物的形成和发展过程中,互相依存,缺一不可。由此可

① 朱伯崑:《易学哲学史》(上),北京大学出版社1986年版,第98页。

见,单讲乾元和坤元,具有西方哲学“质料”的性质,是组成《易》之六爻和六十四卦的基本元素;而从二者的关系讲,又具有抽象本体的意义,阴阳交感,二元相辅相成,是宇宙万物产生变化的形上根据和世界统一的本原。

阴阳虽说可以归结为二气,具有刚柔二种属性,但阴阳只是一物之两体,是事物的两个相互依赖、相互对待的方面,而不是相互独立的二元。所以,正确理解“一阴一阳之谓道”的形上概括,还必须清楚,易道即“一阴一阳之道”,为宇宙万物的本体,阴阳交感、乾元坤元相互作用,是万物产生和存在的根据,但并不是说阴阳或说乾坤二元为万物的本体。

对“一阴一阳”的理解“原是相当分歧的”①,考察诸说,二程和朱熹的观点应更符合《易传》作者的真意。

> 阴阳是气,不是道,所以为阴阳者乃道也。若只言“阴阳之谓道”,则阴阳是道;今曰“一阴一阳”,则是所以循环者乃道也。“一阖一辟谓之变”亦然。②
>
> 离了阴阳更无道。所以阴阳者是道也。阴阳,气也。气是形而下者,道是形而上者。③

阴阳是气,而且是一物的两个方面,是万物须臾不能离开的因素,是形而下者;而阴阳对待,相互作用,即“一阴又一阳”是道,是

---

① 庞朴:《“一阴一阳”解》,载《清华大学学报(哲学社会科学版)》2004年第1期。

② 〔宋〕朱熹:《朱子全书》第16册,上海古籍出版社、安徽教育出版社2002年版,第2522页。

③ 〔宋〕程颢、程颐:《二程遗书》卷十五,上海古籍出版社2000年版,第208页。

形而上者,“一阴一阳”循环不已,正是万物所以化生,所以存在的根据,是万物运动变化的源泉和动力。

“一阴一阳之谓道”的概括,已经超越了天、地、人三才之道的分别,也超越了神道的妙用,是对包括人类在内的整个宇宙万物产生原因、存在根据和发展变化规律的最高概括,是形而上的终极提升。对“一阴一阳”做“所以为道”的理解,把阴阳的对立统一概括为易道的内容,区分了形而上的道与形而下的器,划清了质料与形式、存在与本原、实有与根据的界限。由此《易传》的“一阴一阳”也就具备了哲学本体的意义。至此,《易传》建构起了一个道本论的哲学体系,为其对《易经》的进一步形而上学诠释奠定了基础。同时,“一阴一阳之谓道”的概括,把《易经》占筮系统的实践特性或者说具体的实用特性上升为理论抽象;把百姓日用而不知的易道上升为自觉行动的先导,从而使《易经》具有了哲学的意义和价值。

三、“易有太极”:“一阴一阳之谓道”的形上意义

《易传》依经立论,借六十四卦体系,提出了太极说,进一步论述了“一阴一阳之谓道”的形上意义。

> 易有太极,是生两仪,两仪生四象,四象生八卦,八卦定吉凶,吉凶生大业。(《系辞上》)

对“太极”这段话的理解,历来方家争讼不已。简言之,朱熹太极即道的诠释更合理,他说:“太极,形而上之道也;阴阳,形而下之器也。”①理由有二,其一,《易传》正是借助《易经》的符号系统来描

---

① 〔宋〕朱熹:《朱子全书》第13册,上海古籍出版社、安徽教育出版社2002年版,第72页。

绘宇宙生成模式,阐发天地变化之理,借以明于人伦之故,成就内圣外王之功。这也是《易传》诠释《易经》的根本目的所在。《易传》讲义理不可能离开筮法,而讲筮法也不可能离开其阐道的根本目的。朱熹把阴阳二气规定为形而下之器,而把太极规定为形而上之道,借卦画来说明万物的形成,应该说与《易传》依象数而阐义理,借卦画而发哲思的诠释立场和诠释方法相符。其二,《易传》本身区分形上之道与形下之器,是从乾坤变易之根本立论。从《系辞上》"易有太极"一段行文来看,与其相接的前一段是:

> 是故阖户谓之坤,辟户谓之乾,一阖一辟谓之变,往来不穷谓之通,见乃谓之象,形乃谓之器,制而用之谓之法,利用出入,民咸用之谓之神。

从卦象上讲,乾坤两卦开合变化,形成六十四卦;从宇宙自然观上讲,白天与黑夜交替,阴气与阳气相感,变化无穷无尽,万物因此而通达。所以,乾坤是易之门户,阴阳变化是易之根本。形而上的是"百姓日用而不知"的乾坤之道,即"一阴一阳"之道;形而下的是"民咸用之"的现象和器物,即"一阴一阳"之道的功用和体现。

《系辞上》明确划分"形上之道"与"形下之器"时,也是着眼于乾坤两卦与易的作用讲的:

> 乾坤,其易之缊邪?乾坤成列,而易立乎其中矣。乾坤毁,则无以见易。易不可见,则乾坤或几乎息矣。是故形而上者谓之道,形而下者谓之器。化而裁之谓之变,推而行之谓之通,举而错之天下之民谓之事业。

看得见摸得着的是形下万物,而看不见摸不着,却时刻在发生作用,产生万物的就是乾坤之道,是"一阴一阳"的变化。显然,这是借助《易》的特殊符号系统,来描绘现象背后的本质,说明宇宙万物发展变化的本原、规律和根据。因此说乾坤变易之道，就是“一阴一阳之道”，就是太极。因为正是太极，化生阴阳两仪，由阴阳两仪又化生出太阴、太阳、少阴、少阳四象，由这四象又化生出乾、坤、震、巽、坎、离、艮、兑八卦，根据八卦推断吉凶，趋吉避凶成就大业。可见，所以阴阳者，正是太极。太极含阴阳，而又不是阴阳，是阴阳之前，阴阳未分；太极生阴阳，从逻辑上讲，太极先于阴阳，高于阴阳，但太极又离不开阴阳，太极只有通过阴阳才能得以呈现，而且太极又是对阴阳的形上概括，是阴阳的根据和原因。

《易传》解《易》，没有局限于筮法本身，而是借助《易》的符号和体系，来探讨宇宙万物的起源和发展变化规律。因此，它没有把乾坤两卦作为宇宙万物的根源，也没有把乾元和坤元直接作为宇宙万物的根源，而是把乾坤变易之道、把乾元与坤元的相互作用概括为万物之本体和形上根据。《易传》区分了形上之道和形下之器，把形而上的道概括为万物的本原和根据，这种本体论从一开始就比把纯物质实体和质料，诸如水、火、原子等概括为宇宙万物之本体的西方哲学本体论更高明。因为，这种本体不离实体与存有，但又不是实体和存有。这样就把基于人的社会实践基础上的经验把握，上升到了理论思维，把纯自然的宇宙万物产生、发展、转化的过程做了形而上的思考和探索。从而借助《易经》占筮的语言和体系，通过八卦象数和取象比拟思维的探究型理解和创造性诠释，使古老的《易经》由卜筮之书上升为引导人们认识事物规律，指导社会实践的智慧之书，完成了由占筮之用到形上学的革命性变革。

四、“继善成性”：“一阴一阳之谓道”的形成

易道包含天、地、人之道，其中人道是根本。在自然发生学上，

人类只是浩渺宇宙的一小部分,是宇宙天体运行到一定阶段的产物。正如前述,《易传》作者在中国古代朴素天道观和阴阳论的基础上,对宇宙生成和万物化生做了客观描述,认为有天地然后有万物,有万物然后有人类,这就承认了天地之道是人道的基础和前提,没有天道就没有人道。但是,《易传》并没有把其理性思维固定在宇宙发生论上,而是在哲学本体论框架下,进一步把这种理论扩展到人文领域,在易道的展开过程中突出强调了人的能动性,从而在"一阴一阳之谓道"的概括中把天道与人道真正统一起来。

首先,在《易传》看来,表达日月运行,阴阳二气相互作用的"一阴一阳之道",必须借由人道才能最终形成和展现。所谓"继之者善也,成之者性也"。人秉承天道而生,人道同于天道,统一于天道,这是人性本然,即所谓"成之者性也";同时,人又不同于他物,人有主观能动性,人要更好地生存,不仅要趋利避害,更重要的是要改过向善,只有修养道德,达到善的境界,才能真正秉承天道,成就大业,人才能成其为人,这就是所谓"继之者善也"。《文言》解释乾卦卦辞"元、亨、利、贞"时,进一步阐明了这一观点:

> 元者,善之长也;亨者,嘉之会也;利者,义之和也;贞者,事之干也。君子体仁,足以长人;嘉会,足以合礼;利物,足以和义;贞固,足以干事。君子行此四德者,故曰:乾,元、亨、利、贞。

其次,乾道变化是"一阴一阳"之易道的表现,"一阴一阳之道"客观存在,曲成万物,万物循"一阴一阳之道"而运行,但易道本身并不见善恶之性。所谓"易无思,无为",易道广大悉备,化生万物,无所不在,成就盛德大业,可谓神。但无论其仁功多么大,并不见其作为,以至于"百姓日用而不知"。《易》成之后,道隐其中,"藏诸用”而不显其功。而乾道变化赋予人以道德的任务,人效法乾道“体仁、嘉会、利物、贞固”,修此四德,即所谓“进德修业”,就是易道“显诸仁”。这种思想,突显了以天道启人道,用人道诠天道的思维路向。因此,从宇宙生成论上说,人道以天道为基础,人道离不开天道;但在易道表现形式和意义生成上说,人道是“一阴一阳”之天道的功用和升华,天道离不开人道。

五、“感而遂通天下之故”:对“一阴一阳之谓道”的把握

表现为“一阴一阳”的易道,在《易传》哲学体系中既具有宇宙论的特征,又具有形上本体的含义。那么,作为本体是如何被认识和把握的呢?在此问题上,《易传》提出了天人同构论和感应论。

> 夫大人者,与天地合其德,与日月合其明,与四时合其序,与鬼神合其吉凶,先天而天弗违,后天而奉天时。天且弗违,而况于人乎?况于鬼神乎?(《文言》)
>
> 与天地相似,故不违。(《系辞上》)

在《易传》看来,天、地、人三才之道是统一的,三才之道与鬼神之道也是统一的。人与万事万物具有统一性、同构性,所谓“方以类聚,物以群分”(《易传·系辞上》),也正是这种统一性和同构性,使天地人之道与鬼神之道按照相同或相似的规律和规则运行,故人能“与天地合德,与日月合明,与四时合序,与鬼神合吉凶”,即使先于天行动,与天道也不相违背,后于天行动也能顺奉天时。这种天人同构、统一论,也就是天人合一的理论。基于这种认识,人只要能把握天道,就能把握人道,同理,只要能认识人道也就能认识天道。认识和把握的基础是世界的统一性、同源性,也就是“一

阴一阳”之本体的统一性：无物不是阴阳，无物不具“一阴一阳”，万物同构同理。

在天人同构论基础上，《易传》又提出了感应论。

> 同声相应，同气相求。水流湿，火就燥，云从龙，风从虎。（《文言》）
>
> 易无思也，无为也，寂然不动，感而遂通天下之故。非天下之至神，其孰能与于此。（《系辞上》）
>
> 天地感而万物化生，圣人感人心而天下和平。观其所感，而天地万物之情可见矣。（《咸·彖》）

声气相同，就能相应。相应的途径就是“感”，通过“感”就能“通天下之故”，也就是能认识天地之道。而所谓的“感”，就是“感觉”“感应”“体验”，就是“仰观俯察”。

> 仰以观于天文，俯以察于地理，是故知幽明之故。原始反终，故知死生之说。精气为物，游魂为变，是故知鬼神之情状。（《系辞上》）

当然，这种“感”是有条件的，并不是所有的人都能把握和体认天地之道。在《易传》看来，只有圣明德备之人即“大人”、圣人、君子才能通过“感”认识万物，把握本体，因为只有有德之人，才能“与天地相似”，才能“通乎昼夜之道”。这与西方认识论只讲人的认识能力，强调只要认知能力正常，客观条件（比如工具）具备就能认识事物截然不同，人要认识和体认万物不仅要有正常的认知能力即智力，还要修德。所以，《易传》认识论已不是纯粹的认识问题，而是把认识判断与价值判断结合在一起，把真与善，认知与修养结合在一起。这种重德性之知的认识论对整个中国哲学重体悟工夫和道德修养的认识论形成产生了巨大的影响。

在这种感应论中,对万物及本体的认识和把握很大程度上依赖于主体的自我把握。《易传》并不否定客体的存在和作用,但客体或说认识对象并不重要,重要的是主体的自我认识和把握,主体能够自我认识、自我把握,客体自然也在这种感应关系中被主体认识和把握。基于此,《易传》提出通过人的感觉经验和主体体悟,即通过自身反省来照察天地之道、万物情状的本体认识方法。

从诠释学的角度看,《易传》的感应认识论,也就是主体对本体意义的诠释和理解,是通过《易经》符号系统而表现出的对天地之道和宇宙万物的解构和分析。作者虽然强调"易无思,无为",但把握"易道"却要借助语言,要借助人的感觉经验和理性思维。只不过在《易》的体系中,语言不是唯一,因为"书不尽言,言不尽意",所以需要通过"立象以尽意,设卦以尽情伪"(《系辞上》),通过卦象、爻象及其变化,来推演和认识万物。《易传》认识论所需要借助的思维也不同于一般的逻辑思维,而是比拟思维,需要充分发挥主体的自我能动和想象。因此,在这种认识中,主体的自觉和经验至关重要。

> 昔者圣人之作《易》也,幽赞于神明而生蓍参天两地而倚数,观变于阴阳而立卦,发挥于刚柔而生爻,和顺于道德而理于义,穷理尽性以至于命。(《说卦》)

圣人作《易》,既要仰观俯察,发挥感觉经验的作用,又要"和顺于道德而理于义",主张通过主体内在的体悟把握"穷理尽性","以顺性命之理"。这种认识,既强调感觉经验的重要,更强调主体的照察和本体的自我展开。这实际上是一种主体与本体统一,本体通过自我展开而达诠释目的的过程。正如成中英先生所说:"在本体诠释中,诠释的主体是主体持本体的立场,所诠释的是人所面临或经验到的现象，可说是以人为中心，而把外在的事物视为对主体的人的事件发生，不一定具备本质性与永久性，因之很看重事物的变化性，甚至以变化为事物的本性。”①做此解释，也就不难理解圣人作《易》的目的和意义，不难理解把“生生之谓易”作为《易》的本质特征和根据的初衷。

《易传》对本体的把握，虽然建立在主体有差等的基础上，但其重视人的内在思考和经验感受，强调人的存在、能动性和价值，从本体论上奠定了人文主义的致思倾向，体现了物我一体，体用不二的思维特点和自本体而诠释本体和万物的解经方法和倾向。这种本体诠释彰显了中国哲学天人合一、重视道德理性，强调发挥人的心性之能的特点，为后世哲学特别是心性哲学的发展提出了理路。

（本文作者系山东省委宣传部理论处副处长）

① 成中英：《本体诠释学体系的建立：本体诠释与诠释本体》，载《安徽师范大学学报（人文社会科学版）》2002年第3期。

王弼易、老之学中的历史哲学[①]

章伟文

在学术史上，各种思潮的交融、互摄是极为普遍的现象。在这个过程中，基于某种立场和背景的思潮、思想，常常通过吸收、借鉴与自己不同的思想，来使自身不断得到发展和进步。我们认为，所谓“易老学”主要指历史上各种以《易》解《老》或以《老》解《易》的学派、思潮。王弼（226—249），字辅嗣，是魏晋时期的重要思想家、魏晋玄学的主要代表人物，王弼的著作主要有《周易注》《周易略例》《老子注》《老子指略》《论语释疑》等，他的哲学思想将《周易》卦爻变异的节序性、规律性思想与《老子》天道自然的道体观相结合，提出了较系统的易老学理论体系，其中就包含丰富的关于“历史哲学”的观念。

一、“物无妄然，必由其理”：对历史规律之存在的肯定

卦有六爻，义各不同，那么，一卦当中，是否有能统领众爻之义

① 本文为北京市哲学社会科学规划重点项目“中国哲学历史观研究”的阶段性成果，项目批准号：14ZXA003。

者？王弼认为，“彖”辞即有此功能，它总论一卦之义，明一卦中为主一爻，以确定一卦之主旨。此说旨在找到卦的众多含义中的一个根本之义；引申开来，王弼认为，宇宙万化包括人类历史，虽复杂多变，却皆“统之有宗，会之有元”；若能得其根本，则虽繁而可以不乱，虽众而可以不惑。其《周易略例·明彖》谓：

> 夫众不能治众，治众者，至寡者也。夫动不能制动，制天下之动者，贞夫一者也。故众之所以得咸存者，主必致一也。动之所以得咸运者，原必无二也。
>
> 物无妄然，必由其理。统之有宗，会之有元，故繁而不乱，众而不惑……故自统而寻之，物虽众，则知可以执一御也；由本以观之，义虽博，则知可以一名举也。故处璇玑以观大运，则天地之动未足怪也；据会要以观方来，则六合辐辏未足多也。故举卦之名，义有主矣；观其《彖辞》，则思过半矣！夫古今虽殊，军国异容，中之为用，故未可远也。品制万变，宗主存焉；《彖》之所尚，斯为盛矣。①

王弼在《周易略例·明彖》中所提出的“众”，当然首先是论卦之义。接着，王弼从三个方面来展开其“执一统众”的思想：第一，从天体运转有其不变的规律来立言，“璇玑”是古代观测天象运行的仪器，通过“璇玑”，可以明确知晓天体运行的过程与规律，如此则天道运化万变，亦不出“璇玑”所展示之规律；第二是从大地空间之广远来立言，认为大地虽广阔，其东、西、南、北、上、下六合，无边无际，然其中有所谓“会要”，即纲领、枢纽，人得此纲领，就可以知晓大地上即将发生的各种变化；第三，从人类社会古今的历史来立

① 楼宇烈：《王弼集校释》（下），中华书局1980年版，第591页。

言,认为古代与今世,时代虽然不同,社会风俗也各自殊异,其军事、政事内容亦有所不同,但均不离中正之道。在王弼看来,无论是自然天地之运化,还是人类社会古今之变迁,于其万变之中,有“会要”“宗主”存在,得之则可以执“一”以御万。

古与今是一个历史的绵延,历史的绵延何以如此,皆因为其中有一以贯之的“道”存在。道为万象之宗主,于宇宙天地万物中无所不在,既然如此,那么它在社会历史领域中当然也存在。今、古虽不同,于不同中又有其相“同”者,此相“同”者,王弼称之为“稽式”。他解《老子道德经》六十五章“常知稽式,是为玄德。玄德深矣,远矣”时说,“稽,同也。今古之所同则不可废”①。所谓“稽”,王弼认为就是“同”的意思;所谓“稽式”,也就是古今历史相同的法则、规律。他认为观察社会历史,不能为其表面各种错综复杂的现象所迷惑,而要探索其不同当中的“同”,即能透过历史现象来把握其发展的规律。对于历史发展的“稽式”,王弼认为是不能轻视的,如果一个人能知古今社会历史发展之“稽式”,就具备了幽深的“玄德”,就可以理解复杂的社会历史发展之变化。另外,“玄”有幽、深与远之意,之所以称之为“玄德”,也就是说历史的法则与历史现象不同,它不是显而易见的,而是深藏于历史现象之后,以一种幽微、深远、不易为人所知的方式存在。虽然历史现象复杂、千变万化,但却不能出于此幽玄“稽式”之理外。

在社会历史领域,无形、无名的“万物之宗”其实也就是“历史规律”,社会历史发展存在规律性,这种规律导致社会历史的复演。王弼解《道德经》“视之不见”章(十四章)“能知古始,是谓道纪”句

① 楼宇烈:《王弼集校释》(上),中华书局1980年版,第168页。

说:“无形无名者,万物之宗也。虽今古不同,时移俗易,故莫不由乎此以成其治者也。故可执古之道以御今之有。上古虽远,其道存焉,故虽在今可以知古始也。”①古、今虽不同,社会虽时移俗易,但都遵循此规律而展开自己,它虽然无形、无名,但却是历史的主宰。虽然人们已不可能直面、亲身经历已逝去的上古,但是这并不意味着后人不能客观地理解、描述上古,因其所体现的道并未消失,而是一直延续了下来。故今世之人对于上古之世,皆可以理解并把握之。于此,王弼还讨论了历史研究的功能与作用,他认为通过研究历史,可以理解、把握古始以来的道,并以此道来指导今世的事业,这就是所谓“执古之道以御今之有”。

王弼认为,社会历史自古始以至于今世,其发展、演化莫不循“道”而成;社会历史之展开,就是“道”演化的结果。道的本性为“朴”“真”,道之“朴”“真”散开,则历史演化就开始了。王弼说:“朴,真也。真散则百行出,殊类生,若器也。圣人因其分散,故为之立官长。以善为师,不善为资,移风易俗,复使归于一也。”②所谓“百行”“殊类”,皆指的是道之“朴”“真”散开后所产生的复杂的万事万物。道为形而上者,道散则殊异之万类生,此则为形而下者,形而下则有形、有象,有若“器具”。圣人因道散而成万类之器,在发展过程中,此器离其原本所具有的“朴”“真”越来越远,甚至于“朴”“真”全丧,与道相背离。为了使之复归于道,圣人因其所有,为之立官长制度,使百姓以“善”为取法的对象,以“不善”为引以为戒的规章,以此来移风、易俗,复使朴散之世归于道。

---

① 楼宇烈:《王弼集校释》(上),中华书局1980年版,第32页。
② 楼宇烈:《王弼集校释》(上),中华书局1980年版,第75页。

故对于圣人所立官长制度,王弼并没有完全否定,相反,他认为这是使朴散之世复归于道的一个不可或离的前提条件。但他又确实反对官长制度的繁杂化,认为一旦确立了官长制度,最重要的一件事,就是要"知止",因为官长制度只是使朴散之世复归于道的一个工具,而不是人类所追求的最终目的;如果以官长制度本身而不以"朴""真"作为最终目的去追求,则是舍本逐末。如他解"道常无名"章(三十二章)之"始制有名"句说:"始制,谓朴散始为官长之时也。始制官长,不可不立名分以定尊卑,故始制有名也。过此以往,将争锥刀之末,故曰'名亦既有,夫亦将知止'也。遂任名以号物,则失治之母也,故'知止所以不殆'也。"①对于官长制度,王弼时刻提醒不要忘记其"始制"之目的。如果以"名教"本身作为目的,则违背了制立官长制度时的初衷,有可能引导社会、民众误入歧途,使大家忘却了大道之根本,反而浪费宝贵的精力去争锥、刀之末。如果人们只任"名"以号物,不究物之根本,则失物之性,与道相背离,治天下的根本就丧失了。故对于官长制度等名教,王弼强调"知止","知止"才可以"不殆"。

"知止"就要"守一"。王弼认为,道无以为名,强名之曰"道","道"亦可称之为"一"②,其解《道德经》"昔之得一"章(三十九章)说:"昔,始也。一,数之始而物之极也。各是一物之生,所以为主也。物皆各得此一以成,既成而舍一以居成,居成则失其母,故皆裂、发、歇、竭、灭、蹶也。"③道亘古亘今,道形成形下之世界,则有其

---

① 楼宇烈:《王弼集校释》(上),中华书局1980年版,第82页。

② 在《周易》中,王弼也曾这样理解,他解"大衍之数"章,以不用之"一"为"太极",也即"道"。

③ 楼宇烈:《王弼集校释》(上),中华书局1980年版,第105~106页。

开端,此则谓之“昔”,“昔”有“始”之义。如果说以数来表示此“昔”与“始”,则“一”是最好的代表,“一”既是数之始,也是万物之极、万物之源。万物皆由“一”而生,所以“一”可以成为万物之主,物皆各得此“一”以成;万物既成,却不可以抛弃此“一”,以“成”为“成”,因为“成”由“一”而来,不是由“成”而来,“成”不可以得“成”,如果以“成”为“成”,在态度上,就是执着于“成”而不知有“一”,此则谓之“居成”,“居成”则失其本根,本根即为万物之“母”,也就是道。“居成”的后果是很严重的,它使万物失却其本性,离道越来越远。

王弼强调历史向道的复归,而不是道“朴散”之后的沉沦、异化。在他看来,历史存在着两种演化的路径,一种是朴散为器后的沉沦、异化,一种是复归于道。这两种过程,王弼肯定后者。因为道“朴散”之后,虽成万物,但究万物之本,即道;守“道”便可以知万物之主。于社会历史领域,因百姓有心,其心各异,故形成异国殊风、世间万态,王侯随顺百姓之心而“主”之,故能执“一”而不离。所以,王弼并不赞成道“朴散”之后的沉沦、异化,而是希望万化皆可以归于“一”。如果舍去“其一”,则万化愈多,离道愈远。在此基础上,他认为社会历史也可以区分为“有道”与“无道”,所谓“有道”“无道”,当然要以天下百姓之心作为评判的标准,其解“以天下观天下”(五十四章)句说:“以天下百姓心,观天下之道也。天下之道,逆顺吉凶,亦皆如人之道也。”①天下有道,虽不可显见,然可以通过观天下百姓之心而得,统治者是顺天下百姓之心而治,还是逆天下百姓之心而治,由此可以区分天下是有道之天下还是无道之

① 楼宇烈:《王弼集校释》(上),中华书局1980年版,第144页。

天下，逆则凶，顺则吉，皆如人事之吉凶。所以，天、人之道是一贯的；人道的标准也即天道的标准，顺从人道，则是顺从天道；不知天道，以人道观之，则可得之；逆人道而行，也是逆天道的行为。

因此，在王弼看来，历史的进程无外乎与道契合，或者与道相背。人可以通过自己的合理选择趋近于道，但人也可能选择与道相悖，这就赋予历史属人的性质，历史不再是一种从外面输入的必然性，不再是一种与人无关的“绝对计划”。历史与人不能分离，人可以在历史的情境中做出自己的选择，这种选择将深刻影响历史的进程，故王弼并不是要在历史的视野之外，来发现一种超出于一般历史之上的历史发展模式。历史既然是人的历史，人在历史行动中其可能发生的倾向是什么，如何准确理解、把握这种倾向，其中的演变法则、规律如何，这就构成历史本身的规律。通过探求本质、规律，以之来驾驭现象，这是王弼哲学的目的，他认为历史世界存在一种规律、法则，生成变化的历史事件则是这种历史规律、法则的一种表象；人们通过对历史规律、法则的趋近、把握，就可以使历史的不合理之处渐趋消解。王弼希望通过对历史规律、法则的探讨，为不合理的现实提供一个理想的社会发展蓝图，这便从理论上确立起了人类社会历史的发展目标、评判标准，人类历史的发展由此就有了方向感和进步性，历史也就具有了其内在的价值、意义。

二、“卦者，时也；爻者，适时之变也”：关于历史规律把握的问题

要彰显道的客观性，不能仅停留于精神表现之本质性的一面，其法则性如何、客观化的成果如何，必措之于人伦；如果道不能显现、下放，就只是一种潜在、潜存，如此则不能摆脱其作为一种纯主

观性规定的尴尬局面。道要充分实现其为道，则不能不凝聚为物、象、辞等形下之存在，以便自己能成为可理解之对象，否则便不能取得其彰著而客观的地位，不能尽其所用。王弼的易老之学恰恰是要说明，包括人类社会历史发展在内的宇宙万化实乃是彰显客观之道的一个重要载体；不仅如此，作为体现客观之道的人类社会历史发展等过程，也是可以为人所认识与把握的。

社会历史发展的过程是具体的、实在的，若想对这种具体的、实在的历史有所认识，就要如实地反映其本来面目，而不能以主观的臆想去代替这如实的过程。那么，人们怎样才能顺自然和社会之规律而为呢？王弼认为可以通过法《周易》卦、爻变化之理而实现这个愿望，其于《周易略例·明卦适变通爻》中云：

> 夫卦者，时也；爻者，适时之变者也。
>
> 夫时有泰否，故用有行藏；卦有小大，故辞有险易……是故用无常道，事无轨度，动静屈伸，唯变所适。故名其卦，则吉凶从其类；存其时，则动静应其用。寻名以观其吉凶，举时以观其动静，则一体之变，由斯见矣。①

《周易》六十四卦可以表征不同历史时期的不同理则，当然这里所谓的历史时期，不是指具体的、编年的社会历史阶段，而是指某种具有共同基本特征的、不确定的历史时期。比如，《屯》为险难之世，《略例·卦略》云，“䷂屯。此一卦，皆阴爻求阳也。屯难之世，弱者不能自济，必依于强，民思其主之时也”②。《屯》卦上坎下震，坎为险，震为动，全卦取“在危险之中采取行动”之义，《屯》卦初

---

① 楼宇烈：《王弼集校释》（下），中华书局1980年版，第604页。
② 楼宇烈：《王弼集校释》（下），中华书局1980年版，第618页。

九、九五为阳爻,余皆阴爻,阴爻皆率先求助于阳爻,不召而自往,虽前行有难,却不停止往前,故屯难之世,弱者不能自济,必依于强者;于社会发展时期而言,则《屯》卦表示的是险难之世中“民思其主”之时。其他如《泰》为通之世,《否》为闭之世,《革》为变之时,类皆如此。

《周易》各卦可以统括某一历史时期大的时代特征,但在某一卦所表征的大时代背景之下,尚有小的、不同的具体历史阶段,此则可以通过《周易》的爻来把握,所谓“爻”,有通变之义。如《大畜》卦乾天健于下、艮山止于上,故其代表“大止(制)之时”,犹如社会在大乱之后,百废待兴,须制订规范、法则,以为行动之典要,从而引导社会由动乱而至于有序;“止”训为制,制为规范,有规范才会有秩序。既然《大畜》卦的整体精神是“大止”,然其上九爻却说“何天之衢亨”,对此王弼的解释是,“处畜之极,畜极则通”①,于《大畜》整体的“止”义下,上九因处于“止”之极,则由“止”向相反之“通”转变,“通”则意味着“变”。故于大“止”之时,亦有局部之通变。

王弼认为,《周易》卦、爻间复杂的变化,可以用来表征社会历史的过程和其中蕴含的规律。如《丰》卦上震为动,下离为明,结合上下卦义,王弼认为《丰》卦“明而动”,代表的是居上位者体恤下情,能使隐而不通者皆得以通达。为此,居上位者必须具备忧国、忧民之心,如日之处于中天、明察一切,不断解决社会中所出现的各种忧患问题,则可以为社会“丰”“亨”奠定基础,如此乃得“勿忧”。如果统治者不能做到《丰》卦的“丰亨”“勿忧”“宜日中”,就

① 楼宇烈:《王弼集校释》(上),中华书局1980年版,第349页。

可能使社会历史的发展过渡到《丰》的反面《旅》，“旅”有离开本土、流落他乡之义。不论是人还是物，处于“旅”的状态，所表明的是不能得志于本土，只能被迫远涉他乡，故为“羇旅之凶”。王弼解《周易·乾文言》说：“以爻为人，以位为时，人不妄动，则时皆可知也。文王明夷，则主可知矣；仲尼旅人，则国可知矣。”①一个社会中，贤能之士有“羇旅之凶”，反映出社会总体治理水平的混乱。周文王、孔子皆其时之圣贤，文王之“明夷”，孔子为“旅人”，则其时社会之昏暗，可以显见之。《丰》与《旅》为反对卦，由《丰》之亨至于《旅》之羇，《易》理虽然变化无常，但其中反映的人事之义，则值得人们深思。

因此，若以《周易》六十四卦三百八十四爻对照人类历史，不同卦爻就是不同历史情状的理性展示。历史事件可以千千万万、千差万别，但对于历史事件做出理性反思的历史法则、道理则不可能是不可计数的；若其不可计数，则历史的法则就将沦为偶然性，如此则不成其为法则。在王弼看来，《周易》尽包事物吉凶之理，通过《周易》卦爻之变，人们就可以在复杂的社会历史之变中，选择合适的行为准则。如《遁》处小人道长、消君子之时，则“辟险尚远”，故上九虽“肥遁”而“无不利”；而《观》代表王道教化之盛时，六四“趣时”而近于九五，此则又“贵近”。如《否》之世，天地不交而万物不通，上下不交而其志不同，于此之世，君子用“藏”；《泰》之世，天地交而万物通，上下交而其志同，君子于此时则用“行”。又如《比》为“和合”之时、《复》为“阳长”之时，处“和合”“阳长”之世，则当“好先”，于此之时，当趋进之而不能滞于后；《乾》六爻皆阳，为“群雄聚

① 楼宇烈：《王弼集校释》(上)，中华书局1980年版，第216页。

集”之时，则要“尚谦”而“恶首”；《明夷》为“明入地中”，圣贤蒙难之时，则当“藏明于内”“务暗”方吉；《丰》为“阐弘微细，通夫隐滞”之时，故尚“光大”。《周易》卦爻变化所表达之理，也是社会人事所应遵循的道理，通过考察《周易》复杂的卦爻变化之理，人们可以为自己在社会历史活动中寻得恰当的行动指南。

故人们社会行为“恰当”与否的一个评判标准，就是看其是否“适时”，而不是主观地为之确立一条“正道”，让其去恪守。王弼解“以正治国，以奇用兵，以无事取天下”（五十七章）说：“以道治国则国平，以正治国则奇兵起也。以无事，则能取天下也……夫以道治国，崇本以息末；以正治国，立辟以攻末。本不立而末浅，民无所及，故必至于以奇用兵也。”①王弼强调以道治国，以道治国就要法道之自然，应万物本有之性去治理，这样就可以“国平”而天下得治。如果主观确立一个所谓“正确”的标准，以之来治理国家，恰恰不是“无事”，而是“有事”，如此则不足以“取”天下。因为“正”不是本，自然、无为才是本，本不立而立“正”，实则是立“末”，民将无所适从。王弼对于两汉时期政治生活中的一些治理方式皆持否定态度，他认为统治者推崇“名教”，采取“立正”“多忌讳”“利器”等措施，本来目的是欲以“息邪”“耻贫”“强国”，但是却导致了“奇兵用”“民弥贫”“国愈昏弱”的实际后果，这都是由舍“本”以治“末”所导致的。因为天下事物“正”复为“奇”，“善”复为“妖”，本就变化无常，故“名教”本身不过是一种治国手段，而不是最终目的。社会生活中，不论大事、小事，皆有其理，大事方面如“动天下”“灭君主”，小事方面如“侮妻子”“用颜色”，皆有其当行之则，若以《周

① 楼宇烈：《王弼集校释》（上），中华书局1980年版，第149页。

易》“适时”的法则去顺应，则能合于其理而无为。王弼说：

> 故观变动者，存乎应；察安危者，存乎位；辩逆顺者，存乎承乘；明出处者，存乎外内。
>
> 远近终始，各存其会；辟险尚远，趣时贵近……吉凶有时，不可犯也；动静有适，不可过也……故当其列贵贱之时，其位不可犯也；遇其忧悔吝之时，其介不可慢也。观爻思变，变斯尽矣。①

个别的事变并非偶然，而是有其法则。《周易》卦爻变化的复杂性，是人们借以认识人事活动复杂性的重要工具，这些变化的多样性、复杂性，是王弼对历史性的一种理解。《周易》是阐发变化之理的一部书，不仅卦与卦的不同可以表达变化之理，一卦中爻象与爻位的变化，也是对事物变化之理的表征。卦有其时，爻有其位，时之与位，虽变化多端，但仍然有其适宜的法则，如乘、承、比、应、外、内、顺、逆、动、静、终、始、远、近、贵、贱等；事物之吉凶有其时，“时”不可犯，事物之动静有其适宜的范围，此范围亦不可侵越，如果犯“时”而越分，则会有凶咎随之。因此，《周易》的卦、爻不论远、近、终、始，皆各有其时与位，适于其时与位则吉，违背其时与位则凶，其所表现出来的种种复杂关系，可以帮助人们“观变动”“察安危”“辩顺逆”“明出处”，考察事物变化的趋势，从而为完善君子人格、建构理想社会奠定基础。

对于社会历史发展的具体法则，人们如何去把握它而得其“时”，王弼将《易》与《老》相结合，认为总的原则应该坚持自然、无为。他解《道德经》“持而盈之”章说：“持，谓不失德也。既不失其

① 楼宇烈：《王弼集校释》（下），中华书局1980年版，第604页。

德,又盈之,势必倾危。故不如其已者,谓乃更不如无德无功者也。”①“持”就是保持、不失之义,但既“持”之,则可以任万物之本性、不失其“德”;如果又“盈”之,则失万物之本性而生“情伪”,如此则势必倾危,有如“富贵而骄”则“自遗其咎”;故不如“持”而无为,虽有德而不德其德,不执着于“德”之名,则能恒顺万物之性。在解“天门开阖,能无雌乎”句时,王弼将这个观点进一步发挥,他认为在看待天下、社会历史之治乱兴衰时,亦当因而不为,其云:“天门,谓天下之所由从也。开阖,治乱之际也。或开或阖,经通于天下,故曰‘天门开阖’也。雌应而不倡,因而不为。言天门开阖能为雌乎？则物自宾而处自安矣。”②所谓“天门”,王弼认为是天下事物之所生、所成的根本,“开阖”,则是社会历史的治乱兴衰之际。天下事物有生、有成,社会历史有兴、有衰,其有一定的程序、规则,此程序、规则通行于天下,这就是《道德经》所云“天门开阖”之义。人知天下有兴、有衰,万物有开、有阖,就当“雌应”顺任,因之而不为。如此,天下事物皆能“雌应”而不“雄唱”,皆不为“主”而自为“宾”,则天下万物皆能自安。王弼的这一历史观,将《周易》与《老子》这两个理论体系进行了整合,《周易》强调对天地万物变化之理的具体把握,《老子》则强调天地万化之后有一根本性的主宰,此则为道。道是普遍的,但道又是具体的,具体的道通过《周易》来展示自己。王弼通过自己的理论努力,一方面为阐发天地万物生生不息、差异变化之理的《周易》建构起形上之道体,另一方面又为《老子》超越的形上之道嫁接了《周易》卦、爻丰富多彩的差异性、变化

① 楼宇烈:《王弼集校释》(上),中华书局1980年版,第21页。
② 楼宇烈:《王弼集校释》(上),中华书局1980年版,第23页。

性、历史性,这就使得历史性的变化中能体现出不变的形上本体;同时,超越的形上本体因多样性的差异也能展示出其丰富的内涵。

我们认为,王弼易老学的历史哲学从真正意义上实现了从历史思想的角度来考察历史的任务。他用一种《周易》卦、爻变化的思维方式来对历史做出描述,《易》卦当然可以是某一个具象的、特定的历史阶段、历史瞬间,但它还是某一类历史之理的反映,因为以不同《易》卦相联结,可以构成种种不同的历史逻辑演进之理,这种对历史的把握就是一种总体的把握、理性的把握。从这个角度来看,王弼对历史的认识,实在于从偶然性中摆脱出来,而侧重于对历史中所潜藏的必然性法则的认识,由此他便真正地建立起一种独特的、关于历史的哲学。

三、"情伪生变""复归于静":论历史发展的动力

《周易》之卦、爻就是用来表达变化之理的,王弼从人类社会的角度予以阐发,他认为"情伪"是产生变化的根本原因。《周易略例·明爻通变》云:"夫爻者,何也?言乎变者也。变者何也?情伪之所为也。"①对于王弼所谓的"情伪",楼宇烈先生解释说,"'情伪',指情欲、智慧巧诈等"②,故"情"似乎指人所具有的情感、欲望,"伪"则指由智慧所生之巧诈。

"情伪"导致了事物的千变万化。王弼说:"夫情伪之动,非数之所求也。"③"数"本指历数,引申之义为万事万物所具之本性,情

① 楼宇烈:《王弼集校释》(下),中华书局1980年版,第597页。
② 楼宇烈:《王弼集校释》(下),中华书局1980年版,第598页。
③ 楼宇烈:《王弼集校释》(下),中华书局1980年版,第597页。

欲与巧诈,与事物之本质、本性相违背,由此就产生了复杂的各种现象。虽然王弼认为“情伪”生“变”,但他也不是对任何“变动”都持否定态度,他反对的是偏离事物本性、自然的状态而主观人为生出之“情伪”。对于去除“情伪之变”,复归事物之本然的“变革”,王弼则是认可的。在解释《革》卦时,他说:“故革之为道,即日不孚,已日乃孚也。孚,然后乃得元亨,利贞,悔亡也。已日而不孚,革不当也。悔吝之所生,生乎变动者也。革而当,其悔乃亡也。”① 变革是一个较长时期的过程,变革之成效已经显见,才可能为百姓所认可,所谓“已”,就是完成的意思。如果变革已完成,而得不到百姓的认可,则表明此变革为“不当”,则可能会有“悔吝”生起,变革恰当,其“悔吝”乃亡。而变革是否能为百姓所认可,有如《革》卦之卦义,即“文明以悦”,变革所确立的礼仪制度显明、得当,且为百姓所欢迎,以这个标准来衡量,则可以应乎天而顺乎民心,才能够大亨以正。故王弼对于变革在某种程度上是持肯定态度的,因为在社会急剧变动时期,通过变革才能够适应时代和社会的进步,保守常态则不能跟上时代变化的步骤,在变化的时代背景下也不可能有所作为。

当然,如果变革已成,得到百姓的认可,就不能再轻言革命。所以,变革之后一定伴随着社会的稳定、重建,如同《周易》于《革》卦之后紧接《鼎》卦一样。《鼎》卦之义为何?王弼说:“革去故而鼎取新。取新而当其人,易故而法制齐明。吉,然后乃亨,故先元吉而后亨也。鼎者,成变之卦也,革既变矣,则制器立法以成之焉。

① 楼宇烈:《王弼集校释》(下),中华书局1980年版,第464~465页。

变而无制,乱可待也;法制应时,然后乃吉。”①《革》卦之义在于“去故”,《鼎》卦之义在于“取新”,“取新”要恰当,通过变革过去不恰当的制度,而代之以新的、合适的制度,如此,则社会之法度整齐、明达。《鼎》卦处《革》卦之后,表明变革之后,社会需要重建,破除旧法后,要制器立法以成新的社会秩序。如果只破坏、只变革,而不随之以立制成新,则社会之动乱,指日可待;变革后所确立之法制,能适应时代和社会的需要,然后才可能为变革带来一个好的结果。所以,在变革成功,去故成新之际,要有破、有立,立就是“成新”,“成新”就是要使新制度在社会中确立其尊严、威信,使之成为教化民众的重要工具。为此,对待新制度,要严肃、谨严,如此才能使之化成天下。

王弼的易学历史哲学,其主旨在于通过《周易》卦、爻来把握天地万物包括人类社会历史复杂多变的发展之理,从而息去“情伪”之动,使天地万物和人类社会历史皆复归到其本然应有的自然状态,也即道。王弼解《革》之上六爻辞“君子豹变,小人革面。征凶,居贞吉”说,“居变之终,变道已成。君子处之,能成其文,小人乐成,则变面以顺上也”,“改命创制,变道已成。功成则事损,事损则无为,故居则得正而吉,征则躁扰而凶也”。② 通过改命创制,变革之道已成,君子处于此文明之制已成之时,损去其“情伪”,无为而任自然,使事物的各个方面都循其本性得到发展,虽有差异的存在,却更显文明之斑斓;小人虽不能如君子那样主动“无为”,但因其亦乐此变革之道已成之局面,也能“变面”以顺之。因此,在变革

① 楼宇烈:《王弼集校释》(下),中华书局1980年版,第468~469页。
② 楼宇烈:《王弼集校释》(下),中华书局1980年版,第467页。

之道已成之后，君子无为而“事损”，任物之自然，这是一种最合适的对待事物的态度，于《周易》之理言，则是居正而可得；反之，如果于变革之道已成之后，仍然躁扰不休，意在征讨、有为，则为凶之道。

王弼的易学哲学强调“动”必息而“静”，从而返归于“道”，这是希望找到天地万物和人类社会错综复杂的变化之后的根本，它强调得此根本，就可以驾驭这种变化。故在方法论上，他更为强调要越过“情伪”之“动”去把握事物的本然之“静”。他解《复·象》说：

> 复者，反本之谓也。天地以本为心者也。凡动息则静，静非对动者也；语息则默，默非对语者也。然则天地虽大，富有万物，雷动风行，运化万变，寂然至无是其本矣。故动息地中，乃天地之心见也。若其以有为心，则异类未获具存矣。①

王弼认为，《复》卦主要探讨“反(返)本”问题。天地万化，因“情伪”而生动，但其实以“静”为其本。此“静”是相对于“情伪”之动而言者，非谓绝对的安静、不动，顺本性而动者，亦皆可以谓之“静”、谓之复“本”。息去“情伪”之动，则天地万物皆复归于“静”。但是，“静”与“动”在某种情况下，并不是相对者，因为“情伪”之动只是妄行、妄动，只是一种虚妄之现象，而不是事物的本然，事物的本然才是根本，复归于此根本，才可谓之“静”，故“静”与“动”又非对待者，“静”为根本、为本然，“动”只是“静”的一种偏离，有如语息则默，但默非相对于语才存在，语只是默的一种破坏。所以，王弼认为，天地虽大，富有万物，雷动风行，运化万变，但究其实而言，

---

① 楼宇烈：《王弼集校释》(上)，中华书局1980年版，第336~337页。

虽运化万变、雷动风行，其本然之性未为“情伪”所动，故虽动而“无动”，复此“无动”，则寂然至无，由此能达万物之本然。因此，要息去“情伪”之动，乃见天地万物之“心”，即天地万物之本然。如果以“情伪”之“动”或“有”为天地万物之本然，则其错综各异，不能获得一种根本性的存在。以此为指导，人们在行事时，当“复”万事万物之本，归于“寂然大静”，止于此“静”，则“无事”而天下治。

四、“得意忘象”“以无为本”：对历史形上本体的把握及历史意义的理解

道主宰、支配世界，这是王弼的核心哲学，人类历史世界当然也是由道来支配的。然而人事活动具有历史性，道则是普遍的，如何将这种人事的具体历史性与道的普遍性进行协调、安排，这是王弼历史哲学需要考虑的重要内容。在易学哲学史上，王弼提出了“得意而忘象”的著名观点，虽然其直接讨论的问题是卦爻象、卦爻辞与其所表达的义理之间的关系，但实则也是对具体的历史变化与支配其存在的形上道本体之间的关系、乃至历史的意义所做的一个重要探讨。

在《周易略例·明象》中，王弼说：

> 夫象者，出意者也。言者，明象者也。尽意莫若象，尽象莫若言。言生于象，故可寻言以观象；象生于意，故可寻象以观意。意以象尽，象以言著。①

他首先肯定，《周易》之卦、爻象可以表达天地万物之理，卦爻辞可以明确卦爻象之义。故卦爻辞的功能在于阐明卦爻象之义，卦爻

① 楼宇烈：《王弼集校释》（下），中华书局1980年版，第609页。

象的功能在于表达天地万物之理，天地万物之理通过《周易》之卦爻象展示自己，而《周易》卦爻象所表达的意思也只能通过《周易》卦爻辞来做一说明。因为卦爻辞是表达卦爻象之义的，故可以通过探究卦爻辞之理来明卦爻象之义，卦爻象是表达天地万物之理的，故可以通过分析卦爻象之义，来读懂天地万物之理。因此，卦爻象、卦爻辞与其所表达的义理之间的关系，就是“意以象尽，象以言著”。

但是，王弼又认为，言、象与意，乃层层递进的关系，意才是“根本”，“根本”不容有二，复归于“根本”，才可以称得上是返归于道。《周易》卦爻辞与卦爻象，只是表达此“根本”的工具，还不是“根本”自身，真正复归到“根本”，不但要弃去“情伪”之动，甚至还要将把握“情伪”之动的《周易》卦爻辞与卦爻象弃去，方为真正的复归。王弼说：

> 故言者所以明象，得象而忘言；象者，所以存意，得意而忘象……是故，存言者，非得象者也；存象者，非得意者也。①

王弼于此强调了一个“忘”字，“忘”是“复”的关键，不“忘”则无以“复”，“复”则必须“忘”。《周易》卦爻辞、卦爻象只是表达“根本”之意的工具，如捕兔之蹄，捕鱼之筌，工具只是达到目的的手段，而不等于就是目的自身，如果只停留在工具这一层面，则与目的之间还有一隔，因此，也就可以说“存言”非“得象”，“存象”非“得意”。要得“根本”之意，必须“忘象”“忘言”。王弼说：

> 象生于意而存象焉，则所存者乃非其象也；言生于象而存言焉，则所存者乃非其言也。然则，忘象者，乃得意者也；忘言

① 楼宇烈：《王弼集校释》（下），中华书局1980年版，第609页。

> 者，乃得象者也。得意在忘象，得象在忘言。故立象以尽意，而象可忘也，重画以尽情，而画可忘也。①

《周易》卦爻象的存在，在于它要表达天地万物和人类社会的“根本”之意，它只是表达此“根本”之意的工具，而不是此“根本”之意本身，如果仅停留在“存象”的层面，则其所存之象乃非其意之象；同理，卦爻辞是要表达卦爻象之义者，如果仅停留在“存言”的层面，则所存之言乃非其象之言。只有通过“忘象”“忘言”，才能复返于道，得天地万物之本然，故“得意在忘象”，“得象在忘言”。因此，王弼解《易》，特重取义说，而排斥取象。他认为，义之与象，义为第一位，象由义而生。其注《周易注·乾文言》云：“夫易者，象也。象之所生，生于义也。有斯义，然后明之以其物，故以龙叙乾，以马明坤，随其事义而取象焉。”②《周易》离不开卦、爻之象，然卦、爻之象实由“义”而有，因宇宙天地间有此大道理，此大道理通过不同的事物来“明”，即表现自己。因此，《周易》以“龙”之物象来代表乾健之义，以“马”之物象来代表坤顺之义，因宇宙天地间有健、顺之理，则《周易》以一些恰当的物象来表征之。但是，正如《周易略例·明象》所云：

> 是故触类可为其象，合义可为其征。义苟在健，何必马乎？类苟在顺，何必牛乎？爻苟合顺，何必坤乃为牛？义苟应健，何必乾乃为马？而或者定马于乾，案文责卦，有马无乾，则伪说滋漫，难可纪矣……盖存象忘意之由也。忘象以求其意，

---

① 楼宇烈：《王弼集校释》（下），中华书局1980年版，第609页。

② 楼宇烈：《王弼集校释》（上），中华书局1980年版，第215页。

义斯见矣。①

因为宇宙天地间所本有的如健、顺之义,在在皆是,无论哪一类的事物中,都存有此理。既然这样,那么,无论哪一类事物,皆可用来表示乾健、坤顺之理,何必一定要用“龙”“马”之物象来表征呢?王弼由此反对汉易象数学的解《易》方法,认为《周易》之卦、爻与辞,只要其“义”属健、顺,则不必其卦、爻辞一定要有“龙”“马”之字词,其他的物象、其他语词照样可以用来表示健、顺之义。汉易象数的失足处在于,一定要“案文”来“责卦”,由此造成了许多穿凿附会,结果互体、卦变、五行等伪说滋漫,这离《周易》的本义越来越远,一失其原,虽理论精巧,但于义无所取,这都是由存象忘意所造成的。只有忘象以求其意,才能真正发现《周易》的本义和宇宙天地与人类历史发展的大道理。

对于“得意忘象”,王弼在“释大衍义”时,也表达了类似的看法。他提出:

> 演天地之数,所赖者五十也。其用四十有九,则其一不用也。不用而用以之通,非数而数以之成,斯易之太极也。四十有九,数之极也。夫无不可以无明,必因于有,故常于有物之极,而必明其所由之宗也。②

《系辞》中保留有“大衍”之筮法,对此筮法的演变程序,王弼有一个理解,他认为,筮法所用蓍草五十根,是天地之数的代表,但此天地之数虽有五十数,却只用四十九,余其一而不用。为什么要余其一不用?此不用之一,又将起何作用?王弼认为,此不用之一特

① 楼宇烈:《王弼集校释》(下),中华书局1980年版,第609页。

② 楼宇烈:《王弼集校释》(下),中华书局1980年版,第547~548页。

别重要，它即相当于《易》之所谓“太极”，此一不能被看作是与其他四十九数相同性质的数，因为其他四十九数，是因此一的存在才能发挥其作用、才能存在。仅就数而言，四十九即为“数之极”，数是有，而此不用之一并不是“有”这个层面的存在，此一乃是其自身、就是本体，也就是“无”，也即无任何“情伪”之造作的宇宙天地的本然状态。当然，此“无”不能以其自身来“明”，通过“有”可以明“无”之无造作，但“无”与“有”又不是同一个层次的存在，通过“有”而明“无”，在《周易》中，就是通过言、象以得意，既然“得意”要“忘象”，那么，明“无”之后也要弃“有”，就是显而易见的道理。故人们要常于“有物之极”，而必明其“所由之宗”。王弼在理解“大衍之数”时，深刻阐发了其“以无为本”，“无不可以无明，必因于有”的玄学历史观。

王弼的玄学思想体系重视对以“无”为本的本体论理论的建构，历史的创造是以形上之“无”为前提和基础的，如果肯定形上之“无”作为其本体，那么，王弼亦不反对历史的创造活动，因为毕竟形上的本体之“无”总得有一个载体。王弼之所以要研究《周易》与《老子》，恰恰是想要将具体与普遍进行结合。他说：“守母以存其子，崇本以举其末，则形名俱有而邪不生，大美配天而华不作。”①守母可以存子，崇本不碍举其末，通过“守母”与“崇本”，可以做到使事物形名俱有而不生奸邪，大美与天相配而浮华不起。王弼强调“守母”与“崇本”，但这个理论背后还有另一层深意，即只有通过“守母”“崇本”才可能更好地“存子”“举末”，也就是说，“存子”“举末”亦是王弼非常重视的方面。故王弼对于现实乃至于历史并

① 楼宇烈：《王弼集校释》（上），中华书局1980年版，第95页。

不是要否认其价值，他之所以强调自然无为、强调向道的复归，其目的和落脚点恰好是要肯定现实与历史的价值。一般认为，王弼以“无”为本的抽象本体，消解了具体历史存在的确定性，反而将这种确定性赋予给一种抽象的本体；这种抽象的本体是“无”，本身缺乏具体内容和历史感。但是我们通过具体分析，发现在王弼玄远的玄学抽象思辨背后，饱含了其对现实的强烈关怀以及对理想社会的憧憬，于其中就有某种可以称得上深刻的历史哲学思想存在。

（本文作者系北京师范大学哲学学院教授）

荀子人性论辨证

赵法生

在儒家人性论史上,荀子是性恶论的代表,“人之性恶”(《性恶》)是荀子本自然性以论人性的结论,也代表了他对人性自身的价值判断。但是,打开《荀子》一书,按照荀子关于性的定义去按图索骥,我们会发现其中性的内涵要广泛得多,也复杂得多,而被置于性恶论的价值判断之下的只是其广义人性内涵的一个组成部分,尽管这是核心部分。仔细分析荀子性的不同内涵,以及它们与性恶论之关系,不但有助于我们理解荀子人性论面向的复杂性,也有助于我们理解性恶论之历史脉络和深层意蕴。

一、情性:荀子人性论对于原始儒家性情论的承接

王充在《论衡·本性》篇指出,“周人世硕,以为人性有善有恶,举人之善性,养而致之则善长;性恶,养而致之则恶长。如此,则性各有阴阳,善恶在所养焉。故世子作《养书》一篇。宓子贱、漆雕开、公孙尼子之徒,亦论情性,与世子相出入,皆言性有善有恶”。世硕、宓子贱、漆雕开乃孔子弟子,公孙尼子为七十子弟子,王充的这一段论述事关七十子及其弟子们的人性观。按照王充的说法,

他们皆论情性，而且主张性有善有恶。由于这一说法与以性善论为儒家正统的观点不相契合，招致了当代新儒家的批评，牟宗三先生针对王充的观点指出，“王充以世硕之说为标准，但此诸人之说今已不可考，其持论之原委不可得而知。王充是之，即概于‘用气为性’一路也”，又认为王充对于孟荀董仲舒等“亦多无谓之批评，而对于不属于‘用气为性’一路之孟子尤其不能解”。① 牟先生对于“用气为性”的理路基本是否定的，同时指出世硕等人的学说已经不可考。值得庆幸的是，郭店楚简的出土，使我们得以重新发现孔孟之间儒家人性论的一手资料，也使我们有机会重新目睹久已失传的七十子及其弟子的情性思想。

我们在讨论《性自命出》的人性论时指出，《性自命出》的人性论是性情论的典型形态，按照“性自命出，命自天降”的说法，性当然具有超越的性质，但它并不与情存在形而上和形而下之分，因为性与情均属于气，“喜怒哀悲之气，性也，及其见于外，则物取之也”，不但表明了性与气的内在联系，而且说明情与性在本质上的一致性，二者的内涵都是气。另外，情与性也不存在价值判断上的差异，二者具有共同的价值属性。作为孔孟之间的《性自命出》的情性论，显然属于牟宗三所说的“今已不可考”的“诸人之说”中的一部分，对于先秦人性论史的研究弥足珍贵。《中庸》十分重视人的喜怒哀乐之情，认为“喜怒哀乐之未发谓之中，发而皆中节谓之和”。楚简《五行》篇进一步挖掘道德的心理机制，到了孟子则以心论性，性由心显，而他的心主要是情感之心，四端基本上是人内在的道德情感基础。关于人之情才，孟子曾提出以下看法，“乃若其

① 牟宗三：《才性与玄理》，广西师范大学出版社2006年版，第22页。

情，则可以为善矣"，"若夫为不善，非才之罪也"，"人见其禽兽也，而以为未尝有才焉者，是岂人之情也哉！"惠栋根据孟子的以上三句话指出，"孟子言性而及情，情犹性也，故《文言传》："利贞者，性情也"，又说，"《彖传》屡言天地之情，情犹性也。《中庸》：喜怒哀乐之未发谓之中，发而皆中节谓之和，情和而性中，故利贞者，性情也"。① 惠栋指出孟子思想中"情犹性也"，显示了史家的卓识。我们在分析《易传》的性情论时已经指出，《易传》中性与情的关系十分密切，同样是遵循着"情犹性也"的理路。

综合以上分析，将《性自命出》中的性情论与《中庸》、《五行》和《孟子》中的有关性与情的论述联系起来，可以发现孔子之后先秦儒家人性论的发展，贯穿着一条基本线索，就是以情论性，性情论构成了原始儒家人性论的基本形态。那么，荀子的人性论与此前的性情论有何关系？性情论对于他的人性观产生过影响吗？

《荀子》是使用情字最多的先秦典籍，情字单字出现了 94 次，还有"情性"17 次，"性情"2 次，"天情"2 次。相比之下，同样十分重视情的《庄子》中情字作为单字出现了 54 次，另有"情性"2 次，"性情"1 次，"人情"2 次，"情欲"1 次。《荀子》一书中不仅情字出现的次数多，而且内涵丰富，凡是先秦儒家经典中情字曾经有过的义项，《荀子》中都有。综合起来，《荀子》中的情字有五种含义。一是指情实。如"君子不下堂，而海内之情举积此者，则操术然也"（《不苟》），"古今异情，其以治乱者异道"（《非相》），这两句话中的"情"都是情实之意。"长短不饰，以情自竭，若是，则可谓直士矣"（《不苟》），王先谦《荀子集解》引郝懿行曰，"情，实也。竭，举

---

① 张涛、陈修亮：《〈周易述〉导读》，齐鲁书社 2007 年版，第 579 页。

也。言短长皆以实称说,不加文饰,所以为直士"①,这里的"情"也是情实之意。二是指真诚。《修身》中的"体恭敬而心忠信,术礼义而情爱人",这里的"情"是"真诚"的意思。《法行篇》引孔子的话中有"瑕适并见,情也"之语,王先谦《荀子集解》说,"情之言诚也。玉不自掩其瑕适,故曰情","情"也是诚的意思。三是指事物的属性,与"性"同义。"敬人有道:贤者则贵而敬之,不肖者则畏而敬之;贤者则亲而敬之,不肖者则疏而敬之。其敬一也,其情二也。"(《臣道》)这里的"情"是质性的意思,是说两种敬的性质并不一样。《解蔽》篇"坐于室而见四海,处于今而论久远,疏观万物而知其情","情"也是指事物的性质。《正论》篇说,"错人而思天,则失万物之情",其中的"万物之情"就是万物之性。在《荀子》书中,情字的这种运用特别广泛,它不仅用来指物的属性,而且常用来指人性,如"故千人万人之情,一人之情是也"(《不苟》)。四是指主观情感。如"不事而自然谓之性。性之好、恶、喜、怒、哀、乐谓之情"(《正名》),以及"祭者,志意思慕之情也"(《礼论》)。五是指欲望。《荣辱》篇说:"人之情,食欲有刍豢,衣欲有文绣,行欲有舆马,又欲夫余财蓄积之富也,然而穷年累世不知不足,是人之情也。"这里的"情"显然是指欲望,这是荀子对于情字内涵的新发展。

上述情字的各种义项间并非毫无关联,其中情实是情字的本义,性质的意义是在情实意义的基础上发展而来,由事物的客观情况提升到事物本身的客观属性,情字便获得了性的意义。在实际运用中,作为性的情字,往往同时也具有情实的潜在含义,比如"故千人万人之情,一人之情是也"中的情是指人性,同时表明人性是

① 〔清〕王先谦:《荀子集解》,中华书局1988年版,第50页。

一种客观存在的真实。情的真诚和情感两个义项密切相关，当情实专指人的内心情感时，便成了“诚”。从《诗经》《尚书》，到《左传》《国语》，一直到《性自命出》和《礼记》的文献证明，情字义项的发展大体经历了一个从客观到主观，从情实、属性、真诚到情感的过程。从汉语发展史看，今天最为广泛运用的情感义，在情字语义学发展史上反倒是后起的。

另外，在荀子那里，性与情的关系也极为密切，荀子有如下两段说明：

> 散名之在人者，生之所以然者谓之性。性之和所生，精合感应，不事而自然谓之性。性之好、恶、喜、怒、哀、乐谓之情。情然而心为之择谓之虑。心虑而能为之动谓之伪。虑积焉、能习焉而后成谓之伪。（《正名》）
>
> 性者，天之就也；情者，性之质也；欲者，情之应也。（《正名》）

前一段话表明，性是生的依据，性的特征就在于“不事而自然”，如同以“不为而成，不求而得”（《天论》）说明天的职能一样，他也将人性看作是自然的产物。人性是自然的，但却不是空洞无物的，“性之好、恶、喜、怒、哀、乐谓之情”，表明了人性的具体内涵，也表明好、恶、喜、怒、哀、乐是属于性的，是性的表现。后一段中的“性者，天之就也；情者，性之质也”进一步说明，性是自然形成的，情是其具体内涵。总起来看，荀子是将情视为性的内涵之呈现，而且这里所说的情又是指“性之好、恶、喜、怒、哀、乐”，这与《性自命出》的“喜怒哀悲之气，性也。及其见于外，则物取之也”性情观是颇为相似的。不过，荀子对于性与情的名理辨析之精微细致要远超《性自命出》，而且，如同我们下面看到的，情在荀子人性论中的地位也与

《性自命出》具有显著差异。

《荀子》一书中,性与情不仅在含义上密切相关,在语法运用上同样是如此,性与情的用法表现为以下三种情形:

首先,性与情在前后文中并列出现并彼此解释。

《性恶》篇说:“从人之性,顺人之情,必出于争夺。”王先谦引《论语·八佾》篇《集解》曰,“从,读曰纵”①,则“从人之性”就是“纵人之性”,而“顺人之情”就是“从人之性”的具体内涵,因为性是恶的,放纵性的结果必然是彼此争夺,情则是性的具体内涵。《性恶》又说,“所贱于桀、跖、小人者,从其性,顺其情,安恣睢,以出乎贪利争夺。故人之性恶明矣,其善者伪也”,桀、跖与小人之“从其性”,也就是“顺其情”,因为“顺其情”,所以才贪婪争斗,“顺其情”同样是对“从其性”的具体说明。《大略》篇的“不富无以养民情,不教无以理民性”中情与性的关系同样也是如此。上述三种情形,“顺其情”都是“从其性”的具体实现形式。在荀子的人性论中,性的基本规定是不事而自然,但这只是说明了性的特征,并没有赋予它内容,荀子认为其内容就是情,因为“情者性之质也”。性与情之前后并列出现,说明前者只能通过后者来展现自身,表明了二者密不可分的内在联系。

其次,以情代性而“性”“情”互用。

夫人之情,目欲綦色,耳欲綦声,口欲綦味,鼻欲綦臭,心欲綦佚。此五綦者,人情之所必不免也。养五綦者有具,无其具则五綦者不可得而致也。(《王霸》)

夫贵为天子,富有天下,名为圣王,兼制人,人莫得而制

① 〔清〕王先谦:《荀子集解》,中华书局1988年版,第434页。

也,是人情之所同欲也,而王者兼而有是者也。(《王霸》)

人之情,食欲有刍豢,衣欲有文绣,行欲有舆马,又欲夫余财蓄积之富也,然而穷年累世不知不足,是人之情也。(《荣辱》)

夫贵为天子,富有天下,是人情之所同欲也。然则从人之欲则势不能容,物不能赡也。故先王案为之制礼义以分之,使有贵贱之等,长幼之差,知愚、能不能之分,皆使人载其事而各得其宜。(《荣辱》)

彼人之情性也虽桀、跖,岂有肯为其所恶贼其所好者哉!(《王制》)

人之情,虽桀、跖,岂又肯为其所恶贼其所好者哉!是犹使人之子孙自贼其父母也,彼必将来告之,夫又何可诈也?(《议兵》)

尧问于舜曰:"人情何如?"舜对曰:"人情甚不美,又何问焉?妻子具而孝衰于亲,嗜欲得而信衰于友,爵禄盈而忠衰于君。人之情乎!人之情乎!甚不美,又何问焉?"唯贤者为不然。(《性恶》)

上述引文中的"人之情""人情",实质是指人的自然欲望,具体来说分为两种,一种是感官享受的欲望,如同第一条引文所表明的,是指"食欲有刍豢,衣欲有文绣,行欲有舆马,又欲夫余财蓄积之富也"的自然欲望。另一种是对于权力的欲望,即"制人而不制于人"的欲求,也就是第二条引文说的"夫贵为天子,富有天下,名为圣王,兼制人,人莫得而制也"。这两种欲求加起来,大体就是荀子所说的人性的基本内涵,显然,上述引文中的人情就是指人性。所以同样的内容,荀子又直接称之为人性:"今人之性,饥而欲饱,寒而欲暖,劳而欲休,此人之情性也。"(《性恶》)从内涵来讲,上述引文中的情字兼有情实和质性两方面的含义,它既是指人性的实存状态,有真实不虚之意,但侧重点是指人性。其中的性情代称和互用,表明二者已经可以看作是一个概念了。

再次,情与性直接组合为一个概念。

今人之性,饥而欲饱,寒而欲暖,劳而欲休,此人之情性也。……故顺情性则不辞让矣,辞让则悖于情性矣。用此观之,然则人之性恶明矣,其善者伪也。(《性恶》)

然则礼义法度者,是生于圣人之伪,非故生于人之性也。若夫目好色,耳好声,口好味,心好利,骨体肤理好愉佚,是皆生于人之情性者也……(《性恶》)

夫好利而欲得者,此人之情性也。假之人有弟兄资财而分者,且顺情性,好利而欲得,若是,则兄弟相拂夺矣;且化礼义之文理,若是则让乎国人矣。故顺情性则弟兄争矣,化礼义则让乎国人矣。凡人之欲为善者,为性恶也。(《性恶》)

以秦人之从情性,安恣睢,慢于礼义故也。岂其性异矣哉?(《性恶》)

顺性情则不辞让矣。(《性恶》)

纵情性,安恣睢,禽兽行,不足以合文通治;然而其持之有故,其言之成理,足以欺惑愚众,是它嚣、魏牟也。忍情性,綦溪利跂,苟以分异人为高,不足以合大众,明大分;然而其持之有故,其言之成理,足以欺惑愚众,是陈仲、史鳕也。(《非十二子》)

行法至坚,好修正其所闻以桥饰其情性,其言多当矣而未谕也……(《儒效》)

志忍私然后能公，行忍情性然后能修，知而好问然后能才，公修而才，可谓小儒矣。（《儒效》）

彼人之情性也虽桀、跖，岂有肯为其所恶贼其所好者哉！彼以夺矣。（《王制》）

性与情连用组合成的概念，极少数为“性情”，如《性恶》篇之“顺性情则不辞让矣”，但绝大多数为“情性”，情被置于性之前。荀子所言的“情性”，多是指“饥而欲饱，寒而欲暖，劳而欲休”的自然欲望。“情性”一词在《性恶》篇中出现最多，而本篇是反映荀子人性论的主要篇章，可见其在荀子人性论中的重要性。

比较一下荀子有关性、情和情性三个概念的具体用法是颇有意义的，“今人之性，饥而欲饱，寒而欲暖，劳而欲休，此人之情性也”（《性恶》），这段话清楚表明，性即情性，荀子将二者等同看待。荀子又说，“夫人之情，目欲綦色，耳欲綦声，口欲綦味，鼻欲綦臭，心欲綦佚”（《王霸》），则自然欲望又被说成是“人之情”，可见情、性、情性在荀子那里经常是被作为同义词使用的，它们具有共同的内涵。从性与情并列出现，到二者相互代用，再到二者合称为一个范畴，体现了性与情关系逐渐密切、深化而合一的过程。

以上有关性与情的关系表明，荀子的人性论同样是性情论，是性情论的发展，因为性与情的关系，从未像现在这样达到了如此密不可分甚至等而同之的程度。在《性自命出》、《易传》和《孟子》中，情都没有达到如此地位，它在那里或者是作为性的内涵，或者是与性合为一词而屈居于性之后（《易传》：“利贞者，性情也。”），但现在，他不但可以作为性的代称，甚至在合成词中的位置也跃居于性字之前了。

荀子人性论与性情论的历史关系，不但体现在性与情这两个概念的内在联系上,而且体现在有关情感的论述上。情字的情感义项尽管相对于情实和诚等为后起,但对于儒家心性论的发展影响重大。可以说,从孔子去世到战国中期,孔孟之间的儒家人性论史就是性情论发展的历史,作为性的基本内涵和表现形式,情在这一过程中始终居于主导地位,而孟子将作为道德基础的主观情感上升为四端,看作是先天具有的良知良能,将这些主观之情感理性化,从而将性情论推进到性善论。

如前所述,荀子之"情"的内涵空前丰富,包括情实、真诚、情感、性质和欲望五个方面,情感是其重要内容之一,荀子有关情感的论述主要体现在《礼论》和《乐论》中。荀子是先秦最后一位综合性的儒家思想大师,如此重要的情感问题自然没有逃脱他的视野,如前所述,情感是《荀子》书中情字的意涵之一,其中有许多有关情感的论述,他说,"不事而自然谓之性。性之好、恶、喜、怒、哀、乐谓之情"(《正名》),将好、恶、喜、怒、哀、乐等情感看作是人性的表现。人的"好恶喜怒哀乐之情",荀子又称之为"天情","天职既立,天功既成,形具而神生,好恶、喜怒、哀乐臧焉,夫是之谓天情"(《天论》),所谓"天情",就是不事而自然之情,可见荀子所说的情感主要是人的自然情感。正如他将性看作是"不事而自然"的结果一样。另外,"夫民有好恶之情而无喜怒之应则乱。先王恶其乱也,故修其行,正其乐,而天下顺焉"(《乐论》),这里的情也主要是自然情感。这种对于情的定义及其对于性与情关系的看法与《中庸》"喜怒哀乐之未发谓之中,发而皆中节谓之和",以及《性自命出》"好恶性也"和"喜怒哀悲之气性也"的说法较为接近,而与孟子有所不同,孟子很少提到好恶以及喜怒哀乐,他立论的基础是四端这类道德情感。

《荀子》不仅正视情感在人性中的地位，也论及情感在道德中的作用，这主要体现在《礼论》和《乐论》两篇中。《礼论》说：

凡礼，始乎棁，成乎文，终乎悦校。故至备，情文俱尽；其次，情文代胜；其下，复情以归大一也。

这一段文字同时见于《大戴礼记》，王聘珍《解诂》解释说："礼者，因人之情而为之节文，德盛者化神，故情文惧尽……复，反也。复情以归太一，谓反本修古，不忘其初者也。"①王氏用"因人之情而为之节文"解释"情文俱尽"，甚合文义。《礼记·坊记》曰，"礼者，因人之情而为之节文，以为民坊者也"，《礼运》也说，"故礼义也者，人之大端也……所以达天道顺人情之大窦也"，同样强调礼义是顺从人情而起，情感是礼的基础，礼义与情感并非矛盾。对此，《礼论》篇还有更详尽的说明：

故说豫娩泽，忧戚萃恶，是吉凶忧愉之情发于颜色者也。歌谣謷笑，哭泣谛号，是吉凶忧愉之情发于声音者也。刍豢、稻粱、酒醴、餰鬻，鱼肉、菽藿、酒浆，是吉凶忧愉之情发于食饮者也。卑绝、黼黻、文织，资粗、衰绖、菲繐、菅屦，是吉凶忧愉之情发于衣服者也。疏房、檖貌、越席、床笫、几筵，属茨、倚庐、席薪、枕块，是吉凶忧愉之情发于居处者也。两情者，人生固有端焉。

这里告诉我们，礼仪中的容色、声音、饮食、服饰、起居等，都是吉凶忧愉两种内在感情的外化和表现。那么，吉凶忧愉是从何而来？答案是"两情者，人生固有端焉"，杨倞解释说，"两情，谓吉与凶，忧

---

① 〔清〕王聘珍：《大戴礼记解诂》，中华书局1983年版，第20页。

与愉。言此两情固自有端绪,非出于礼也”①。也就是说,人心本具的忧伤与愉悦两种情感正是礼的根源,这与孔子所说的“礼,与其奢也,宁俭;丧,与其易也,宁戚”之意(《论语·八佾》),以及《礼记·杂记下》“子贡问丧,子曰,‘敬为上,哀次之,瘠为下。颜色称其情。戚容称其服’”,精神上是完全一致的,表明荀子这里继承的同样是孔子的思想。

《礼论》又论三年丧曰:

> 三年之丧何也?曰:称情而立文,因以饰群别、亲疏、贵贱之节而不可益损也,故曰无适不易之术也。创巨者其日久,痛甚者其愈迟,三年之丧,称情而立文,所以为至痛极也;齐衰、苴杖、居庐、食粥、席薪、枕块,所以为至痛饰也。三年之丧,二十五月而毕,哀痛未尽,思慕未忘,然而礼以是断之者,岂不以送死有已,复生有节也哉!凡生乎天地之间者,有血气之属必有知,有知之属莫不爱其类。今夫大鸟兽则失亡其群匹,越月逾时则必反铅过故乡,则必徘徊焉,鸣号焉,踯躅焉,踟蹰焉,然后能去之也。小者是燕爵,犹有啁噍之顷焉,然后能去之。故有血气之属莫知于人,故人之于其亲也,至死无穷。

在以理性思辨著称的《荀子》书中,这样饱含深情的文字并不多见。这里解释三年之丧的依据是“称情而立文”,三年丧的设立是因为父母之亡使儿女情感之“至痛极也”。连鸟类都知道感伤亡类,人若朝死而夕忘,则是连鸟兽也不如了。这同样是将礼建立在情感基础上。

除了《礼论》外,《乐论》开篇即说,“夫乐者,乐也,人情之所必

① 〔清〕王先谦:《荀子集解》,中华书局 1988 年版,第 365 ~ 366 页。

不免也……使其声足以乐而不流，使其文足以辨而不諰，使其曲直、繁省、廉肉、节奏足以感动人之善心，使夫邪污之气无由得接焉。是先王立乐之方也”。同样是从情感世界中寻找乐的起源，所谓好的乐曲能够“感动人之善心，使夫邪污之气无由得接焉”，因为它能够唤起人心中美好的感情，而此种感情不过是“喜怒哀悲之气”，善良的情气已然被唤醒，邪污之气自然无处藏身了。又说，“且乐者，先王之所以饰喜也；军旅斧钺者，先王之所以饰怒也。先王喜怒皆得其齐焉。是故喜而天下和之，怒而暴乱畏之”，这里的“饰喜”“饰怒”之说，与《礼论》篇“称情而立文，因以饰群别、亲疏、贵贱之节而不可益损也”的说法一样，都是以礼乐作为情感之缘饰。乐舞与斧钺不过是表现的手段而已；喜与怒才是所要表达的内涵。

上述“情文俱尽”、“两情者，人生固有端焉”和“称情而立文”的说法，都将情感视为礼义之基础，礼文是顺着情感而非背着情感，这正是原始儒家性情论的核心思想。其中，“两情者，人生固有端焉”的提法，与孟子四端说的理路近似；而鸟类感伤亡类的一段描述，甚至可以看作是性善论的一个生动例证，放到《孟子》书中也会相得益彰。指出这一点并非毫无意义，它意味着，如果单就上述内容看，荀子的人性论并非性恶论，反倒是接近于性善论。如此说来，上述所引内容中的论性趋向与荀子的性恶论岂不矛盾？

这种矛盾是客观存在的。通观《荀子》全书，除了《礼论》《乐论》两篇中出现过以亲情作为礼义基础的思想外，同样的思想在其他篇章再也没有出现过。在《性恶》《富国》《王制》《王霸》等表现其社会思想的主要篇章中，礼义的基础并不是伦理亲情，而是现实的等级名分，这就是他反复强调的“礼者，贵贱有等，长幼有差，贫富轻重皆有称者也”(《富国》)。对于礼作为外在性、强制性规范的强调意在突出其化性起伪功效,这显然与性恶论相表里,而过于强调亲情作为礼乐的基础则是一条通向性善论的道路。所以,荀子对于它仅在论述礼乐的两篇中点到为止,并没有进行深入的发挥,更没有作为其人性论的基础依据。那么他为什么又要说到它呢?从逻辑自洽的角度看,不提此一论性倾向岂不更为有利?这是因为以情感作为礼乐基础的思想肇始于孔子,而为七十子及其弟子所深入发挥,同样构成为大小戴《礼记》论礼乐的思想基础。可以说,到战国时期这已经是儒家道德思想的基本共识和重要前提,意在综合继承先秦儒家思想的荀子,不可能不提及这一思想,但由于不符合其论性的主要方向,他也不会将此一思想提到相当的高度。

以往研究荀子人性论,对于其中情感部分的内容不甚重视,其实这是荀子考察礼乐起源的重要维度,也是荀子广义上的人性观的构成部分,因为,按照荀子在《正名》篇关于人性的定义,“不事而自然谓之性。性之好、恶、喜、怒、哀、乐谓之情”;又说“性者,天之就也;情者,性之质也”;则好、恶、喜、怒、哀、乐等情感也是无法排除在人性之外的,这些情感甚至是性的质的规定。但是,一个思想家已经考察过的内容,已经进入他思想视野的那些方面,未必最终会成为其立论的基础,这恰恰是感情在荀子人性论中所遭遇的情境。他从礼乐角度注意到了情感的重要,那是因为这已经是儒家的成说,自从孔子之后,谈论礼乐已经不可能完全回避其情感基础。这显示了荀子对于以往性情论的历史继承。但是,这显然并非荀子所独创的思想,更不是他认为是可以作为人性之主要内涵的东西,对于荀子的人性论的建构而言,情之主观情感的含义并没有发挥实质性作用，情之“诚”和“情实”的含义也没有被强调。真正在荀子人性论建构过程中发挥了重要作用的作为事物之性质的“情”，在此种意义上，他将人之“情”等同于人之“欲”，于是，欲望被界定为人性的本质规定，这是我们下面要论述的。

二、欲性：荀子对于原始儒家人性论的转进

荀子重情，以至于将情作为性的代名词，但是，如果我们将荀子的情等同于此前儒家的情，就要犯莫大的错误。实际上，在将情的重要性提到前所未有的程度的同时，情的内涵已经悄然转变，此一转变将儒家人性论引向了另一个完全不同的方向。

荀子在《正名》中提到了“好恶喜怒哀乐”，在《天论》中将其称为天情，但在集中阐述其性恶论的《性恶》篇中，我们却没有发现情感的影子。《性恶》篇开头说：

> 今人之性，生而有好利焉，顺是，故争夺生而辞让亡焉；生而有疾恶焉，顺是，故残贼生而忠信亡焉；生而有耳目之欲，有好声色焉，顺是，故淫乱生而礼义文理亡焉。然则从人之性，顺人之情，必出于争夺，合于犯分乱理而归于暴。故必将有师法之化，礼义之道，然后出于辞让，合于文理，而归于治。用此观之，然则人之性恶明矣，其善者伪也。

这是一篇开宗明义的话，人天生就是好利、疾恶、好色的，这些生而具有的自然欲望就是人性的内涵，如果顺着人性本身发展，人类必然会归于暴力和战乱，唯有依靠师法和礼义才会有道德礼让。这正是《性恶》通篇所论述的思想，这一类的说法在《性恶》中比比皆是。如果将上述观点与前述《礼论》和《乐论》中的相关观点做比较，我们便在《荀子》一书中发现了两种相反的道德学说，《礼论》

《乐论》的相关论述说礼乐之形成是顺着人情而发展的产物，是因“人之情而为之节文”；可是，在《性恶》篇中，荀子反复强调，礼义是与人的性情相悖的，“故顺情性则弟兄争矣，化礼义则让乎国人矣”（《性恶》），于是，人情与礼义的关系，就由顺而悖，由和谐转向对立，情也由礼乐的基础转而为征服之对象。

这一转变和矛盾之关键在于荀子对于“情”的定义发生了重大的转变，在《礼论》和《乐论》中，情是指人的感情，尤其是与吉凶相关的哀乐两种基本感情。可是，在荀子的关于人性论的其他论说，尤其是在系统阐述其人性观的《性恶》篇中，情已经不再是人的情感而是另外一种不同的情：“人之情，食欲有刍豢，衣欲有文绣，行欲有舆马，又欲夫余财蓄积之富也，然而穷年累世不知不足，是人之情也。”（《富国》）这里的情，其实是欲的代名词。《性恶》篇中七个“情”字，有六个是指人的欲望，其中的“性”字都是指自然欲望，而其中的九个“情性”，一个“性情”，也统统是指自然欲望。于是，情、性和欲三个概念，便在其内在含义上达成了一致：“性者，天之就也；情者，性之质也；欲者，情之应也。”（《正名》）在这一叙说中，性、情和欲三者的内涵显示出内在的相关性，而最终则落实到了欲。前面已经分析过，在荀子那里，情、情性（或者性情）与性是同义互换的，其原因就在于它们在内涵上都指向欲，都是欲的不同表达语汇而已。由于他将性的内涵看作是情，而情的内涵则是欲，于是，与此前的性情论相比，性的内涵也就不可避免地发生了根本性变化，它的内容也就顺理成章地从情感变成了欲望。性字此一语义学转向的结果是一种全然不同的儒家人性论即性恶论的诞生。

荀子以前的儒家具有鲜明的贵情倾向，因为原始儒家将诚作为天道和人道的根本法则，故君子以诚为贵。同时，儒家又将情作为道德形成的基础,故真情为儒家所珍视,《性自命出》所谓“凡人情为可悦也。苟以其情,虽过不恶。不以其情,虽难不贵”①。另外,郭店楚简《五行》篇,《中庸》以及《小戴礼记》中的《乐记》《礼运》《礼器》《坊记》《三年问》等众多篇章,无不显示了贵情的思想取向。但是,以欲释情意味着贵情思想的终结,因为欲望被看作是恶的,以欲为内涵的情自然不再具有正面的意义。所以,在荀子那里,单从语言学的角度看,情受到的重视是空前的,然而物极则反的规律在思想史的发展中同样起作用,如果说性善论是性情论的历史巅峰,性恶论则是传统意义上的、为七十子及其弟子们所开创的性情论的历史终结。性恶论形成之后,性与情的价值判断也从肯定转向了否定。

在性恶论中,情与礼义的关系由和谐转向对立,荀子对于礼义起源的解释也发生了相应的变化。在荀子之前,儒家都从人的内在感情中探寻礼乐的基础。可是,在欲望成了情的内容以后,礼的起源也有了新的解说。荀子在《性恶》篇中说:“古者圣王以人之性恶,以为偏险而不正,悖乱而不治,是以为之起礼义,制法度,以矫饰人之情性而正之,以扰化人之情性而导之也。始皆出于治,合于道者也。”这与《礼论》篇“先王恶其乱也,故制礼义以分之,以养人之欲,给人之求”一样,都强调礼义乃是圣王针对性恶而采取的外部强制性约束。与思孟学派相比,道德的基础、动力和目的都发生了根本性变化。

如果基于思孟学派性善论的立场,自然会否定性恶论,认为它

---

① 李零:《郭店楚简校读记》(增订本),中国人民大学出版社 2007 年版,第 138 页。

违背了儒家人性论的正统。但是,从先秦儒家人性论历史发展的角度看,尽管荀子的人性论可谓此前性情论的一大转进,这一转变绝不是毫无意义的。

七十子及其弟子从人情中寻找道德的基础,进而以情感作为性的主要内涵,情感问题几乎吸引了他们全部的注意力,以至于欲的问题基本被他们排除在人性论的视野之外。情感不同于欲望,情感表现为人的内在情绪,荀子以前儒家考察的情感既包括喜、怒、哀、乐等自然情感,也包括孝、悌、慈等家庭成员之间的亲情,还包括恻隐、羞恶和礼让等道德情感。一般来讲,情感是一种精神现象,它并不以外在性占有为目标,而是社会成员的共同感受,以相互通感的形式表现了个体成员之间的密切关系。但是,欲望就不同了,它有明确的外在追求目标,这些目标主要不是精神性的而是功利性的,它们也只能通过功利来满足,目标的实现过程是排他性的。人之不可缺少欲望,就如同人之不可缺少情感一样;无情之人不是人,没有欲望的人也不成其为人。因此,不论从人的精神机制还是从社会制度层面考察,欲望都是极其重要的。

但是,荀子之前的儒家对于欲望的问题论述较少。孔子说“夫仁者,己欲立而立人,己欲达而达人”(《论语·雍也》),他显然不主张去欲而主张推欲;其“从心所欲不逾矩”(《论语·为政》)和“君子有三戒”(《论语·季氏》)等说法则主张节欲。七十子及其弟子很少谈到欲望,《中庸》《大学》的成德之教主要以情感的调节为基础。孟子则说:“口之于味也,目之于色也,耳之于声也,鼻之于臭也,四肢之于安佚也,性也。有命焉,君子不谓性也。仁之于父子也,义之于君臣也,礼之于宾主也,知之于贤者也,圣人之于天道也,命也。有性焉,君子不谓命也。”(《孟子·尽心下》)可见,孟子是按照其人禽之辨的思想，通过所谓的大体、小体之分，将耳目口鼻之欲从人性中剔除而走向性善论的。

先秦儒家文献中提及欲望问题的还有《礼运》和《乐记》。《礼运》说，“何谓人情？喜、怒、哀、惧、爱、恶、欲，七者弗学而能。何谓人义？父慈、子孝、兄良、弟弟、夫义、妇听、长惠、幼顺、君仁、臣忠、十者谓之人义。……饮食男女，人之大欲存焉。死亡贫苦，人之大恶存焉。故欲恶者，心之大端也”。将饮食男女看作是“人之大欲”，将死亡贫苦看作是人之“大恶”，又将欲恶视为“心之大端”，说明《礼运》充分意识到了欲望在人心中的作用。但是，欲只是作为情的内容之一被置于七情之末，说明了它尚未从情中独立出来。《礼运》主张“人情以为田”“礼义以为器”，强调的仍然是情感在道德培育中的基础作用。

《乐记》指出：“人生而静，天之性也。感于物而动，性之欲也。物至知知，然后好恶形焉。好恶无节于内，知诱于外，不能反躬，天理灭矣。夫物之感人无穷，而人之好恶无节，则是物至而人化物也。人化物也者，灭天理而穷人欲者也。”《乐记》意识到了好恶无节所导致的物化危险，进而将天理与人欲的对立揭示了出来。但是，欲望在《乐记》中并未成为心性论的基础，也没有能够动摇对于内省反躬式的道德修养的信心。欲望的潜在威胁不过凸显了内在德性人格成长的紧迫性，而“不能反躬，天理灭矣”，正反映了性情论以内在德性自觉来化解欲望的负面作用的理路。在此一理路下，道德修养的关键不在于驱邪而在于扶正，扶正的要点在于培育扩充人内在的道德情感，以达到“正气存内，邪不可干”的目的。

荀子也不主张去欲而主张节欲，他说：“故虽为守门，欲不可去，性之具也。虽为天子，欲不可尽。欲虽不可尽，可以近尽也；欲虽不可去,求可节也。”(《正名》)就此而言,他对欲望的态度与思孟学派并无大的不同。但是,在如何判断欲望与人性的关系以及如何判断欲望的善恶上,二者出现了重大分歧。七十子的性情论和孟子的人性论,都将性的内涵落实在情(情感)上,这种对于性之具体内涵的先在性设定,使得他们很难得出性恶的结论。因为情感不同于欲望,它未必一定导致人与人间的冲突,反倒常常是人与人相亲相近和彼此感通的基础,家庭成员之间的血缘亲情尤其如此。既然这种内在的亲情被设定为人性的核心要素,成德的途径就在于这种“美情”(《性自命出》)的尽力扩充,而对容易导致纷争战乱的欲望则要尽力节制。但是,荀子在建构其人性论时,舍弃了情感而以欲望作为人性的本质,并从顺从欲望必然导致纷争祸乱的经验出发,得出了性恶论,这是先秦儒家最后一次重要的人性论转向。

三、知性:心在道德形成中的作用以及心性关系

既然人性为恶,道德是如何形成的?这就涉及荀学中知性的作用。荀子对于人的认识能力问题进行了细致研究,他将认识归结为感官和心灵综合作用的结果,他说:

> 心有征知。征知则缘耳而知声可也,缘目而知形可也,然而征知必将待天官之当簿其类然后可也。五官簿之而不知,心征之而无说,则人莫不然谓之不知,此所缘而以同异也。(《正名》)

“天官”各有所接,获得了对于认知对象的感性认知,然后经由“天君”——心的察辨综合,方能形成对于事物的知识,单纯的感官印象本身尚无法构成知识。荀子认为,尽管“心有征知”,但认识的路

途绝不是一帆风顺的。

荀子对于感官认识的可靠性抱有高度的警惕,他曾在《解蔽》篇中遍举感官被蒙蔽诱导而发生的认知错误,认为人时常处于“观物有疑,中心不定,则外物不清,吾虑不清”的状态。之所以如此,是因为“凡人之患,蔽于一曲而暗于大理”,而人心之蔽又是如此之多:“欲为蔽,恶为蔽,始为蔽,终为蔽,远为蔽,近为蔽,博为蔽,浅为蔽,古为蔽,今为蔽。凡万物异则莫不相为蔽,此心术之公患也”,几乎认识的每一个侧面都足以构成真理的屏障,这就是“心术之患”。怎么办?荀子提出的解决办法是“虚一而静”,使得心灵保持在虚明宁静,淡然若一的“大清明”状态,从而清除干扰认识的各种蔽障,而保持“大清明”的途径在于“故导之以理,养之以清,物莫之倾,则足以定是非,决嫌疑矣”(《解蔽》),只有顺从理义的引导,消除欲望的干扰,才是保持心灵清明的必由之路。这里的“定是非”表明,正确认知的最终目的并非仅仅是客观知识,它与价值密切相关,这就引出了荀子认识论的另一个重点:认识的重点在于“知道”。

荀子认为“以知人之性,求可以知物之理,而无所疑止之,则没世穷年不能遍也”(《解蔽》),认识的对象是无穷无尽的,认识的蔽障又是如此之多,怎么办呢?荀子提出了如下解决方案:

> 圣人知心术之患,见蔽塞之祸,故无欲无恶,无始无终,无近无远,无博无浅,无古无今,兼陈万物而中县衡焉。是故众异不得相蔽以乱其伦也。何谓衡?曰:道。故心不可以不知道。心不知道,则不可道而可非道。人孰欲得恣而守其所不可,以禁其所可?以其不可道之心取人,则必合于不道人,而不知合于道人。以其不可道之心,与不道人论道人,乱之本

也。夫何以知！曰:心知道,然后可道;可道,然后能守道以禁非道。以其可道之心取人,则合于道人,而不合于不道之人矣。以其可道之心,与道人论非道,治之要也。(《解蔽》)

显然,他的"衡"就是道,而他所谓的道,"非天之道,非地之道,人之所以道也,君子之所道也"(《儒效》),他所谓的人之道就是礼义。荀子认为,以心合道乃是消除众蔽的有效法门,也是尽伦尽制的关键所在,所以说"心不可以不知道"。如果人心没有对于道的认知和自觉,就会否定道而认可非道,人人否定道而认可非道,则必然天下无道,正是动乱之根源。在设定了认识的主要目标后,对于那些与人道无关的奇辞异说,他都毫不留情地予以排斥。

人心对于道的认知功能,对于荀子礼义之统的完成至关重要,它是化性起伪的前提:"心虑而能为之动谓之伪。虑积焉、能习焉而后成谓之伪。"(《正名》)因为情欲本身为恶,善的实现依靠伪,而伪的达成要依靠心的辨识功能,荀子称之为"虑",心虑后再落实到行动,积虑成习才是伪,才有了善。可见,在性和伪之间,存在着心的认知作用(虑)和道德修行的实践这两个环节。

心的辨识选择功能,荀子又称之为"辨",他说:

人之所以为人者,何已也?曰:以其有辨也。饥而欲食,寒而欲暖,劳而欲息,好利而恶害,是人之所生而有也,是无待而然者也,是禹、桀之所同也。然则人之所以为人者,非特以二足而无毛也,以其有辨也。……故人道莫不有辨。辨莫大于分,分莫大于礼,礼莫大于圣王。(《非相》)

荀子在这里将"辨"提高到了人禽之辨的高度,作为人和动物区分之所在,辨的目的在于区分把握礼义,只有辨别把握了礼义,才能够践行礼义。

但是，荀子的心不仅具有认识功能，它还有另一种重要功能即支配五官："耳目鼻口形能，各有接而不相能也，夫是之谓天官。心居中虚以治五官，夫是之谓天君。"（《天论》）五官各自有其特定认知功能但却互不统属，对于五官的调控指导要靠被称为天君的心的作用，"天君"这一称谓本身已经表明心对于五官的主宰性。最早提出心的主宰性的并不是荀子，郭店简《五行》篇即有"耳目口鼻手足六者，心之役也"的说法，表明心的主宰性在战国中期的儒家那里已经得到确认。但是，荀子对于心的主宰性的阐发更为系统，他对于心之主宰与道德关系的理解也十分不同于郭店简的《五行》篇和孟子。荀子论心的功能说：

> 心者，形之君也，而神明之主也，出令而无所受令。自禁也，自使也，自夺也，自取也，自行也，自止也。故口可劫而使墨云，形可劫而使诎申，心不可劫而使易意，是之则受，非之则辞。（《解蔽》）

心被称为"神明之主"，它是超越形体之上的，它只发布命令而不接受命令，是完全自由自主自为的，它只按照自己的是非标准行事。心能够"自行也，自止也"，说明它不仅具有认识的自由，而且具有充分的行动自由，这种自由主要体现在心对于欲望的制约作用上，荀子在《正名》篇指出："故欲过之而动不及，心止之也。心之所可中理，则欲虽多，奚伤于治！欲不及而动过之，心使之也。心之所可失理，则欲虽寡，奚止于乱！故治乱在于心之所可，亡于情之所欲。"可见对于礼义的实现而言，欲望本身并非难以逾越的障碍，问题在于天君（心）如何辨别抉择，只有这一选择"中理"而不"失理"，就会有善的产生，对于那些过度的欲望，心可以通过"出令"而制止它们，免于由此而引起的祸乱。"治乱在于心之所可，亡于情之所欲”,这说明心知才是天下治乱的关键所在。

上述心的“知”“虑”“辨”“止”等功能,分别从不同角度阐发了心在道德形成过程中的作用。人的知性功能不但足以知道,还能通过思虑进行辨别和选择。在此基础上,进一步发挥心对于感官欲望的驾驭控制功能,克制不合理的欲望,师法圣人的榜样,遵从礼义的要求,就能达成矫饰人的情性从而化性起伪的目标。这也就回答了既然性是恶的,道德是如何产生的这一重要问题。

既然知性在道德形成过程中具有如此重要的作用,应当如何定位它的属性呢?它是人生而具有的吗?它与人性的关系是什么?

荀子对于性的概念有诸多说明,《性恶》篇说,“凡性者,天之就也,不可学,不可事”;《正名》篇说,“性者,天之就也;情者,性之质也”;又说,“性之和所生,精合感应,不事而自然谓之性”。“天之就也”显然是荀子对于性的最主要的界定。所以,他每每将性与伪对举,以突显性之“不事而自然”的规定性。

那么,认知能力是否属于人的天性呢?《解蔽》篇说,“凡以知,人之性也;可以知,物之理也”,“心生而有知,知而有异”,“人生而有知,知而有志”。《荣辱》篇说,“材性知能,君子小人一也”,又说,“越人安越,楚人安楚,君子安雅,是非知能材性也,是注错习俗之节异也”。上述说法表明,荀子不但将认知能力看作是所有人都具有的禀赋,而且明确将认知能力归入了性的范围。

然而,完全符合荀子性的定义的知性,在荀子的性恶论中却不见了踪迹,原因何在?这涉及心与性的关系这一儒学思想史上的重要问题。

关于心与性之关系,儒家历来有几种不同的说法,孟子以心论性,认为心即性;朱熹认为性在心,所谓“心统性情”;戴震认为心在性,心是性的构成部分,以“血气心知”为性之实体。可是,荀子对于心与性之关系的看法不同于以上几家。他既没有将心等同于性,也没有将性看作是心的组成部分,或者反过来像戴震那样将心看作是性的构成部分。荀子将性界定为人的欲望,而按照《解蔽》篇“心者,形之君也,而神明之主也”的说法,心应该是位于性之上并且有指导和控制性的作用。那么,荀子的心到底具有怎样的价值属性呢?

有学者认为,“荀子在认知心以外,显然还肯定有一个德性心”①,其理由主要有三条,即荀子“肯定人有知善知恶的道德良知,好善恶恶的道德情感,和为善去恶的道德意愿”②。为了下面讨论之方便,先将其论证内容引述如下:

第一,人有知善知恶的道德良知。依据《性恶篇》说的,“涂之人也,皆有可以知仁义法正之质,皆有可以能仁义法正之具”,认为荀子所说的“心生而有知”既是知青红皂白的知,又是知仁义礼智的知。

第二,人有好善恶恶的道德感情,因为荀子不但在《强国篇》说人有恶“污漫争夺贪利”,好“礼义辞让忠信”的倾向,而且在《性恶篇》也说,“人之欲为善者,为性恶也”。因为人之欲为善,和人之为礼义辞让忠信,都是个全称命题,是断说人的一种普遍性。这一普遍性,只能是不可学不可事而在天者之性,而不可能是可学而可能

---

① 唐端正:《荀子价值根源问题的探讨》,载台湾《哲学年刊》1985 年第3 期。

② 唐端正:《荀子价值根源问题的探讨》,载台湾《哲学年刊》1985 年第3 期。

可事而成之在人者之伪。

第三，人有为善去恶的道德意志。人不只有一知识的心，亦有一意志行为的心，意志行为当然包括道德意志与道德行为而言。人在知是知非，知善知恶以后，还有一是是非非，为善去恶的道德意志。①

笔者以为上述观点虽然不乏新颖之处，却并不符合荀子本人的思想实际，分析如下：

首先，关于荀子的心是否具有知善知恶的道德良知。荀子肯定“涂之人也，皆有可以知仁义法正之质，皆有可以能仁义法正之具”（《性恶》），且将“可以知仁义法正之质”“可以能仁义法正之具”的能力看作是“人生而有知”的天然材质，他还说过，“心知道，然后可道；可道，然后能守道以禁非道”（《解蔽》）。应该承认，上述认知活动的对象都不是客观事实而是道德价值，但是，对于道德的认知又分为两种，即孟子说的作为道德情感的自我体认的良知和对于客观存在的道德法则的知识。那么，荀子说的究竟是哪一种呢？由于荀子在道德基础中排除了道德感情的作用，道德并非起源于内在心性而是起源于师法圣王，即使圣人的礼义也不是源于其内在的心性，“礼义法度者，是生于圣人之伪，非故生于人之性也”（《性恶》），圣人的礼义法度同样是后天注错习俗的产物，因为圣人之性同样为恶（参《性恶》篇）。因此，荀子“知仁义法正之质”的知，并非道德良知，而是对于道德的知识。

荀子的认识论十分清楚地区分了所知和能知，他说：

① 唐端正：《荀子价值根源问题的探讨》，载台湾《哲学年刊》1985年第3期。

凡以知,人之性也;可以知,物之理也。(《解蔽》)

所以知之在人者谓之知。知有所合谓之智。智所以能之在人者谓之能。能有所合谓之能。(《正名》)

能知是人之性,可知是物之理,这是荀子关于能知和所知的最基本说明,由此可见所知的对象是在于物的,并没有将内心的道德感知纳入所知的范畴。第二段话指出,认知能力是人本身具有的,他称之为"知","知有所合谓之智",只有当认知能力与特定认知对象相合后才能称之为"智",知是材性能力,而智才是道德范畴,二者具有质的不同。荀子这些细致的名相辨析绝非无关紧要的,似乎是有意和孟子划开一道界限,对于知和智的分辨清楚表明他的知性并非道德良知。

其次,关于"人之欲为善者,为性恶也"能否证明人有好善恶恶的道德感情。荀子在论证人性恶时曾说道:"凡人之欲为善者,为性恶也。"荀子指出了"凡人之欲为善者"这一事实,这本身也确为一个全称判断,但我们须得首先明白善的含义。在荀子那里,善的本质性规定不同于孟子,他说,"凡古今天下之所谓善者,正理平治也;所谓恶者,偏险悖乱也。是善恶之分也矣"(《性恶》),所谓"正理平治也"是理想的社会治理状态,而非孟子说的道德本心,亦非人的主观道德情感。那么,人何以在实践中追求这种善呢?从荀子接下来的解释看,这显然是由于知性的作用。"今人之性,固无礼义,故强学而求有之也;性不知礼义,故思虑而求知之也"(《性恶》),因为性中没有礼义,所以才有了学习和求有之的行动,而学习礼义的核心内涵是"思虑而求知之",接着又说,"然则生而已,则人无礼义,不知礼义。人无礼义则乱,不知礼义则悖",明显将人无礼义和不知礼义并列推出,同样看待。所以,在孟子那里,人为善的动因在于心中内在的道德情感，荀子将“欲为善”的主要动因归为对于正理平治的良好社会秩序的认识。显然，前者以尊德性为本，后者则是以道问学为主，二者的差异不容混淆。

再次，关于在荀子那里人有没有为善去恶的道德意志问题。如前所述，荀子的确赋予了人心以驾驭感性欲望的意志力，但这种意志力本身是否具有道德属性，依然是一个需要辨析的问题。荀子将心看作是“形之君”（《解蔽》），确认了心作为感官控制主体的地位。心的意志力将人的各种欲望整合起来，使得它可以服从道的引导，借助于这一能力做前提，圣王礼义才能发挥其影响力。但是，被统合起来的欲望要转向何方，意志本身是否具有决定的力量？孟子的回答是毋庸置疑的：“舜明于庶物，察于人伦，由仁义行，非行仁义也。”（《孟子·离娄》）所以，人只要能够遵循内在道德意志的指引，其为善的过程就“若决江河，沛然莫之能御也”（《孟子·尽心》）。但是，荀子从未完全赋予心以决断方向的力量，因为价值的源泉和尺度都不是来自心内而是存在于心外，方向是外生的而非内生的，就此而言，荀子的意志之心更像是方向盘而非驾驶员，它具有操控车辆方向的能力，但到底是向左还是向右，却需要来自驾驶员的命令。对于荀子而言，驾驶员就是圣王。因此，可以说荀子的心是有意志力的，但它并没有决定意志方向的力量，因而并不属于道德意志。

总之，荀子的知性既非道德良知，又非道德意志，其中并没有价值的源头，价值在于外在的圣王。因此，知性本身无法保证它一定沿着正确的方向前行，它必须“道之以理”且“养之以清”方能知道；同样，意志也无法保证方向的正确，它必须“有所合”也就是与圣王发明的礼义相合。因此，人的知能本身是中性的，它们是先天的材性而不具备价值属性，它们必须接受外在价值规范的指引，价值是外在的而非内生的，这也是荀子一再强调的性伪之分的意义之所在。

尽管知能材性本身不是价值，但是，它对于价值的形成发挥了关键作用。按照荀子本人有关性的定义，知能是人的本始材朴，应该属于性。但是，荀子没有将它们列入性的外延之中，而是将它们放在了性和伪之间，这就是荀学给心的定位。知与虑是天生的材性，却不属于欲望，因而不属于性；它们是伪的主要依据，是伪之源但又不是伪。所以，荀子的心是从性到伪的一座桥梁，是性伪之间的转化器。所以，他既没有将心说成是性，又没有将性置于心内，甚至将心知说成是性。这种处理显然与荀子对于性的价值判断有关，因为性本身是恶的，而人的知性材能本身作为人的本始材朴，不可能是恶的。

正因为如此，他将价值形成的最终指望放到了“术”上：“故相形不如论心，论心不如择术。形不胜心，心不胜术。术正而心顺之，则形相虽恶而心术善，无害为君子也；形相虽善而心术恶，无害为小人也。”(《非相》)术的含义是径、路，它应该通向师法圣人。心不胜术表明了术对于心的优先性，成为君子还是小人关键不在于心而在于术，只有选择了正确的术，心顺从术的要求，方能成为君子，达到始乎士而终乎圣人的修养目标。蒙文通说，“卿所言之心非本心，而实并放心言之。则其所谓心，惟觉知之明，无德性之实”①，这一结论是符合荀学实际的。

---

① 刘梦溪主编：《中国现代学术经典·廖平　蒙文通卷》，河北教育出版社1996年版，第521页。

综上所述,我们有必要将荀子所论述的人性内涵与他对于人性的价值判断区别开来。在定义人性概念时,荀子重视性伪之分,性乃是“天之就也”,凡“不可事”“不可学”“不事而自然”(《正名》)者即为性。按照此一标准,荀子所谓性的内涵应当包括情感、欲望和认知三个方面,与此相对应,荀子所涉猎的广义人性包括了情性、欲性和知性三方面。由此可见荀子思想的综合性,情、知、欲三方面已经统括了先秦儒家论性的全部历史内涵,即使宋明理学论性的内容也没有超出以上三方面,而只是在三个方面之间进行辨析组合,其中朱熹的“心统性情”和刘蕺山的性情之辨都是如此。荀子对于人性论的独特贡献在于他借鉴先秦名学与道家的认识论对于人的知性进行了空前深入的探究,并对欲性的内涵及其作用进行了深入分析,将对于知性和欲性的认识推进到了一个新阶段。如果荀子果真是从情、欲、知三方面以论性,就不会得出性恶论,比如戴震以“血气心知”说性,而他的血气心知正包括了欲、知、情三个方面,但他的人性论却是性善论。① 但是,在最终确立其人性论时,荀子实际上只选取了欲望作为立论基础,情性和知性则没有被作为立论的基础,这显然与他对于人性的价值判断有关,也与其社会政治思想密不可分。因此,荀子的性恶论是对于广义上的人性内涵进行选择的结果,表现了他对于人性的价值判断,却不足以概括其人性定义下所涵盖的全部人性内容。仔细阅读《荀子》一书,我们就会发现其论性的内涵与论性的价值判断之间的不对应,如

① 戴震说:“人生而后有欲,有情,有知,三者血气心知之自然也。给于欲者,生色臭味也,而因有爱畏;发乎情者,喜怒哀乐也,因而有惨舒;辨于知者,美丑是非也,因而有好恶。”(《孟子字义疏证》)参张岱年《中国哲学大纲》,中国社会科学出版社 1982 年版,第 229 页。

果坚持其关于性的定义与内涵，我们就不可能得出性恶的结论；如果坚持其性恶的结论，就无法容纳他客观上论述的人性内涵。学者们以往曾多次言及而不得其解的荀子人性论中的矛盾或者“不周衍”之处①，正是由于其人性内涵与其对于人性的价值判断之间的分歧所导致，只有将人性定义、内涵与人性价值判断之间的差异揭示出来，我们才能对荀子的人性论有一个客观全面和深入的把握。

（本文作者系中国社会科学院世界宗教研究所研究员）

① 参徐复观《中国人性论史（先秦篇）》，上海三联书店 2001 年版，第 225 页。

政治与学术之间
——解析20世纪60年代冯友兰、关锋关于孔子思想的论争

徐庆文

理论研究从公认的事实出发，容易得出结论上的共识。20世纪60年代是一个特殊的年代，其学术研究有特殊的政治背景、研究方法及话语方式，也由此形成了这个时代学术研究的特点。

中华人民共和国成立后，国内的研究基本上是用意识形态的影响强制性地排除非马克思主义的学术研究。20世纪50年代国内就对知识分子进行历史唯物主义启蒙教育，普及唯物主义世界观，并对知识分子进行思想改造，排斥非马克思主义思想。正是在这样一个大背景下，20世纪60年代的孔子思想研究开始了。

一、冯友兰、关锋关于孔子思想论争的过程及主要观点

中华人民共和国成立后，孔子思想与主流意识形态的马克思

主义是相悖的，尤其是中国马克思主义学派的学者，他们一直是将儒家思想当作封建社会的统治思想进行批判的。然而，作为中华民族的传人，所有中国人又不能绕开儒家思想，而将西方文化移植过来作为文化基因。所以，1940 年，国内提出了对待传统文化要“批判地继承”，“剔除其封建性的糟粕，吸取其民主性的精华”的方针。这是国内从 20 世纪 40 年代到 80 年代对待儒学的态度。

按照这一方针，用马克思主义的方法将孔子思想截然二分，判断哪些是封建性的糟粕，哪些是民主性的精华，就成为这一时期孔子思想研究的应然之理。怎样判断？“哲学史上的唯物论与唯心论之间的斗争始终反映着反动阶级与革命阶级在利益上的斗争，全部哲学史，都是唯心论和唯物论这两个互相对抗的哲学派别的斗争和发展的历史”；“我们在考察一切哲学学说时就必须首先分清它是属于革命阶级的唯物论的宇宙观还是属于反动阶级的唯心论的宇宙观”。[①] 这是马克思主义哲学的党性原则，也是当时研究任何哲学史的基本方法。由此原则和方法出发，必然要对哲学史上的人物进行唯物、唯心的判断，进而对其进行进步还是反动的评判。这就是阶级分析法的理论基础。在这样一个基础上，冯友兰、关锋等人展开了关于孔子思想的论争。

1957 年 1 月 8 日，冯友兰在《光明日报》发表《中国哲学遗产底继承问题》一文，提出自己的继承哲学的观点（被后来学者概括为

---

① 北京大学哲学系“哲四”小组：《评冯友兰先生的〈论孔子〉》，见《光明日报》1960 年 8 月 26 日。

“抽象继承法”），引起了学者们的高度关注。1957年1月下旬，北京大学哲学系主办中国哲学史问题座谈会，讨论如何评价唯心主义、中国哲学遗产的继承等问题。学者艾思奇在座谈会的总结发言中认定冯友兰的观点违背毛泽东《新民主主义论》中有关文化遗产继承的原则。著名学者胡绳也发表意见反对冯友兰的中国哲学遗产继承的观点。

1960年7月22日，《光明日报》发表了冯友兰《论孔子》一文。冯友兰认为，“在孔子的当时，几种具有历史意义的变革，标志着中国社会在这个时代的伟大转变”。一种变革是郑国的铸刑书，另一种变革是奴隶主贵族等级制度逐渐崩坏。“对于这两种政治和社会变革，孔子的态度是保守的。”当时社会变革中还有两种，一种“就是有些国家已先后有了后来大一统的郡县制的开始”，一种是“奴隶主贵族用各种办法招徕劳动力，为他们垦荒，扩充土地”，“对于这两种政治社会变革，孔子的态度是进步的”。“孔子的态度的这两方面，在他并没有矛盾。这是他的阶级立场所决定的。孔子和他所创始的儒家，是代表从奴隶主贵族转化过来的地主阶级的利益。”

冯友兰认为，孔子看见当时“礼”在很多方面已经不被遵守了。孔子不认为新势力对旧势力的破坏是进步的现象，而认为这是“天下大乱”。为了阻止这个“乱”，他就企图用奴隶主制度中的“名”加上一些新的补充的意义，“校正”当时他所认为是不对的实际情况，这就是他所谓“正名”的实际意义。

冯友兰指出，孔子“还是时常谈到‘天’，他所谓‘天’不一定有活灵活现的人格、对于自然界任何事情都‘发号施令’……但是他认为‘天’有分别是非善恶的意志”。天的意志，就是所谓

“天命”。天命简称就是命，宗教宣传一个人的生死、祸福、富贵、贫贱都是命定的，富贵不可求，也不必求。孔子认为一个人的贫富、贵贱是“天命”所决定的。“孔子对于传统宗教的态度的进步一面比较清楚地表现在他对于鬼神的态度。他对于鬼神是否存在，持怀疑态度。”

冯友兰强调，“孔子的思想的进步一方面，更表现在他对于‘仁’的理论”。在孔子思想中，“仁”是一个最高的道德原则，它的主要内容是“爱人”。孔子所讲的“爱人”有两个来源，两个意义。就两个来源说，一个来源是政治方面，即当时“徕远人”的政治在思想上的反映。另一个来源，是奴隶主贵族注重氏族关系的所谓宗法。宗法是一种以血缘关系为基础的社会组织制度，宗法注重“孝”的道德。这种道德要求一个人全心全意为他的宗族服务。这就是所谓“亲亲”。孔子拥护“亲亲”，也提倡孝的道德。就“爱人”的“人”的两个意义说，一个意义，就是为宗族以外的人；另一个意义是与“己”相对的“别人”，“仁”要求人以人的资格，承认在“己”之外，还有与自己相对的别人，“它要求人互相承认对方有独立的意志，有与自己相同的人格”。孔子认为“仁”的基础是人的欲望和情感，他非常重视有情感欲望的具体的人，并企图以具体的人的欲望情感为基础，建立起“仁”的德。

冯友兰认为，照孔子看来，“仁”和“礼”是统一的。孔子所说的欲望情感，其实就是在传统的“礼”的影响下培养出来的，它就是统治阶级的欲望情感，所以它只能给“礼”做基础，不能跟“礼”矛盾。在孔子思想体系里，“仁”“礼”和“天”的关系也是统一的。

针对冯友兰关于孔子思想的观点，关锋、林聿时在1961年第4

期《哲学研究》上也发表了《论孔子》一文①。关锋认为,“仁”是孔子政治学说的核心,要了解“仁”的学说,必须和他对“礼”的观点联系起来考察。在孔子那里,“仁”是“礼”的内容,“礼”是“仁”的形式,而恢复“礼”又是目的,“仁”又是恢复“礼”的一种手段。孔子的“礼”即周礼。“孔子对周礼是什么态度呢?简单地说就是他主张恢复周礼,要用他的‘仁’把周礼复活起来;当然这是保守的。”但是,孔子的“仁”的学说也有进步意义,主要有孔子把君臣、父子、上下、富贫、统治者和被统治者的守礼,看作双方面的关系,主张对民有所让步;孔子从以血缘为纽带的氏族制度中初步发现了个人;孔子要把周礼下到庶人(包括平民);主张“尚贤”。“从基本方面说来,孔子的‘仁’和‘礼’的学说,就是改良主义。就是基本上站在奴隶主立场调和阶级矛盾。”

关锋指出,孔子没有讨论过所谓“形而上”的宇宙本体论问题,《论语》中的“道”字根本不是哲学范畴,所以我们也就无从研讨孔子的自然观。“讨论孔子是肯定还是否定有意志的天,他的自然观是唯心主义的还是唯物主义的。我们认为这是很难得出一致的可靠的结论的。”孔子极力回避有无上帝,有神还是无神这一当时思想界讨论的重要问题。孔子既然没有讨论自然观问题,所以我们也就无从讨论孔子的自然观。但是,“有一点却是极明确、不容歧解,而且在孔子思想体系中占有很重要的地位的,这就是:‘天命’”。孔子所说的“命”,是一种机械的必然性,是从社会外部加进

① 关锋在20世纪60年代所发表的有关孔子思想的文章大部分是与林聿时合作的,正确的说法应该是冯友兰与关锋、林聿时的论争。本文只采用文章的第一作者关锋,用关锋指代关锋、林聿时。

来的异己力量，这种力量主宰着、规定着事物的变化。“他承认有一种‘命’、‘天命’从社会外部决定着社会命运，却是没有疑问的。也就是说，他是唯心主义的机械命定论者。”

关锋得出研究孔子思想的结论：“孔子的政治学说，基本方面是调和阶级矛盾，是改良主义，企图经过改良以维护和恢复西周制度。孔子哲学的方法论是折衷主义，其世界观基本上是主观唯心主义和‘客观’唯心主义的折衷杂拌。他在政治行动方面，尤其在中年以后，更是保守的、反动的，站在没落奴隶主贵族立场。”

1961年9月27日，北京哲学会举行学术报告会，冯友兰做关于孔子思想的报告，针对关锋、林聿时《论孔子》一文的观点逐一提出反驳。

报告中，冯友兰重点反驳关锋、林聿时《论孔子》一文关于孔子“仁”的理解，论述了孔子“仁”的思想。① 报告第一部分是“作为一种道德的‘仁’”。冯友兰指出，孔子的“仁”的主要内容就是“克己复礼”。就“克己”一方面看，孔子讲“忠恕之道”，表明了他对个人的发现和对个人之间有一定平等关系的认识。这在春秋战国时期是思想上的一个重大进步，是新的阶级意识的表现，这一思想不可能为奴隶主贵族所具有。另一方面，孔子讲“复礼”，就是要把“周礼”规定的君、臣、父、子这些社会关系重新加以肯定，这就形成“仁”的思想的局限性。它表明由奴隶主贵族转化来的地主阶级跟奴隶社会还保持着密切的联系，他们还需要

① 参见冯友兰《论孔子关于“仁”的思想》，载《哲学研究》1961年第5期。

很多旧的框子来束缚被统治的人民,等级制度便是其中不可缺少的东西。

冯友兰认为,孔子讲“仁”就是“爱人”。这里的“人”是泛指的,不能解释为专指奴隶主贵族。孔子不是把劳动者当作“会说话的工具”看待,他在理论上承认应该“博施于民而能济众”,这在奴隶制向封建制转化时期也是可贵的。孔子讲“爱人”,从字面上看是要爱一切的人,是超阶级的;实质上却有着明显的阶级内容,他所爱的只是剥削阶级。可是,也必须承认,孔子有关的一些话是以普遍的形式提出来的。统治阶级思想的这种普遍形式对劳动人民来说是一种欺骗,但是,当一个阶级还处在上升阶段的时候,它的代言人的思想所具有的那种普遍形式,也还不完全是欺骗。孔子所代表的阶级当时正处上升阶段,他的思想就具有一定进步的历史意义。冯友兰认为,孔子的“仁”不只是一种道德,而且也是一种世界观。孔子在中国哲学史上第一个提出人必须有一种自觉的世界观,“仁”就是他认为完全正确的世界观,包括对社会和自然的理解,即所谓“闻道”,“知天命”。这种世界观不能超出剥削阶级的局限,维护剥削制度的“礼”构成了它的一个主要成分。孔子第一个自觉地提出了世界观问题,他的“仁”具有人类“自我意识”的意义,这在人类意识发展史上是有很重要意义的。同时,它也集中反映了当时重视“人”的历史趋势,是进步阶级的意识表现。

冯友兰指出,孔子的思想体系不是折中主义的杂拌,关锋、林聿时提出的孔子思想体系中的八对矛盾,有的是当时社会新旧斗争的客观矛盾的反映,有的只是表面的矛盾。孔子的思想不是庸俗的调和或拼凑,而是一个完整的思想体系。孔子的思想在中国两千年的封建社会中居于统治地位，产生很大影响，这也不是一个折中主义的杂拌思想所能做到的。

1961 年 10 月 13 日，北京哲学会又邀请关锋做关于孔子思想的演讲。① 关锋重申了自己对于孔子思想的看法。他说，他的演讲是对他和林聿时《论孔子》一文的补充。《论孔子》一文的第四部分专门论述了孔子的阶级立场，虽然还反映着非贵族出身的知识分子的一些要求。在讲演中，关锋强调指出，要评定孔子的阶级立场，必须抓住基本历史线索，即阶级斗争的线索。这个线索，在当时的鲁国就是鲁公室（代表没落的奴隶主阶级）、季氏（代表地主阶级）和阳虎等人（代表社会下层）的三角斗争。孔子基本上是站在鲁公室方面反对季氏的。他说，如果这个基本的历史线索不对，就应该找出另外一个基本的历史线索来；离开基本的历史线索争论孔子的阶级立场，是争论不出所以然的。

关锋不赞成孔子对“周礼”做了基本修正的说法。他认为，孔子依据“周礼”反对晋国铸刑鼎，反对季氏“以田赋”，反对对“周礼”的僭越等，可以证明孔子所主张的礼，基本上还是周礼。他对周礼的修正，并不是原则上的基本的修正。说孔子把礼下到奴隶也找不到根据；即使孔子真的主张把礼下到奴隶，也不能证明这礼不是周礼。问题是礼的内容是什么。如果内容还是周礼，下到奴隶也还是周礼。羞愧之心是有阶级性的，在奴隶解放时期，奴隶认为逃亡、起义是正义的，至少用不着“羞愧”，而奴隶主却认为是可耻的。说孔子用礼来培养奴隶的羞愧之心，并不能证明孔子的礼

① 参见《首都哲学界展开孔子哲学思想的探讨》，见《光明日报》1961 年 10 月 30 日。

不是周礼。在奴隶的反抗斗争下,孔子倒是主张对奴隶有所让步,如他说“使民如承大祭”,等等。

关锋在演讲中,特别强调对孔子的“仁”要做历史的具体的分析。他说,孔子的“仁”的历史背景有两个方面,一个方面是顺乎当时氏族制度瓦解的趋势,他提出了“仁”,不分族类,来和过时的“以族类辨物”的观点对立,这是他的进步方面;另一个方面是逆乎地主阶级从奴隶主手里夺取政权的斗争,站在奴隶主立场调和阶级矛盾,这是他的保守的方面。由于氏族制度急剧地趋于瓦解,当时各阶级纷纷讲仁,但各阶级所讲的“仁”却有本质的不同。他概括了《左传》《国语》和其他文献上的材料,指出在当时奴隶主贵族中流行的“仁”的观念,是“礼让”“仁不怨君”“仁人不党”“爱亲之谓仁”,孔子的“仁”就是这种流行观念的集中化、概括化和哲学化。在当时的地主阶级中流行的“仁”的观念则是“度功而行,仁也”,“杀无道以立有道,仁也”等;当时也有反映劳动人民的“仁”的观念,这就是阳虎所说的“为仁不富矣,为富不仁矣”。孔子的“仁”是和后面这两种关于“仁”的观念相对立的。

关锋认为,孔子的“爱人”也是有具体的阶级内容的。他反对对于孔子的“仁”做抽象的逻辑分析。离开历史和当时的阶级斗争,做抽象的逻辑分析,说孔子的“己所不欲,勿施于人”,“己欲立而立人,己欲达而达人”中的“人”,就是和自己相对待的一切人,似乎可以说得通。但那样一来,人就成为超阶级超历史的人了,这是不真实的。他还指出,孔子说的“己欲立而立人”就是要“立于礼”,这里的阶级性就是周礼。地主阶级要“立”也是有阶级性的。

关锋在演讲中不同意认为孔子思想是从有神论到无神论过渡的说法。他认为,这种说法是低估了春秋时期无神论思想发展的水平,在当时已经有了相当彻底的无神论。他还认为孔子的"天命"思想比西周奴隶主思想代表周公落后,周公对殷人讲天命,对周人却是说"天畏棐忱""天不可信",表现了他对"天命"的明显否定倾向。

关锋在演讲中还讲到,在研究孔子的哲学思想时必须注意方法论的问题。他认为,存在决定意识,意识是存在的反映,这是历史唯物主义的根本原则,也是哲学史的根本方法论。它要求我们对历史上的哲学体系做具体的历史的分析,而不是抽象的逻辑的分析,即要根据一定社会制度和一定时期阶级斗争特点来分析一个哲学命题的固有意义,如果离开历史做抽象逻辑分析,就可能把一个哲学命题可能有的意义当成它实有的意义,这就不对了。所以在方法论上要强调具体的历史的分析。

1961 年第 11 期《新建设》发表了关锋、林聿时的文章《再论孔子——兼论哲学史方法论的一个问题》。文章指出,"社会存在决定社会意识,社会意识是社会存在的反映,这是历史唯物主义的根本原则,也是哲学史研究工作的根本的方法论"。文章大量套用马克思、列宁、毛泽东等人有关阶级的观点,将学术的争论引向政治的分歧。关锋、林聿时又在 1962 年 1 月 22 日的《光明日报》上发表《三论孔子》,针对其他一些与他们在孔子研究中持不同意见的观点进行反驳。

其后,冯友兰又发表了《再论孔子》[《北京大学学报(哲学社会科学版)》1962 年第 4 期]、《我对孔子的基本看法》(《学术月刊》1962 年第 7 期)、《关于孔子讨论中的一些方法论上的问题》(《文汇报》1962年11月13日)、《孔子哲学思想的几个问题》(《湖北日报》1962年12月14日)、《再论孔子关于“仁”的思想》(《新建设》1962年第5期)等文章,进一步阐明自己的观点。

冯友兰、关锋关于孔子思想的论争引起了学术界的强烈回应,文史哲各学科的学者纷纷加入论争之中。童书业、车载、周予同、高亨、于省吾、赵纪彬、杨荣国、安作璋、蔡尚思、唐兰、刘节、钟肇鹏、杨向奎、汤一介等纷纷撰写文章,加入这场论争。《哲学研究》《新建设》《文史哲》《学术月刊》等刊物也开辟了孔子思想研究专栏,发表不同观点的孔子思想研究文章。孔子思想研究呈现了百家争鸣的局面。

二、冯友兰、关锋关于孔子思想论争的焦点

冯友兰、关锋关于孔子思想的论争涉及孔子及其思想的许多问题和层面,在论争的内容上,二者的争论集中在研究孔子的方法论之争、孔子的阶级立场之争、孔子的“天命”之争、孔子关于“仁”的意义之争、孔子的“礼”的归属之争。

研究孔子思想究竟应该用什么样的方法的方法论之争,是冯友兰与关锋研究孔子思想争论的起点。1957年,冯友兰在《光明日报》上发表了《中国哲学遗产底继承问题》,提出了继承中国哲学的方法。1958年6月15日关锋又在《光明日报》发表《中国哲学史研究的方向问题》,指出,“冯先生提倡从中国哲学史上捡出现成的拿来使用的好东西的方向,这实际上是反马克思主义的,哲学史上没有也不可能有马克思主义哲学中所没有的、可以现成拿过来使用的好东西”。1961年《哲学研究》第4期发表关锋、林聿时的《论孔子》一文,阐述关锋对于孔子的观点,关锋、林聿时

《论孔子》一文将孔子思想分为政治学说、哲学思想、教育思想等，寻找大量史料证据，证明孔子的政治学说有进步的方面，也有保守的方面，并且保守的方面是主要的；他的哲学贯彻着折中主义，其中虽有唯物主义的因素或倾向，但从基本方面看，他的世界观是主观唯心主义和“客观”唯心主义的折中杂拌。冯友兰提出抽象继承法之后，虽然受到许多学者的批判，但他仍然对自己的观点有所保留。他在1960年7月22日和29日的《光明日报》上发表《论孔子》一文，认为孔子思想的抽象意义在于，孔子把“仁”作为一个主要的道德原则，这是以前所没有的，孔子和儒家学说“提供了从精神上尤其是从伦理道德上，巩固封建等级制度的武器……也含有民主的人道主义因素”。1961年第5期《哲学研究》上发表冯友兰反驳关锋观点的《论孔子关于“仁”的思想》，将孔子的“仁”区分为道德层面和世界观层面，认为孔子自觉地提出世界观问题，这是人类自觉的一种表现，孔子的“仁”是“人在世界观所可能达到的最高成绩”。1961年11月关锋、林聿时在《新建设》上发表《再论孔子——兼论哲学史方法论的一个问题》一文，指出“社会存在决定社会意识，社会意识是社会存在的反映，这是历史唯物主义的根本原则，也是哲学史研究工作的根本的方法论。这一根本的方法论，要求对历史上的哲学体系和每一哲学命题作历史的具体的分析，而不能脱离历史作孤立的抽象的逻辑分析……即根据一定时代的社会制度、阶级斗争分析哲学命题的固有的意义”，并认为，“历史的具体分析，还是脱离历史的抽象的逻辑分析，是争论的关键之关键，或者说是关于孔子仁学的争论的方法论的关键”。1962年11月，关锋、林聿时向孔子学术讨论会提交《关于孔子思想讨论中的阶级分析的几个问题》，不仅批判冯友兰，而且还认为高赞非、刘节的文章倾向于冯友兰的抽象继承法，一并加以批判。冯友兰在1963年第6期《哲学研究》上发表《关于孔子讨论的批评和自我批评》，对自己的观点做出让步。

孔子的阶级立场既是二者研究孔子的重点，又是二者分歧的最后归宿。冯友兰认为，孔子是春秋战国时期从奴隶主贵族转化来的地主阶级思想上的代表，因此是进步的，但是由于跟旧的奴隶制关系很深，所以在政治上采取改良主义路线。关锋一再重复他与林聿时在《论孔子》一文中的观点，认为孔子在中年以后，虽然还反映着非贵族出身的知识分子的要求，但在政治上主要是站在保守的奴隶主立场。他强调评定孔子的阶级立场必须抓住基本历史线索，即阶级斗争的线索，他指出这个线索在当时的鲁国就是鲁公室（代表没落的奴隶主阶级）、季氏（代表地主阶级）和阳虎等人（代表社会下层）的三角斗争，孔子基本上是站在鲁公室方面反对季氏的。关锋认为如果这个基本的历史线索不对，就应该找出另外一个基本的历史线索来，离开基本的历史线索争论孔子的阶级立场，是争论不出所以然的。

二人对于孔子“天命”思想的争论，主要在于孔子的思想是否是无神论。冯友兰认为孔子不承认有活灵活现的人格的上帝，所以他的“天命”就是“命运”，但他仍然承认有一种神秘的力量支配着社会和人的生活的变化，所以他的自然观基本上是唯心主义的。而孔子对于鬼神抱有比较明确的怀疑态度，表现出鲜明的无神论的观点，说明孔子思想是从有神论到无神论的过渡。就此一观点，关锋认为是低估了春秋时期无神论发展的水平，他认为在当时已有相当彻底的无神论思想，孔子的“天命”思想，比西周奴隶主思想的代表周公落后。

关于孔子"仁"之意义之争，二人都认为仁是孔子思想的核心，并都承认"忠恕之道"是"仁"的主要内容。二人的分歧在于"仁"的社会作用上。冯友兰认为，孔子之"仁"，标志着人与人之间，从一定角度看，有一定的平等关系，在"仁"这个意义下，承认别人和自己有相同的人格，承认下层社会的个人也有独立的意志，因而，孔子的"仁"不仅重视人的作用，而且发现了个人，他讲的"仁"已经冲破了宗法制的范围，"仁者，爱人"中的"爱人"，所说的应该是爱一切人。进一步，冯友兰认为孔子哲学体系中的"仁"，不仅是一种道德，而且也是一种世界观，这种世界观包括对自然和社会的理解，这又赋"仁"以类意识和类行为的意义，这是人类自觉的一种表现。关锋则强调对孔子的"仁"要做历史的具体的分析，他提出孔子的"仁"的历史背景有两个方面，一个方面是顺乎当时氏族制度瓦解的趋势，一个方面是逆乎地主阶级从奴隶主手里夺取政权的斗争。由于当时氏族制度急剧地趋于瓦解，各阶级均讲"仁"，但所讲"仁"之本质却是不同的。当时奴隶主贵族中流行的"仁"的观念是指"礼让""仁不怨君""仁人不党""爱亲之谓仁"，地主阶级中流行的"仁"的观念是"度功而行，仁也"，"杀无道以立有道，仁也"等，而劳动人民的"仁"的观念则是阳虎所说的"为仁不富矣，为富不仁矣"。孔子的"仁"是当时奴隶主贵族中流行观念的集中化、概括化和哲学化，是和后面两种"仁"的观念相对立的。关锋不同意冯友兰将孔子的"爱人"做抽象的逻辑分析，他认为孔子的"爱人"也是有具体阶级内容的，离开历史和当时的阶级斗争，做抽象的逻辑分析，说孔子的"己所不欲，勿施于人"，"己欲立而立人，己欲达而达人"中的

“人”就是和自己相对待的一切人，似乎可以说得通，但那样一来，人就成为超阶级超历史的人了。

对于孔子“礼”的看法，二者的主要分歧在于孔子的“礼”是否在本质上与“周礼”是一种东西。冯友兰认为，孔子是拥护“周礼”的，但对“周礼”做了基本的修正，孔子主张“道之以德，齐之以礼”，用“德”和“礼”来培养奴隶和劳动人民的羞愧之心，实际上就是承认奴隶与劳动人民也是人，这就打破了奴隶与奴隶主不可逾越的界限。所以，孔子的思想，正是当时奴隶身份逐步得到解放而成为自由人或半自由人这种进步趋势的反映。另一方面，孔子主张“礼”以“仁”为基础，将“礼”与“仁”结合起来，这是对“周礼”最重要的修正，所以他所拥护的已经不是奴隶制的“礼”，而是封建制的“礼”了。关锋认为孔子依据“周礼”反对晋国铸刑鼎，反对季氏“以田赋”，反对对“周礼”的僭越等，可以证明孔子主张的“礼”，基本上还是“周礼”，他对“周礼”的修正，并不是原则上的基本的修正。另外，说孔子真的主张把“礼”下到奴隶，真的是用“礼”来培养奴隶的羞愧之心，也并不能证明孔子的“礼”不是“周礼”。①

三、冯友兰、关锋关于孔子思想论争的实质

冯友兰、关锋关于孔子思想的争论不但没有达成共识，而且分歧越来越远。仔细品味二人的争论，其实在深层次上有着方法论上的意义。

① 关于冯友兰、关锋二人的有关论争，本文参考了张立文的《首都哲学界展开孔子哲学思想的探讨》，参见《光明日报》1961年10月30日。

第一,在时代的维度上,二人的争论体现了对“剔除其封建性的糟粕,吸取其民主性的精华”原则的不同取向。毛泽东1940年在《新民主主义论》中提出,“中国的长期封建社会中,创造了灿烂的古代文化。清理古代文化的发展过程,剔除其封建性的糟粕,吸取其民主性的精华,是发展民族新文化提高民族自信心的必要条件”①。由此确立了对待传统文化的原则,即“剔除其封建性的糟粕,吸取其民主性的精华”。这一原则中的“剔除”与“吸取”本来是一个过程,但是中华人民共和国成立后这一原则却被学界二分了。关锋的出发点是将马克思主义与中国的传统文化对立起来,着重论证二者的互斥性,他研究孔子思想的重点是对其糟粕的发现与批判,似乎孔子思想的糟粕越多,对其批判越深入,就越能证明马克思主义的正确。他认为马克思主义在政治领域取得胜利,就是彻底的胜利,在学理上也应该坚持马克思主义的胜利,而马克思主义这一新学的代表与儒学这一旧学的代表是“你死我活”的关系,只要坚持马克思主义,就要从政治上学理上彻底清除封建传统儒学。因而他极力将儒学往“糟粕”中扯,用阶级分析方法将孔子思想斗争下去,所以他们一开始就紧紧抓住马克思主义在政治领域内的优势,用政治取代学理、取代学术,让学术为政治服务,以达到他用政治手段清除儒学的目的。冯友兰理解毛泽东提出的对待传统文化原则的出发点是寻找马克思主义与孔子及儒学的共同之处,重在挖掘、发现孔子及儒学的价值资源,吸取其精华,寻找孔子与马克思主义的对接之点。因而他极力为孔子争得一席之地,在条件许可的情况下维护孔子的价值资源。即使是在一定要把孔子

---

① 《毛泽东选集》第2卷,人民出版社1991年版,第708页。

分成是哪个阶级，确定他是进步的还是反动的时候，也要千方百计寻找证据，论证孔子是“从奴隶主贵族向地主阶级转化”的代言人，为孔子思想的进步性做辩护。基于此，冯、关在孔子思想研究过程中“势不两立”“不共戴天”。

第二，在研究的方法上，体现了历史与逻辑、具体与抽象的对立。从孔子研究的方法来看，尽管冯友兰与关锋都罩上马克思主义阶级分析方法的外衣，但冯友兰注重的是孔子思想的逻辑演进，运用抽象与具体二分原则，强调孔子思想的抽象性。冯友兰的抽象继承是一种逻辑的继承，它是以道德的继承为前提，这是他所真正关心的，他指出，“有些道德是跟着社会来的，只要有社会，就得有那种道德”①，“有一点应该注意，在中国哲学史底丰富材料中，有很大一部分是讲修养方法与待人处世底方法。这些方法按其具体意义说，都是封建社会底东西，没有什么可以继承的，但按其抽象意义说，大部分还是可以继承的”②。其实这正是关锋批评冯友兰的超阶级的抽象方法。在《中国哲学史新编》中，冯友兰又提出了普遍性形式新说，其实也和抽象继承法是一个性质的东西。在冯友兰看来，所谓对中国传统文化的批判与继承，本身就说明传统文化有其合理的一面，要继承这合理的东西，必须对这些思想进行逻辑分析，抽象出传统思想的超时空、超阶级的价值系统。基于此，冯友兰主张要“接着讲”宋明理学，主旨是使传统文化能够传承下去。政治化倾向的马克思主义者更强调将孔子思想“作历史的

---

① 冯友兰：《三松堂自序》，生活·读书·新知三联书店 1984 年版，第 302 页。

② 冯友兰：《关于中国哲学遗产底继承问题》，见《光明日报》1957 年 1 月 8 日。

具体的分析，而不能脱离历史作孤立的抽象的逻辑分析”，“我们研究孔子的思想，力求结合历史背景，作历史的具体的分析”，“讨论孔子的阶级立场和他的哲学体系的阶级性，我们认为，必须把握住春秋时代的基本的历史联系，根据基本的历史联系对孔子的思想和行动进行具体的分析”。[①] 关锋、林聿时的许多文章就是针对冯友兰的抽象继承法和普遍性形式而进行批判的，《再论孔子——兼论哲学史方法论的一个问题》《关于孔子思想讨论中的阶级分析的几个问题》《关于哲学史研究中阶级分析的几个问题》等，都用了大量篇幅、大段大段地引用马克思、恩格斯的话，对冯友兰的抽象继承法与普遍性形式进行批判，直至冯友兰发表《关于孔子讨论的批评与自我批评》。他们这样做的结果，直接将马克思主义与传统文化对立起来，为“文化大革命”时期的历史虚无主义奠定了理论基础。

第三，在更深层的意义上，折射着价值与事实的背离。众所周知，孔子思想就其本质而言，是对人生终极意义层面的关怀，体现着对于人生价值的确认，冯友兰正是看到了这一点，才极力地维护孔子“仁”学的地位，将“仁”学提升到世界观层面和人生境界层面，这就凸显出孔子思想的价值，使孔子思想进入了意义世界。关锋却极力将孔子的“仁”拉回现实世界，拉回到“具体的、历史的”背景之中，这样孔子的“仁”就仅仅剩下时代的、具体的、阶级性的内容了，其超越现实层面的意义世界被马克思主义阶级分析的理性遮蔽了。本来，在马克思那里，是不存在理性与价值的背离的，马克

---

① 关锋、林聿时：《再论孔子——兼论哲学史方法论的一个问题》，载《新建设》1961年第11期。

思也非常重视人生的意义世界，但是，在关锋那里，马克思主义只是理性的化身，是科学的化身，其人生意义被科学理性所遮掩，于是就把马克思主义片面理解成为“科学之科学”，也就把它与人文价值对立起来。冯友兰与关锋对于孔子思想的不同理解，同样折射出理性与价值背离的倾向。

四、冯友兰、关锋学术论争的非学术终结

1962 年 11 月 6 日至 12 日在济南召开了孔子学术研讨会，有的学者将这次会议称为“建国后首次全国性孔子学术会议”①，“这次孔子学术讨论会，集全国各地的老年、青年史学、哲学工作者于一堂，大家都心情舒畅地发表了自己的意见和进行了‘争鸣’”②。来自全国 16 个省、市的 160 多位老年和青年学者出席了会议，几乎聚集了全国史学界、哲学界、文学界等所有有名望的思想工作者，冯友兰、吕振羽、周予同、于省吾、赵纪彬、杨荣国、吴泽、蔡尚思、束世澂、唐兰、刘节、李青田、赵一民、金景芳、关锋、林聿时、高亨、高赞非等在大会上发言，就孔子的阶级归属、孔子的中心思想、孔子的世界观和方法论、孔子在历史上的地位和作用等问题展开了讨论。特别是关于如何继承孔子思想遗产的方针和方法问题，成为会议争论的中心，围绕这一问题，许多学者集中发表了意见，其中有许多真知灼见，构成了当时孔子研究的闪亮

---

① 参见颜炳罡《五十年来孔子研究的回顾与展望》，载《山东大学学报（哲学社会科学版）》1999 年第 3 期。

② 参见吕振羽《孔子学术讨论中的几个问题——在山东历史学会、山东历史研究所主办的孔子学术研讨会上的发言摘要》，载《文史哲》1963 年第 1 期。

的思想火花。

关锋、林聿时在大会上以《关于孔子思想讨论中的阶级分析的几个问题》为题做了发言，文章以学霸的口气对几年来与作者持不同学术观点的人进行了定性式的评议，"《孔子的立场及其思想体系》、《论"仁"——孔子哲学的核心及其辐射线》这两篇文章，都断言孔子站在没落的奴隶主贵族立场，一生为挽救垂死的奴隶制度而斗争，但创造了进步的哲学体系和政治学说……是背离了马克思主义的阶级斗争学说……是违背历史实际的……刘节先生的《孔子的"唯仁论"》，高赞非同志的《孔子思想的核心——仁》，在另外一点上离开了马克思列宁主义的阶级分析方法……在1957年，冯友兰先生提出了所谓'抽象继承法'……现在我们又从刘节和高赞非的文章中看到了类似'抽象继承法'的抽象分析"[①]。关锋、林聿时的文章，后来使一些与他们持不同意见的学者受到批判。

1963年第1期《新建设》发表本刊编辑部文章《从孔子讨论谈继承思想遗产问题》，进一步肯定了关锋、林聿时的观点，并批判了"一味颂扬孔子，把孔子思想现代化"，"把孔子思想说成超阶级、超时代的永恒的东西"等所谓的"不健康的倾向"，以官方的口气给近一年来繁荣的孔子研究定了调子，不仅仅结束了孔子研究中的冯、关之争，也使孔子研究发生了根本性的转向。因而，1962年孔子学术讨论会就具有了划时代的意味，关锋、林聿时的会议发言稿也成了孔子研究方法论的某种标准和方向。而这之

---

① 关锋、林聿时:《关于孔子思想讨论中的阶级分析的几个问题》，载《文史哲》1963年第1期。

后的讨论，恰恰是政治定性式的讨论，学术探讨被政治取而代之。所以，“这次学术会议成为孔子研究的转折点。在此以前，孔子研究中的不同观点属正常的学术争鸣，从此以后，孔子研究逐渐带上政治色彩且愈来愈浓，对孔子评价高低成为政治态度的表现”①。

1963年以后，孔子研究转向了纯粹的孔子研究方法的讨论。在政治的高压下，冯友兰不得不做出让步，发表了《关于孔子讨论的批评与自我批评》一文，认为“我的旧哲学思想和思想方法还没有彻底地改造过来，经典著作中的理论没有学好，于是新的理论就成为旧思想的护身符和挡箭牌了”②；并承认自己讲孔子关于“仁”的理论的时候“就有很多错误”，如自己认为孔子的“仁”具有超阶级思想、抽象的思想；讲孔子的“仁”着重讲它的“真实”，“这就轻重不分，甚至轻重倒置”。

至此，冯友兰、关锋关于孔子思想的学术论争彻底宣告结束。在冯友兰与关锋的论争中，似乎是关锋取得了“胜利”。他指出冯友兰在孔子研究中，背离了马克思主义的阶级分析法，最后冯友兰不得不做出自己关于孔子研究的一些解释和说明，甚至于“检讨”，对自己的观点做出某种程度的让步，直到“文化大革命”中的彻底否定。

其实，关锋与冯友兰的论争已经远远超出了学术范围，关锋在论争中的“胜利”是借政治的权威迫使冯友兰做出学术的让步而达

---

① 颜炳罡：《五十年来孔子研究的回顾与展望》，载《山东大学学报（哲学社会科学版）》1999年第3期。

② 冯友兰：《关于孔子讨论的批评与自我批评》，载《哲学研究》1963年第6期。

成的。这使我们不得不反思:政治与学术究竟是一种什么样的关系?政治能否干预学术?政治干预学术的后果是什么?冯友兰、关锋关于孔子思想论争的教训,值得后人深思,也向后人发出了警示。

（本文作者系山东大学儒学高等研究院教授）

图书在版编目(CIP)数据

满目青山夕照明：周立昇先生八十华诞纪念文集 / 赵卫东主编. —济南：齐鲁书社，2018. 1
ISBN 978-7-5333-3931-9

Ⅰ. 满… Ⅱ. ①赵… Ⅲ. ①周立昇—纪念文集
Ⅳ. ①K825. 1-53

中国版本图书馆 CIP 数据核字(2018)第 021891 号

满目青山夕照明——周立昇先生八十华诞纪念文集
MANMU QINGSHAN XIZHAOMING
赵卫东 主编

主管单位	山东出版传媒股份有限公司
出版发行	齊魯書社
社　　址	济南市英雄山路 189 号
邮　　编	250002
网　　址	www. qlss. com. cn
电子邮箱	qilupress@ 126. com
营销中心	(0531)82098521　82098519
印　　刷	日照日报印务中心
开　　本	880mm × 1230mm　1/32
印　　张	11
插　　页	3
字　　数	300 千
版　　次	2018 年 1 月第 1 版
印　　次	2018 年 1 月第 1 次印刷
印　　数	1-600
标准书号	ISBN 978-7-5333-3931-9
定　　价	**45. 00 元**